D1536646

450

EJERCICIOS

GRAMATICALES

Aquilino Sánchez

Pascual Cantos

Nivel elemental y autodidactas

SOCIEDAD GENERAL ESPAÑOLA DE LIBRERÍA, S. A.

Primera edición, 1991
Segunda edición, 1993

Produce: SGEL-Educación
            Marqués de Valdeiglesias, 5, 1.° - 28004 MADRID

ISBN: 84-7143-461-X
Depósito Legal: M. 3.190-1993
Impreso en España - Printed in Spain

Cubierta: V. Lahuerta
Dibujos: L. Carrascón
Maqueta: Susana Martínez

Compone e imprime: NUEVA IMPRENTA, S. A.
Encuaderna: F. MÉNDEZ

450
EJERCICIOS
GRAMATICALES

INTRODUCCIÓN

El aprendizaje de una lengua debe favorecerse «con todos los medios y sentidos» por cuanto, al decir de los clásicos, aumentando el esfuerzo y los elementos que intervienen en el aprendizaje, éste también se incrementa. *450 ejercicios gramaticales* constituye uno de esos elementos complementarios, entre otros que el alumno pueda estar ya utilizando.

El presente libro está estructurado sistemáticamente por temas gramaticales *(el artículo, el sustantivo y sus formas, los tiempos verbales, etc.)* y tiene como objetivo la práctica y consolidación de los distintos aspectos gramaticales que se precisan en el nivel elemental. No se sigue ningún orden o secuencia relacionados con el grado de dificultad que podría distinguir a cada uno de los temas tratados. Por lo tanto, la elección de uno u otro tipo de ejercicios debe hacerla o bien el profesor que se valga de esta ayuda, o bien el alumno que trabaje individualmente con ella. El carácter sistemático en la presentación de ejercicios facilita precisamente la libertad y rapidez de elección, atendiendo a los gustos o necesidades del alumno.

450 ejercicios gramaticales ha sido concebido para facilitar el trabajo tanto al profesor en la clase como al alumno, individualmente y en casa. En el primer caso, las necesidades discentes del grupo aconsejarán en todo momento al profesor qué aspectos gramaticales o normativos deben trabajarse con mayor insistencia o profundidad para llegar a su consolidación; en el segundo caso, el alumno motivado que desee trabajar por su cuenta, así como aquellos otros que practiquen el *autoaprendizaje*, encontrarán un utensilio útil y excelente para encauzar y facilitar su tarea.

Al final del libro se incluye el **Solucionario** para hacer posible, principalmente, la autocorrección de quienes carecen de la ayuda de un profesor. La disposición tipográfica de los diversos ejercicios, con espacios para las respuestas dentro del mismo libro, posibilitará la comprobación de éstas contrastándolas con las señaladas como correctas o esperadas en el **Solucionario**.

1. Oración simple: presente de indicativo

- Ser
- Estar

1. Completa con el verbo *ser* en presente.

1. Yo .... profesor.
2. Tú .... mejicana.
3. Él .... veterinario.
4. Ella .... francesa.
5. Nosotros .... españoles.
6. Nosotras .... brasileñas.
7. Vosotros .... ingleses.
8. Vosotras .... turistas.
9. Ellos .... abogados.
10. Ellas .... suecas.

2. Completa con *es* o *son*.

1. .... pintor.
2. .... portugués.
3. .... cantantes.
4. .... español.
5. .... veterinario.
6. .... italianos.
7. .... dentista.
8. .... fotógrafo.
9. .... japonesa.
10. .... profesora.

3. Completa con la forma adecuada de *ser*.

1. María .... enfermera.
2. Ellos .... alemanes.
3. Juan .... español.
4. Vosotras .... secretarias.
5. Ella .... profesora.
6. José .... dentista.
7. Tú .... actor.
8. Yo .... cartero.
9. Él .... político.
10. Nosotros .... franceses.

4. Completa escribiendo el sujeto de la oración.

1. .... es mi amiga.
2. .... son mis alumnos.
3. .... soy profesor.
4. .... sois españoles.
5. .... eres mecánico.

6. .... es japonés.
7. .... sois secretarias.
8. .... soy italiano.
9. .... eres su amigo.
10. .... es médico.

5. Completa la oración.

1. Ésta es ....
2. Él es ....
3. Vosotros sois ....
4. Éste es ....

5. Ellos son ....
6. Nosotras somos ....
7. Éstos son ....
8. Ella es ....

6. Completa con el verbo *estar* en presente de indicativo.

1. Yo .... bien.
2. Tú .... en casa.
3. Él .... enfermo.
4. Ella .... en Italia.
5. Nosotros .... contentos.

6. Nosotras .... en la universidad.
7. Vosotros .... en Francia.
8. Vosotras .... tristes.
9. Ellos .... en una fiesta.
10. Ellas .... en clase.

7. Completa con *está* o *están*.

1. Luis .... bien.
2. Ellas .... en casa.
3. María .... con un amigo.
4. Él .... cansado.
5. José .... en Brasil.

6. Ellos .... contentos.
7. Pedro .... triste.
8. Andrea .... en cama.
9. Antonio .... enfermo.
10. Ellas .... en el hospital.

8. Pon un sujeto a las siguientes oraciones.

1. .... estáis en casa.
2. .... es brasileño.
3. .... están en clase.
4. .... estoy cansado.
5. .... somos españoles.

6. .... eres mecánico.
7. .... es médico.
8. .... está bien.
9. .... estamos en la calle.
10. .... sois suizos.

9. Completa estas oraciones.

1. Yo estoy ....
2. Ésta es ....
3. Él es ....
4. Nosotros estamos ....
5. Ellas son ....
6. María está ....
7. Vosotras sois ....
8. Tú eres ....

10. Ordena las palabras y construye una oración.

Isabel - española - ser.
Isabel es española.

1. estar - bien - mi amiga ....
2. en casa - estar - yo ....
3. María - profesora - ser ....
4. ingleses - ser - ellos ....
5. médico - Pedro - ser ....
6. estar - enfermo - yo ....
7. él - mi amigo - ser ....
8. en Méjico - estar - vosotros ....
9. ella - secretaria - ser ....
10. ellos - en Japón - estar ....

11. Completa las oraciones según el modelo.

Helmut es de Alemania.
Es alemán.

1. Piero es de Italia. ....
2. Juan es de España. ....
3. Ellos son de Suiza. ....
4. Tú eres de Brasil. ....
5. Vosotros sois de Inglaterra. ....
6. Pascal es de Francia. ....
7. Nosotras somos de Argentina. ....
8. Ella es de Suecia. ....
9. Él es de Argelia. ....
10. Nakajima es de Japón. ....

12. Responde a las preguntas:

1. ¿Eres estudiante de español? ....
2. ¿Cómo te llamas? ....
3. ¿Qué edad tienes? ....
4. ¿Eres director de una empresa? ....
5. ¿Cómo estás? ....
6. ¿Eres italiano? ....
7. ¿En qué trabajas? ....
8. ¿De dónde eres? ....

13. Transforma las frases según el modelo.

Es Isabel.
No, no es Isabel.

1. Estamos en España. ....
2. Vives aquí. ....
3. Eres Ramón. ....
4. Soy italiano. ....
5. Está en casa. ....
6. Es Pedro. ....
7. Estáis en Japón. ....
8. Estás enfermo. ....
9. Es médico. ....
10. Están en Francia. ....

14. Niega estas oraciones.

1. Es una joven alta. ....
2. Eres francés. ....
3. Es guapa. ....
4. Vive en Italia. ....
5. Ésta es su dirección. ....
6. Soy estudiante. ....
7. Sois abogados. ....
8. Están en la universidad. ....
9. Eres argentina. ....
10. Somos estudiantes de español. ....

15. Adivina qué es.

1. Es el animal más fuerte. Vive en la selva. ....
2. Sevilla es una... ....
3. Es una persona que escribe libros. ....
4. Hay flores de muchos colores. ....
5. Es más grande que una iglesia normal. ....
6. Es un lugar con muchos cuadros. ....
7. Los niños estudian allí. ....
8. Es la mujer de un rey. ....

16. Completa este cuestionario.

1. Soy ....
2. Vivo ....
3. Estoy ....
4. Tengo ....
5. Mis padres ....
6. Mis hermanos ....
7. El profesor/La profesora ....
8. Mi país ....
9. Mi dirección ....

El artículo (uso y omisión)

- definido
- indefinido
- contracto
- Género y número

17. **Completa con el artículo definido adecuado.**

1. .... habitación
2. .... dormitorio
3. .... piso
4. .... dinero
5. .... montaña

6. .... abrigo
7. .... playa
8. .... precio
9. .... etiqueta
10. .... ropa

18. **Completa con el artículo indefinido adecuado.**

1. .... pantalón
2. .... corbata
3. .... tormenta
4. .... mapa
5. .... cuaderno

6. .... boda
7. .... cheque
8. .... banco
9. .... cantidad
10. .... impreso

19. **Completa con el artículo que convenga.**

(1) .... famoso actor de cine E. H. Fernández vive en (2) .... centro de Marbella; le encanta (3) .... playa, (4) .... sol y (5) .... tenis. Tiene (6) .... casa enorme. También es (7) .... jefe de (8) .... empresa de Barcelona y quiere comprarse (9) .... piso en (10) .... centro de (11) .... ciudad, junto al mar, y así poder también tomar (12) .... sol y pasear por (13) .... arena.

20. Completa con *del* o *de la*.

1. Clarín es el autor .... *Regenta*.
2. Ella es la propietaria .... restaurante.
3. Ésta es la catedral .... ciudad.
4. Vivimos detrás .... museo.
5. Barcelona está al lado .... mar.
6. Siga por la calle .... Constitución.
7. El florero .... mesa es chino.
8. El zapato .... niño está roto.

21. Completa con *del, de la, de los, de las*.

1. Hay un aumento .... nubosidad y .... temperaturas.
2. La puerta .... armario es azul.
3. La caja .... zapatos está vacía.
4. Esa es la casa .... señor Domínguez.
5. Las ventanas .... pasillo y .... aulas están limpias.
6. La puerta .... edificio está cerrada.
7. En la tienda y en el quiosco .... esquina hay periódicos.
8. Toma la botella .... frigorífico.
9. Los jardines .... capital están verdes.
10. Los platos y vasos .... bar están sucios.

22. Completa el texto con los artículos que convenga.

Antonio y Mabel viven en (1) ...... pueblo pequeño en (2) ...... campo. (3) ...... pueblo está cerca de Marbella, (4) ...... cuidad (5) ...... sur de España, en (6) ...... Costa del Sol. (7) ...... pueblo se llama Mijas y es muy agradable y tranquilo. (8) ...... amigos de Antonio y Mabel viven en Madrid, (9) ...... capital de España. Madrid está en (10) ...... centro (11) ...... país, pero es (12) ...... ciudad industrial, ruidosa y tiene (13) ...... cuatro millones de habitantes. (14) ...... pueblo de Mijas está a más de 500 km (15) ...... capital de España, Madrid. Antonio y Mabel son de Madrid pero ya no quieren volver allí. Ellos prefieren (16) ...... tranquilidad, (17) ...... sol y (18) ...... playa (19) ...... pequeño pueblo andaluz.

23. Escribe el plural de las frases siguientes.

1. El río está lejos de la ciudad. ....
2. El jardín de la casa es precioso. ....
3. La iglesia del pueblo es muy pequeña. ....

13

4. El autor de este libro es muy famoso. ....

5. La madre del abogado es china. ....

6. El bosque está cerca de la montaña. ....

7. Esta prenda de vestir no es cara. ....

8. Este artículo está hecho de fibra artificial. ....

9. El abrigo de color negro es bonito. ....

10. Esta moneda de 5 pesetas es muy antigua. ....

24. Completa las frases añadiendo el artículo adecuado a las palabras en cursiva.

1. La casa es pequeña: tiene *(ventana, puerta, dormitorio, cocina, cuarto de baño, balcón).*

2. Juan va al colegio: tiene *(libro, diccionario, lápiz, mesa de estudio, ordenador).*

3. El pueblo es muy bonito: tiene *(iglesia, ayuntamiento, parque, cine, teatro).*

4. El comedor es muy pequeño: tiene *(sofá, mesa, televisor, alfombra).*

5. El frigorífico está casi vacío: hay *(manzana, cerveza, tomate, plátano, lechuga).*

6. El niño lleva *(pantalones, camisa, zapatos, calcetines, jersey).*

7. El armario es pequeño: hay *(pantalón, chaqueta, vestido, abrigo, jersey, camisa).*

8. En Sierra Nevada puedes practicar muchos deportes: hay *(polideportivo, campo de fútbol, estación de esquí, piscina).*

25. Forma frases con sentido.

estar - estación - al lado de - parada de autobuses
La parada de autobuses está al lado de la estación.

1. junto a - mi casa - esquina - estar ....

2. de - camisa - ser - algodón ....

3. ser - precio - 2.999 pesetas - falda - de ....

4. más caras que - naranjas - son - patatas ....

5. día 30 - cumpleaños - de - ser - Juan ....

6. avión - aeropuerto - a las ocho - llegar ....

7. estar - hospital - izquierda ....

8. médico - calle de la Luz - en - vivir ....

9. montaña - niño - estar - en ....

10. nombre - ser - de - turista - María ....

26. Escribe el plural de las siguientes frases.

1. Allí hay un taxi. ....

2. Esta calle es estrecha. ....

3. El cuarto de baño es muy bonito. ....
4. El avión llega a las nueve. ....
5. Este libro es mío. ....
6. Aquel pantalón es azul. ....
7. Allí está la casa. ....
8. El abogado gana mucho dinero. ....
9. El niño juega en casa. ....
10. El piso está allí. ....

27. Escribe las siguientes frases en singular.

1. ¿Hay parques cerca de tu casa? ....
2. Los tomates están en el frigorífico. ....
3. ¿Habéis leído estos libros? ....
4. Las calles están llenas de flores. ....
5. Los niños juegan al fútbol. ....
6. Hay dos cines en mi ciudad. ....
7. Las camisas son nuevas y blancas. ....
8. Los bancos están cerrados. ....
9. Estas revistas son tuyas. ....
10. Aquellos relojes marcan las doce. ....

28. Escribe el artículo que corresponda a cada serie de palabras.

1. .... colegial, estudiante, león, patio, tema.
2. .... bondad, fortaleza, comprensión.
3. .... guardesa, abadesa, vampiresa, duquesa.
4. .... poeta, papa, sacerdote, profeta.
5. .... radio, calle, acera.
6. .... rey, jabalí, héroe.
7. .... gramática, física, química, retórica.
8. .... lunes, miércoles, jueves, sábado.
9. .... vista, radio, orden, bolsa, madera.
10. .... lechero, verdulero, cochero.

29. Completa con el artículo adecuado.

1. .... jueves viene .... abuelo.
2. .... niña se examina .... viernes.
3. Llamará por teléfono .... lunes.
4. Mi cumpleaños es .... ocho de marzo.

5. .... próximo día cinco es fiesta.
6. .... doce de junio me voy a Inglaterra.
7. Mañana es .... veinte de octubre.
8. .... martes que viene iremos al cine.
9. .... veintiuno de octubre empieza .... otoño.
10. .... domingo es mi día libre.

30. Escribe según el modelo.

Es un regalo.
Es el regalo de Francisco.

1. Es un libro. ....
2. Es una manzana. ....
3. Es un ordenador. ....
4. Es una motocicleta. ....
5. Es un coche. ....
6. Es un pantalón. ....
7. Es una flor. ....
8. Es una chaqueta. ....
9. Es un reloj. ....
10. Es una casa. ....

31. Completa con el artículo adecuado.

1. Madrid es .... ciudad española.
2. John es .... nombre inglés.
3. Éste es .... ordenador japonés.
4. Camilo es .... atleta veloz.
5. Rosario es .... cocinera espléndida.
6. Ontur es .... pueblo pequeño.
7. ¿Tienes .... coche rojo?
8. Eres .... persona trabajadora.
9. Te presento a .... gran amigo.
10. Es .... chico atrevido.

32. Adivina: ¿Con o sin artículo?

1. En este país hace .... mucho frío.
2. Sirve .... vino de la región.
3. Hay .... luz en la sala.
4. Se busca .... secretaria.

5. Tengo .... hambre. Dame .... pan.
6. Llega .... autobús.
7. Apaga ..... televisor.
8. Me gusta escuchar .... radio.
9. Ponme .... agua.
10. ¿Quiere probar .... carne?

33. Empareja las palabras de cada columna con el artículo (o artículos) adecuado.

1. puerta			cine
2. película			motor
3. noticia	**el**		mesa
4. libro	**la**		casa
5. chaqueta	**un**		paciente
6. silla	**una**		respuesta
7. cama			periódico
8. pregunta			profesor
9. médico			pantalón
10. coche			dormitorio

34. Lee y observa que las palabras en cursiva no van precedidas de artículo.

Joaquín compra *naranjas, tomates, manzanas* y *carne* todas las semanas en el mercado. Esta semana no ha comprado *carne* porque está carísima; pero ha comprado *pescado*. También ha comprado *zumo de naranja* y *agua*; no ha comprado ni *vino*, ni *cerveza*, ni *whisky*: no le gusta el alcohol.

35. Pon el artículo donde convenga.

1. Carlos lee .... periódico.
2. Me da mucha .... pena verte así.
3. Es todo .... hombre.
4. Apenas escucha .... radio.
5. No comas más .... pastel.
6. Bebe menos .... agua que yo.
7. En .... frigorífico sólo hay .... fruta.
8. Queda media .... hora.
9. .... medio mundo lo sabe ya.
10. Durmió sólo .... tres horas.

36. Observa estas palabras y escribe una regla: ¿cuándo llevan artículo masculino o femenino?

cereza	• blindaje	• actor	• bondad	• recepción	• comprensión
pobreza	• aprendizaje	• color	• soledad	• dicción	• tensión
cerveza	• homenaje	• colador	• maldad	• maldición	• excursión
maleza	• libertinaje	• tractor	• felicidad	• tracción	• escisión

Reglas de uso del artículo:

1. Las palabras acabadas en .... son ....
2. Las palabras acabadas en .... son ....
3. Las palabras acabadas en .... son ....
4. Las palabras acabadas en .... son ....
5. Las palabras acabadas en .... son ....
6. Las palabras acabadas en .... son ....

37. Escribe el artículo adecuado cuando sea necesario.

(1) .... Tierra de Fuego está al sur de (2) .... Argentina. Sus temperaturas durante todo (3) .... año son muy bajas: en (4) .... invierno, (5) .... primavera, (6) .... verano y (7) .... otoño. (8) .... hielo, (9) .... nieve y (10) .... frío viento del Polo Sur son (11) .... norma de esta tierra. A pesar de su nombre, no es (12) .... región de (13) .... calor ni de (14) .... volcanes. (15) .... nombre fue dado por (16) .... Magallanes, al dar (17) .... vuelta al mundo. Magallanes le dio a esta región (18) .... nombre de (19) .... Tierra de Fuego, a causa de (20) .... muchas hogueras encontradas a lo largo de (21) .... costa.

38. Anota si el artículo definido puede sustituirse por el indefinido.

	Sí	No
1. Es **la** una de la tarde.		
2. Este es **el** libro de Juan.		
3. **El** dos de junio viene Pedro.		
4. **La** Tierra es muy grande.		
5. **El** médico es simpático.		
6. **El** Museo del Prado es fantástico.		
7. Llama a **la** enfermera.		
8. Cuelga **el** teléfono.		
9. El niño no conoce **el** camino.		
10. Compra **el** periódico.		

39. Escribe el artículo cuando sea necesario.

1. No, ahora no tengo .... prisa.
2. Se vende .... carne y .... pescado.
3. Consulta .... diccionario.
4. ¿Te gusta tomar .... sol?
5. Me encanta ir en .... bicicleta.
6. .... ocho de marzo es mi cumpleaños.
7. En .... invierno hace mucho frío.
8. En .... tienda hay .... ropa y .... calzado.
9. Tengo .... sed. Dame .... agua.
10. Hace .... mal tiempo. Nos quedaremos en .... casa.

40. Escribe dos palabras para cada artículo.

1. la .... , ...
2. el .... , ...
3. los .... , ...
4. las .... , ...
5. una .... , ...
6. unas .... , ...
7. un .... , ...
8. (sin artículo) .... , ...

41. Completa según el modelo.

Este es *un* palacio.
Es el palacio del presidente.

1. Ésta es una casa. ....
2. Esto es un avión. ....
3. Mira, es un Mercedes. ....
4. Ésta es una motocicleta. ....
5. Esto es un apartamento. ....
6. Es un palacio antiguo. ....
7. Éste es un caballo. ....
8. Ésta es una revista. ....
9. Esto es una bañera. ....
10. Éste es un balón. ....

El nombre

- Género (masculino y femenino)
- Número (singular y plural)

42. Señala si las palabras siguientes son masculinas (M) o femeninas (F).

	M	F
1. paseo		
2. ayuntamiento		
3. libro		
4. edificio		
5. pueblo		
6. parque		
7. calle		
8. pantalón		
9. teatro		
10. abrigo		
11. blusa		
12. prenda		

	M	F
13. lugar		
14. cheque		
15. moneda		
16. oficina		
17. frigorífico		
18. cerveza		
19. precio		
20. playa		
21. chaqueta		
22. nieve		
23. invierno		
24. niebla		

43. Escribe el nombre masculino que corresponda.

43.a.

1. La novia ....
2. La prima ....
3. La vecina ....
4. La paloma ....

5. La zorra ....
6. La coneja ....
7. La médica ....
8. La tía ....

43.b.

1. Una leona ....
2. Una colegiala ....
3. Una profesora ....
4. Una marquesa ....
5. Una rapaza ....
6. Una doctora ....
7. Una embajadora ....
8. Una alemana ....

43.c.

1. La abadesa ....
2. La baronesa ....
3. La guardesa ....
4. La alcaldesa ....
5. La duquesa ....

43.d.

1. La profetisa ....
2. La sacerdotisa ....
3. La poetisa ....
4. La papisa ....

43.e.

1. La reina ....
2. La heroína ....

43.f.

1. La estudianta ....
2. La sastra ....
3. La clienta ....
4. La presidenta ....
5. La gobernanta ....

43.g.

1. La actriz ....
2. La emperatriz ....

44. Escribe el nombre femenino que corresponda en cada caso.

44.a.

1. El niño ....
2. El maestro ....
3. El librero ....
4. El chico ....
5. El amigo ....
6. El alumno ....
7. El abuelo ....
8. El mono ....

44.b.

1. El danés ....
2. El profesor ....
5. El león ....
6. El pintor ....

| 3. El francés | .... | 7. El trabajador | .... |
| 4. El embajador | .... | 8. El doctor | .... |

44.c.

1. El marqués	....	4. El conde	....
2. El duque	....	5. El príncipe	....
3. El vampiro	....		

44.d.

| 1. El sacerdote | .... | 3. El poeta | .... |
| 2. El papa | .... | 4. El profeta | .... |

44.e.

| 1. El gobernante | .... | 3. El sastre | .... |
| 2. El presidente | .... | 4. El estudiante | .... |

44.f.

| 1. El actor | .... |
| 2. El emperador | .... |

44.g.

1. Éste	....	5. El nuestro	....
2. Aquél	....	6. El vuestro	....
3. Ése	....	7. El suyo	....
4. El mío	....	8. El tuyo	....

45. Anota si los siguientes grupos de palabras tienen o no el mismo significado, aparte de la diferencia en género o sexo.

			sí	no
1.	El naranjo	la naranja		
2.	El artista	la artista		
3.	El libro	la libra		
4.	El ramo	la rama		
5.	El lechero	la lechera		
6.	El fruto	la fruta		
7.	El joven	la joven		
8.	El puerto	la puerta		
9.	El punto	la punta		
10.	El físico	la física		

		sí	no
11.	El capital	la capital		
12.	El parte	la parte		
13.	El pato	la pata		
14.	Los estudiantes	las estudiantes		
15.	El banco	la banca		

46. Escribe el nombre femenino opuesto al masculino.

1.	El hombre	....	5.	El buey	....
2.	El caballo	....	6.	El yerno	....
3.	El compadre	....	7.	El carnero	....
4.	El padrastro	....	8.	El macho	....

47. Escribe en plural.

47.a.

1.	El baño	....	5.	La silla	....
2.	El canto	....	6.	El cuadro	....
3.	La tribu	....	7.	El libro	....
4.	La mesa	....	8.	La tienda	....

47.b.

1.	El café	....	3.	El canapé	....
2.	El pie	....	4.	El suflé	....

47.c.

1.	El lunes	....	5.	La dosis	....
2.	La crisis	....	6.	El paraguas	....
3.	El análisis	....	7.	La tesis	....
4.	El éxtasis	....	8.	El viernes	....

47.d.

1.	El mes	....	5.	El dos	....
2.	El país	....	6.	El mar	....
3.	La res	....	7.	La red	....
4.	La tos	....	8.	La pared	....

47.e.

1. Un andaluz ....
2. La cruz ....
3. La cárcel ....
4. El pan ....

5. El rey ....
6. El convoy ....
7. El buey ....
8. El esquí ....

47.f.

1. El papá ....
2. La mamá ....

3. El sofá ....
4. El dominó ....

48. Escribe las siguientes frases en plural.

1. Aquí hay un traje de su talla. Puede probarlo. ....
2. Éste es mi coche. ¿Quieres la llave? ....
3. El niño juega al fútbol. ....
4. Su libro es algo viejo. ....
5. El invitado está bailando. ....
6. Hay una camisa. Póntela. ....
7. El ordenador no funciona. ....
8. Esta revista es muy interesante. ....
9. La ventana está cerrada. Ábrela. ....
10. Aquella motocicleta es de Juan. ....

49. Escribe en singular.

1. Los pantalones son más caros que las camisas. ....
2. Los suecos son más rubios que los españoles. ....
3. Los tomates y las lechugas son muy sanos. ....
4. Estos estudiantes son de Irlanda. ....
5. Aquellas camisas son muy bonitas. ....
6. Los peces del río Segura están muertos. ....
7. Los japoneses son muy trabajadores. ....
8. Los niños se sientan en el sofá. ....
9. Las temperaturas están bajando. ....
10. Estos problemas son muy difíciles. ....

50. Escribe el plural de:

1. La medianoche ....
2. La bocacalle ....

3. El altavoz. ....
4. El cumpleaños. ....
5. La artimaña. ....
6. El puntapié. ....
7. La vanagloria. ....
8. El menosprecio. ....

51. Escribe el singular de:

1. Los portaequipajes. ....
2. Las sinrazones. ....
3. Los paraguas. ....
4. Los guardarropas. ....
5. Los quitaipones. ....
6. Los contrafuertes. ....
7. Los carricoches. ....
8. Los sacacorchos. ....

52. ¿Cómo se dice para...?

1. Saludar por la mañana. ....
2. Saludar por la tarde. ....
3. Saludar por la noche. ....
4. Despedirse. ....
5. Dar las gracias. ....

4. El adjetivo calificativo

- Género: formación del masculino y femenino
- Número: formación del plural

53. **Completa las frases con un adjetivo.**

1. Mi libro de español es ....
2. La mesa del comedor está ....
3. La señora Martínez es muy ....
4. Las calles de la ciudad son ....
5. La obra de teatro es ....
6. Las hojas del árbol están ....
7. La Antártida es ....
8. En invierno las temperaturas son muy ....
9. El agua del río está ....
10. El partido de fútbol es ....

54. **Transforma las frases siguientes en femenino.**

54.a.

1. Mi hermano está enfermo.   *Mi hermana está enferma.*
2. El niño está contento.   ....
3. El sobrino de Juan es alto.   ....
4. Mi hijo es moreno.   ....
5. Aquel sueco es rubio.   ....
6. El padre es muy serio.   ....
7. Mi vecino es suizo.   ....
8. Ese señor es europeo.   ....

54.b.

1. Es un joven bastante trabajador. ....
2. José es español. ....
3. No seas burlón. ....
4. Es un hombre muy hablador. ....
5. Es un ciudadano inglés. ....
6. No lo puede negar: es andaluz. ....
7. Steve es un auténtico escocés. ....
8. Este señor es francés. ....

54.c.

1. Él es muy feliz. ....
2. Juan es veloz. ....
3. Este chico es muy pueril. ....
4. Es un compañero ideal. ....
5. Este león es el más feroz. ....
6. Este alumno es el mejor estudiante. ....
7. Juan es muy juvenil. ....
8. Federico es el peor de la clase. ....

54.d.

1. Mi amigo es belga. ....
2. Juan es muy amable. ....
3. Mi vecino es muy interesante. ....
4. Es un niño inteligente. ....
5. Este señor es muy agradable. ....
6. Creo que es valiente. ....
7. Él parece hindú. ....
8. ¿No es israelí este señor? ....

54.e.

1. Luis es un buen hombre. ....
2. Antonio es un mal estudiante. ....
3. Miguel es el primer atleta en llegar. ....
4. Te presento a mi gran amigo Tomás. ....

55. Escribe las siguientes frases transformándolas en masculino.

55.a.

1. Es una niña agradecida. *Es un niño agradecido.*
2. La joven es muy guapa. ....

3. Es una jugadora de baloncesto muy alta. ....

4. Esta abogada es graciosa. ....

5. Aquella niña es muy pesada. ....

6. La vecina está muy delgada. ....

7. Mi abuela es simpática. ....

8. Su hija es parecida a usted. ....

55.b.

1. Mi amiga es muy trabajadora. ....

2. Tengo una amiga alemana. ....

3. Esta mujer es muy burlona. ....

4. Lola es bastante holgazana. ....

5. La tendera es portuguesa. ....

6. La niña es parlanchina. ....

7. Es una profesora inglesa. ....

8. La doctora es andaluza. ....

55.c.

1. Es la mujer ideal. ....

2. Tu madre es realmente feliz. ....

3. Es una leona veloz. ....

4. Amparo es muy pueril. ....

5. Ella es la mejor de la clase. ....

6. Parece una perra muy feroz. ....

7. Una mujer fatal. ....

8. Julia es muy juvenil. ....

55.d.

1. Mi profesora es muy inteligente. ....

2. La vecina de Luisa es valiente. ....

3. Esta señora es belga. ....

4. ¡Qué amable es tu madre! ....

5. Tu abuela fue muy ilustre. ....

6. Mi hija es muy sonriente. ....

7. Tengo una tía hindú. ....

8. Creo que ella es israelí. ....

55.e.

1. Juana fue la tercera concursante. ....

2. Mi abuela es una buena mujer. ....

3. Luisa es una gran amiga. ....

4. Es una mala estudiante. ....

56. Completa este texto con alguno de los adjetivos del recuadro.

> simpática • amable • bonita • alegre • redondo
> buen • sucio • pequeño • grande • alto

Sevilla es una ciudad muy (1) .... , (2) .... y (3) .... El río que pasa por Sevilla es el Guadalquivir y no está (4) .... Tiene un edificio (5) .... llamado la Torre del Oro. La gente es muy (6) ....y (7) .... sobre todo en la Feria de Abril. Mi (8) .... amigo Carlos es de Sevilla. Vive en un edificio (9) .... y tiene un piso muy (10) ....

57. Completa con el adjetivo en la forma adecuada.

1. (francés) Pierre es ....   Jacqueline es ....
2. (roto) El coche está ....   La bicicleta está ....
3. (alto) El edificio es ....   La casa es ....
4. (bonito) La ciudad es ....   El edificio es ....
5. (pequeño) La niña es ....   El tren es ....
6. (sucio) El mercado está ....   La escalera está ....
7. (barato) La camisa es ....   El pantalón es ....
8. (frío) La comida está ....   El café está ....
9. (cansado) Mi padre está ....   Mi madre está ....
10. (gracioso) El payaso es ....   La bailarina es ....

58. Completa las siguientes frases.

1. (gris) El camión es ....   La casa es ....
2. (comilón) Mi vecino es ....   Mi prima es ....
3. (amable) El portero es ....   La mujer es ....
4. (perezoso) Mi perro es ....   La gata es ....
5. (gandul) Pepe es ....   Lola es ....
6. (dormilón) El gato es ....   La tortuga es ....
7. (peor) Este trabajo es el ....   Esta máquina es la ....
8. (delicioso) El caviar está ....   La tarta está ....
9. (juvenil) Es un programa ....   Es una revista ....
10. (vividor) Mi amigo es un ....   Mi vecina es una ....

59. Escribe las frases del ejercicio anterior en plural.

1. ....
2. ....

3. ....
4. ....
5. ....
6. ....
7. ....
8. ....
9. ....
10. ....

60. Completa.

1. El escritor es inteligente y simpático. La escritora es .... y ....
2. Mi tío es cantor y comilón. Mi tía es .... y ....
3. El doctor es limpio y cortés. La doctora es .... y ....
4. El ladrón es holgazán y astuto. La ladrona es .... y ....
5. La secretaria es rápida y eficaz. El secretario es .... y ....
6. El periodista es vivaz y trabajador. La periodista es .... y ....
7. Germán no es holandés ni noruego. Julia no es .... ni ....
8. La niña es alegre y graciosa. El niño es .... y ....

61. Escribe en plural las frases del ejercicio anterior.

1. ....
2. ....
3. ....
4. ....
5. ....
6. ....
7. ....
8. ....

62. Transforma la frase según el modelo, cambiando también el nombre.

Es una maleta pesada.
Es un paquete pesado.

1. La casa es alta.   ....
2. La ciudad es ruidosa.   ....
3. El toro es bravo.   ....
4. El río es muy largo.   ....
5. El juez es divertido.   ....

6. Jaime es encantador. ....
7. El pantalón es azul. ....
8. La tierra es fértil. ....
9. Hace un mal día. ....
10. Es un famoso músico. ....

63. Completa.

1. Hay casas bonitas. También hay edificios ....
2. Los famosos son guapos. También las famosas son ....
3. Nosotros somos alegres. Esas niñas también son ....
4. Mis amigos son franceses. Las amigas de María también son ....
5. Algunos hombres son muy valientes. También hay mujeres ....
6. Mis alumnos son simpáticos. También algunas de mis alumnas son ....
7. Los directores son trabajadores. También las directoras son ....
8. Hay profesores muy aburridos. Pero también hay profesoras ....
9. Los médicos son muy atentos. También hay enfermeras ....
10. Algunos coches son muy caros. También hay motocicletas muy ....

64. Escribe las frases anteriores en singular.

1. *Hay una casa bonita. También hay un edificio* ....
2. ....
3. ....
4. ....
5. ....
6. ....
7. ....
8. ....
9. ....
10. ....

65. Completa con el adjetivo señalado.

1. *(bueno)* Es un .... precio.
2. *(grande)* Es un .... libro.
3. *(indígena)* Es un pueblo ....
4. *(malo)* Es un .... hombre.
5. *(veloz)* Es un coche muy ....
6. *(inteligente)* Es un perro ....
7. *(excelente)* Es un restaurante ....

8. *(viejo)* Es un .... dicho.

9. *(tercero)* Vive en la .... puerta.

10. *(grande)* Es mi .... amigo.

66. Escribe en plural las frases del ejercicio 65.

1. ....

2. ....

3. ....

4. ....

5. ....

6. ....

7. ....

8. ....

9. ....

10. ....

67. Une un elemento de cada columna, según el significado y el género.

ropa •	• caro
televisión •	• azul
noche •	• rápido
tema •	• gracioso
coche •	• fría
muñeca •	• interesante
casa •	• antigua
cielo •	• bonita
libro •	• amena
payaso •	• grande

68. Escribe utilizando el adjetivo contrario y cambiando el sustantivo.

1. Es un joven *alto*. ....

2. Es un jardín *grande*. ....

3. Es un aparato *ruidoso*. ....

4. Es un día *caluroso*. ....

5. Es una persona *trabajadora*. ....

6. Es un chico *inteligente*. ....

7. Es una chaqueta *nueva*. ....

8. Es un disco *moderno*. ....

9. Es un coche *lento*. ....

10. Es una revista *interesante*. ....

69. Describe con adjetivos a las siguientes personas o cosas.

1. casa: ....
2. río: ....
3. árbol: ....
4. niño: ....
5. parque: ....
6. caballo: ....
7. perro: ....
8. cerveza: ....
9. música: ....
10. reloj: ....

70. Responde a estas preguntas.

1. ¿De qué color es tu ropa? ....
2. ¿Cómo es tu casa? ....
3. ¿Qué día hace hoy? ....
4. ¿De qué color es el cielo? ....
5. ¿Cómo es tu coche? ....
6. ¿Cómo es tu profesor? ....
7. ¿Cómo es el paisaje en tu región? ....
8. ¿Es tu ciudad la más bonita? ¿Por qué? ....

71. Asocia cada nombre a un adjetivo, según el significado.

flor   •   •   roja
ejercicio   •   •   ruidoso
alumno   •   •   suizo
motor   •   •   molesta
invierno   •   •   difícil
queso   •   •   estudioso
edificio   •   •   frío
mosca   •   •   azul
café   •   •   caliente
cielo   •   •   alto

72. Completa las frases siguientes:

1. Era una mañana calurosa, ...
2. Esta casa es grande, ...

3. Es un coche deportivo, ...
4. Fue un investigador famoso, ...
5. La pirámide es alta, ...
6. El ladrón es astuto, ...
7. La película es divertida, ...
8. El tesoro es valioso, ...
9. Es una ciudad antigua, ...
10. Las vacaciones son divertidas, ...

73. Completa con el adjetivo adecuado estas frases usuales.

1. ¡.............. viaje y .... suerte!
2. .... días.
3. ¡.............. gracias!
4. .... cumpleaños.
5. Enhora.............. .
6. ¡Qué .... suerte!
7. .... tardes.
8. Al .... tiempo .... cara.

74. Completa con adjetivos adecuados, según tu opinión.

1. El tiempo en invierno: ....
2. El verano en tu ciudad: ....
3. El español típico: ....
4. La nieve: ....
5. Los árboles: ....
6. El desierto: ....
7. La primavera: ....
8. Las flores: ....
9. Los niños: ....
10. El otoño: ....

75. Completa las siguientes etiquetas, según el modelo.

Artículo: falda.
Colores: marrón claro, verde y rosa.
Precio: 300 pts. — Barato.
Para: niñas de 8 a 10 años.

Artículo:	Artículo: ....
Colores:	Colores: ....
Precio:	Precio: ....
Para:	Para: ....
Artículo:	Artículo: ....
Colores:	Colores: ....
Precio:	Precio: ....
Para:	Para: ....
Artículo:	Artículo: ....
Colores:	Colores: ....
Precio:	Precio: ....
Para:	Para: ....
Artículo:	Artículo: ....
Colores:	Colores: ....
Precio:	Precio: ....
Para:	Para: ....

76. **Subraya todos los adjetivos del texto usados en género femenino.**

María es una chica guapa y atractiva. Tiene una hermana mayor y dos hermanos más jóvenes. Vive en el centro de Barcelona; no le gustan las casas grandes y tiene un pequeño apartamento en alquiler, está bien decorado. Trabaja en una empresa importante. Gana poco dinero; pero eso no tiene gran importancia para ella: es un trabajo muy interesante. Este verano quiere ir de vacaciones a la sierra, a un pequeño pueblo; le gustan los lugares pequeños y tranquilos.

77. **Escribe todos los adjetivos del texto anterior usados en género masculino.**

....
....
....
....
....
....
....
....
....

78. **Escribe todos los adjetivos del ejercicio 76 en plural.**

....
....
....
....
....
....
....
....
....

79. **Escribe todos los adjetivos subrayados en el ejercicio 76 y 77 cambiando el género y el número por el opuesto.**

Ejemplo: ilusionado-*ilusionadas.*

....
....
....
....
....
....
....
....
....

5. Presente de indicativo

- Verbos en **-ar**
- Verbos en **-er**
- Verbos en **-ir**
- Defectivos. **Hay**+complemento en singular/plural

80. Completa con las terminaciones adecuadas.

80.a. Hablar.

1. (yo) habl.........
2. (tú) habl.........
3. (él) habl.........
4. (ella) habl.........
5. (nosotros) habl.........
6. (nosotras) habl.........
7. (vosotros) habl.........
8. (vosotras) habl.........
9. (ellos) habl.........
10. (ellas) habl.........

80.b. Vender.

1. (yo) vend.........
2. (tú) vend.........
3. (él) vend.........
4. (ella) vend.........
5. (nosotros) vend.........
6. (nosotras) vend.........
7. (vosotros) vend.........
8. (vosotras) vend.........
9. (ellos) vend.........
10. (ellas) vend.........

80.c. Vivir.

1. (yo) viv.........
2. (tú) viv.........
3. (él) viv.........
4. (ella) viv.........
5. (nosotros) viv.........
6. (nosotras) viv.........
7. (vosotros) viv.........
8. (vosotras) viv.........
9. (ellos) viv.........
10. (ellas) viv.........

81. Completa con el verbo en la forma adecuada.

1. Carlos *(viajar)* .... mucho.
2. Ellos *(vivir)* .... en Alemania.
3. Yo *(escuchar)* .... la radio.
4. Él *(mirar)* .... el periódico.
5. Juanita *(estudiar)* .... mucho.
6. Nosotros *(trabajar)* .... en casa.
7. Ellas *(vender)* .... ropa.
8. Tú *(saber)* .... español.
9. Ella *(hablar)* .... perfectamente el japonés.
10. Vosotras *(comprar)* .... alfombras.

82. Responde a estas preguntas afirmativamente.

1. ¿Llegan tus padres a las cinco? ....
2. ¿Me escuchas? ....
3. ¿Llora el bebé? ....
4. ¿Os gusta este ejercicio? ....
5. ¿Te molesta la radio? ....
6. ¿Salta la gimnasta? ....
7. ¿Vivís en Estocolmo? ....
8. ¿Vendéis zapatos? ....
9. ¿Gritan los niños en la calle? ....
10. ¿Bebes cerveza o vino? ....

83. Escribe el verbo en presente.

1. En esta empresa *(trabajar)* .... ochenta personas.
2. Los niños *(escuchar)* .... al profesor.
3. Los franceses *(hablar)* .... francés.
4. Carmelo *(dibujar)* .... muy bien.
5. Aquí todos *(comer)* .... a las dos.
6. Ramiro *(guardar)* .... su ropa en el armario.
7. Ellos *(comprar)* .... dos perros y un gato.
8. Yo *(arreglar)* .... la casa.
9. Vosotros *(vivir)* .... en Portugal.
10. Ella *(cocinar)* .... muy bien.

84. Escribe un sujeto adecuado para cada frase.

1. .... leo esta novela por la noche.
2. .... lee toda la tarde.
3. .... cantan una bonita canción.
4. .... bebes demasiada cerveza.
5. .... entendemos el problema.
6. .... explica el tema.
7. .... llegan a las seis.
8. .... poseo una bonita casa.
9. .... pinta la madera.
10. .... tiramos la basura.
11. .... coges flores para Julia.
12. .... miran un cuadro de Picasso.
13. .... temo a los leones.
14. .... nadamos en la piscina.
15. .... ves el partido de balonmano.
16. .... escribe una carta.
17. .... observan al animal.
18. .... saltáis la pared.
19. .... vivo en Gijón.
20. .... discute con su vecina.

85. Haz frases con los siguientes elementos.

1. mapa - el - página - mirar - diez - la - de   ....
2. escuchar - las - noticias - diez - las - de   ....
3. Julio - bien - dibujar - muy   ....
4. bordar - señora - la - vestido - un   ....
5. tema - profesor - el - el - explicar   ....
6. tercer - vivir - piso - en - yo - el   ....
7. gritar - niños - estos - casa - en   ....
8. carta - esta - yo - enviar   ....
9. temer - vecino - vosotros - al - quinto - del   ....
10. abrir - página - por - tú - libro - el - la - quince   ....

86. Escribe las terminaciones adecuadas.

1. Mis amigos habl......... mucho.
2. El profesor explic......... bastante bien.
3. Ellos desconfí......... de mi.
4. Nosotros estudi......... todos los días.

5. Yo viv......... en Australia.
6. Isabel com......... mucho.
7. Vosotros apenas pase......... .
8. Tú trabaj......... demasiado.
9. Este joven am......... muchísimo a su novia.
10. Algunos alumnos habl......... sin parar.

87. Completa este texto con las formas verbales adecuadas.

Alfredo *(estudiar)* (1) .... psicología y Alberto *(trabajar)* (2) ....
de profesor. Los dos *(vivir)* (3) .... en Toledo. *(tener)* (4) .... un
piso pequeño en las afueras de la ciudad. Ambos *(asistir)* (5) .... a clases
de inglés por las tardes, en la Escuela Oficial de Idiomas. Siempre *(tomar)* (6)
.... el autobús a las cinco. *(Compartir)* (7) .... mucho tiempo
juntos, aunque a veces *(salir)* (8) .... con amigos, sobre todo con chicas.
Les *(gustar)* (9) .... mucho juntarse todos los viernes por la noche y *(cenar)*
(10) .... en algún bar típico de la ciudad. Después *(charlar)* (11)
.... y *(bailar)* (12) .... hasta altas horas de la noche.

88. ¿Qué hacen los alumnos de esta escuela? Haz frases...

estudiar • hablar • escribir • leer • correr • andar
pasear • escuchar al profesor • copiar la lección

1. ....
2. ....
3. ....
4. ....
5. ....
6. ....
7. ....
8. ....

89. Transforma en plural.

1. El niño pasea por el parque.   ....
2. Alfonso trabaja hasta las siete de la tarde.   ....
3. Yo como a las dos.   ....
4. No lees deprisa.   ....
5. Tú corres por el patio.   ....

6. El bebé llora. ....
7. Yo viajo en autocar. ....
8. Ella bebe muy despacio. ....
9. Tú gritas mucho. ....
10. El alumno estudia mucho. ....

90. Escribe en singular.

1. Mis compañeras viven en Madrid. ....
2. Vivimos en casa de Pablo. ....
3. Mis vecinas hablan como dos cotorras. ....
4. Los médicos trabajan duro. ....
5. Ellos hablan por teléfono. ....
6. No lloran nunca. ....
7. Vosotros véis demasiada televisión. ....
8. Los mecánicos ganan mucho dinero. ....
9. Las niñas comen manzanas. ....
10. Estos alumnos estudian en casa. ....

91. Completa las formas del verbo.

1. (Ellas) corr...........   6. (Ella) mir...........
2. (Yo) habl...........   7. (Tú) tem...........
3. (Vosotros) copi...........   8. (Ellos) sab...........
4. (Él) beb...........   9. (Nosotros) le...........
5. (Nosotras) cant...........   10. (Vosotras) escrib...........

92. Une un elemento de cada columna, según convenga.

Pepe •	• estudian
nosotros •	• como
Julio •	• corre
vosotros •	• lees
la atleta •	• pedimos
los estudiantes •	• corréis
yo •	• trabaja
tú •	• sabe
yo •	• cantamos
nosotros •	• miro
los profesores •	• viaja
el abogado •	• explican
vosotras •	• escribo
yo •	• hablas
tú •	• bebéis

93. **¿Qué hacen ....? Haz una frase para cada sujeto con los elementos en cursiva.**

1. Luis, Ana, ellos, vosotras: *Viajar en tren*   ....
2. Yo, Juan, vosotros, tú: *Comer pipas*   ....
3. Vosotras, él, Ramón, ellas: *Leer el periódico* ....
4. Nosotras, Andrés, yo, ella: *Escuchar la radio* ....
5. Tú, Antonio, nosotras, ellos: *Cerrar la puerta*   ....
6. Yo, él, vosotras, ellos: *Copiar el tema*   ....
7. Ella, nosotros, tú, ellas: *Vender ropa*   ....
8. José, ella, vosotros, Josefina: *Beber cerveza*   ....

94. **Escribe este anuncio con el verbo en presente.**

Ser un hombre de treinta años. *Ser* licenciado en Derecho. *Hablar* bien cuatro idiomas. *Saber* tomar decisiones. *Tener* buena presencia física y *vestir* elegantemente. Le *gustar* viajar al extranjero.

95. **Relaciona los verbos de cada columna.**

nevar   •   • suele
llover   •   • hiela
soler   •   • hay
hacer frío   •   • hace frío
helar   •   • nieva
haber   •   • llueve

96. **Haz frases con los siguientes elementos.**

1. Argentina - nevar - julio - en - en   ....
2. llover - España - en - mucho - otoño - en ....
3. Canarias - nunca - en - frío - hacer   ....
4. haber - carretera - la - en - hielo   ....
5. anochecer - en - seis - las - invierno - a ....
6. veces - a - granizar - Albacete - en   ....
7. temprano - muy - amanecer   ....
8. soler - leer - periódico - Luis - el   ....
9. en - helar - diciembre   ....
10. cinco - haber - comedor - sillas - el - en ....

97. Completa estas frases con *hay.*

1. En la casa .... cuatro habitaciones.
2. .... un libro sobre la mesa.
3. En este restaurante .... cuatro camareros.
4. No .... nadie en la calle.
5. .... alumnos en el aula.
6. ¿Dónde .... manzanas?
7. .... leche y fruta en la cocina.
8. .... muchos conflictos políticos en el mundo.

98. Completa estas frases.

1. En Argentina hace ....
2. En esta tienda hay ....
3. En clase sueles ....
4. En el Polo Norte hace ....
5. Nunca nieva ....
6. Llueve ....
7. Al anochecer, Pedro suele ....
8. Cuando hiela ....
9. En el desierto hace ....
10. En la selva ....

99. Pon en cada columna las palabras adecuadas del recuadro.

> *invierno • buen tiempo • verano • frío • nieblas • nubes • hielo • calor*
> *• primavera • templado • nublado • otoño • aire • sol • estrellas •*
> *cinco grados • cubierto • claros • mal tiempo • temperaturas agradables*

hay	hace	es	está

100. **Haz frases con cada una de las palabras del recuadro anterior.**

1. ....
2. ....
3. ....
4. ....
5. ....
6. ....
7. ....
8. ....
9. ....
10. ....

11. ....
12. ....
13. ....
14. ....
15. ....
16. ....
17. ....
18. ....
19. ....
20. ....

6.

Presente de indicativo

- Verbos irregulares:
  - — irregularidades consonánticas
  - — irregularidades en la vocal de la raíz

101. **Completa con la letra que falta.**

101.a. Vencer.

1. (Yo) ven......o
2. (Tú) ven......es
3. (Él) ven......e
4. (Ella) ven......e
5. (Nosotros) ven......emos
6. (Nosotras) ven......emos
7. (Vosotros) ven......éis
8. (Vosotras) ven......éis
9. (Ellos) ven......en
10. (Ellas) ven......en

101.b. Elegir.

1. (Yo) eli......o
2. (Tú) eli......es
3. (Él) eli......e
4. (Ella) eli......e
5. (Nosotros) ele......imos
6. (Nosotras) ele......imos
7. (Vosotros) ele......ís
8. (Vosotras) ele......ís
9. (Ellos) eli......en
10. (Ellas) eli......en

101.c. Conocer.

1. (Yo) cono......co
2. (Tú) cono......es
3. (Él) cono......e
4. (Ella) cono......e
5. (Nosotros) cono......emos
6. (Nosotras) cono......emos
7. (Vosotros) cono......éis
8. (Vosotras) cono......éis
9. (Ellos) cono......en
10. (Ellas) cono......en

101.d. Salir.

1. (Yo) sal......o
2. (Tú) sa......es
3. (Él) sa......e
4. (Ella) sa......e
5. (Nosotros) sa......imos

6. (Nosotras) sa......imos
7. (Vosotros) sa......ís
8. (Vosotras) sa......ís
9. (Ellos) sa......en
10. (Ellas) sa......en

101.e. Poner.

1. (Yo) pon......o
2. (Tú) po......es
3. (Él) po......e
4. (Ella) po......e
5. (Nosotros) po......emos

6. (Nosotras) po......emos
7. (Vosotros) po......éis
8. (Vosotras) po......éis
9. (Ellos) po......en
10. (Ellas) po......en

101.f. Tener.

1. (Yo) ten......o
2. (Tú) tie......es
3. (Él) tie......e
4. (Ella) tie......e
5. (Nosotros) te......emos

6. (Nosotras) te......emos
7. (Vosotros) te......éis
8. (Vostras) te......éis
9. (Ellos) tie......en
10. (Ellas) tie......en

101.g. Ir.

1. (Yo) ......oy
2. (Tú) ......as
3. (Él) ......a
4. (Ella) ......a
5. (Nosotros) ......amos

6. (Nosotras) ......amos
7. (Vosotros) ......ais
8. (Vosotras) ......ais
9. (Ellos) ......an
10. (Ellas) ......an

102. Completa con las formas adecuadas del verbo.

1. Él *(cocer)* .... patatas.
2. Ellos casi no te *(conocer)* ....
3. Yo *(salir)* .... a la calle.
4. Ella se *(proteger)* .... del frío.
5. Tú no *(conseguir)* .... entender el problema.
6. Esta fábrica *(producir)* .... bolsas de plástico.
7. Las vacas *(pacer)* .... en el prado.
8. Yo me *(poner)* .... un abrigo en invierno.
9. ¿Cuándo te *(ir)* .... a África?
10. El estudiante *(traducir)* .... un texto del latín.

103. **Completa con las letras que faltan.**

103.a. Querer.

1. (Yo) qu.........ro
2. (Tú) qu.........res
3. (Él) qu.........re
4. (Ella) qu.........re
5. (Nosotros) qu.........remos

6. (Nosotras) qu.........remos
7. (Vosotros) qu.........réis
8. (Vosotras) qu.........réis
9. (Ellos) qu.........ren
10. (Ellas) qu.........ren

103.b. Poder.

1. (Yo) p.........do
2. (Tú) p.........des
3. (Él) p.........de
4. (Ella) p.........de
5. (Nosotros) p.........demos

6. (Nosotras) p.........demos
7. (Vosotros) p.........déis
8. (Vosotras) p.........déis
9. (Ellos) p.........den
10. (Ellas) p.........den

103.c. Adquirir.

1. (Yo) adqu.........ro
2. (Tú) adqu.........res
3. (Él) adqu.........re
4. (Ella) adqu.........re
5. (Nosotros) adqu.........rimos

6. (Nosotras) adqu.........rimos
7. (Vosotros) adqu.........rís
8. (Vosotras) adqu.........rís
9. (Ellos) adqu.........ren
10. (Ellas) adqu.........ren

103.d. Jugar.

1. (Yo) j.........go
2. (Tú) j.........gas
3. (Él) j.........ga
4. (Ella) j.........ga
5. (Nosotros) j.........gamos

6. (Nosotras) j.........gamos
7. (Vosotros) j.........gáis
8. (Vosotras) j.........gáis
9. (Ellos) j.........gan
10. (Ellas) j.........gan

103.e. Pedir.

1. (Yo) p.........do
2. (Tú) p.........des
3. (Él) p.........de
4. (Ella) p.........de
5. (Nosotros) p.........dimos

6. (Nosotras) p.........dimos
7. (Vosotros) p.........dís
8. (Vosotras) p.........dís
9. (Ellos) p.........den
10. (Ellas) p.........de

104. **Escribe el verbo en la forma que convenga.**

1. Estas manzanas se *(podrir)* ....
2. Los niños *(jugar)* .... en la playa.

3. Esto no (poder) .... ser verdad.
4. ¿A qué hora (volver) .... Juan?
5. Este equipo de música (sonar) .... bien.
6. Yo (soltar) .... el nudo.
7. Él no (querer) .... a su novia.
8. Esta niña (pedir) .... limosna.
9. El cocinero (calentar) .... la comida.
10. Esta chaqueta (costar) .... dos mil pesetas.
11. En España se (merendar) .... a las seis.
12. Nosotros (pensar) .... en una buena respuesta.
13. No es verdad: este señor (mentir) ....
14. Mi madre (fregar) .... los platos y vasos sucios.
15. La cigüeña (volar) .... hacia su nido.

105. Escribe en presente de indicativo los verbos del texto.

Elisa: *(Llegar)* (1) .... tarde a la oficina. *(Ser)* (2) .... ya las nueve y cuarto. El trabajo *(empezar)* (3) .... a las nueve.

Ana: Lo *(sentir)* (4) .... , Elisa.

Elisa: ¿Qué *(pasar)* (5) ....? ¿A qué hora te *(levantar)* (6) ....?

Ana: Me *(despertar)* (7) .... a las ocho y media, me *(duchar)* (8) ...., *(coger)* (9) .... el coche y *(venir)* (10) .... a la oficina.

Elisa: ¿No *(desayunar)* (11) ....?

Ana: No, pero *(almorzar)* (12) .... bastante a mediodía.

Elisa: ¿Qué *(hacer)* (13) .... al salir del trabajo?

Ana: Cuando *(salir)* (14) .... del trabajo me *(ir)* (15) .... a clase de inglés a la Escuela Oficial de Idiomas. Después me *(ir)* (16) .... a casa y *(merendar)* (17) ....

Elisa: ¿A qué hora te *(acostar)* (18) ....?

Ana: Hacia las doce.

106. Escribe en plural.

1. El mendigo pide dinero. ....
2. María quiere a su marido. ....
3. A veces sueño tonterías. ....
4. El atleta vence en la competición. ....
5. Luis almuerza a la una. ....
6. Casi tropiezo. ....
7. Tú no conoces a Jaime. ....

8. Roberto conduce demasiado deprisa. ....
9. Reconozco este cuadro. ....
10. Ricardo va a casa de Juan. ....

107. Completa las letras que faltan en las formas verbales.

107.a. Conseguir.

1. (Yo) consi......o
2. (Tú) consi......es
3. (Él) consi......e
4. (Ella) consi......e
5. (Nosotros) conse......imos
6. (Nosotras) conse......imos
7. (Vosotros) conse......ís
8. (Vosotras) conse......ís
9. (Ellos) consi......en
10. (Ellas) consi......en

107.b. Huir.

1. (Yo) hu......o
2. (Tú) hu......es
3. (Él) hu......e
4. (Ella) hu......e
5. (Nosotros) hu......mos
6. (Nosotras) hu......mos
7. (Vosotros) hu......s
8. (Vosotras) hu......s
9. (Ellos) hu......en
10. (Ellas) hu......en

107.c. Decir.

1. (Yo) di......o
2. (Tú) di......es
3. (Él) di......e
4. (Ella) di......e
5. (Nosotros) de......imos
6. (Nosotras) de......imos
7. (Vosotros) de......ís
8. (Vosotras) de......ís
9. (Ellos) di......en
10. (Ellas) di......en

107.d. Hacer.

1. (Yo) ha......o
2. (Tú) ha......es
3. (Él) ha......e
4. (Ella) ha......e
5. (Nosotros) ha......emos
6. (Nosotras) ha......emos
7. (Vosotros) ha......éis
8. (Vosotras) ha......éis
9. (Ellos) ha......en
10. (Ellas) ha......en

107.e. Saber.

1. (Yo) s......
2. (Tú) sa......es
3. (Él) sa......e
4. (Ella) sa......e
5. (Nosotros) sa......emos
6. (Nosotras) sa......emos
7. (Vosotros) sa......éis
8. (Vosotras) sa......éis
9. (Ellos) sa......en
10. (Ellas) sa......en

108. **Forma frases con los siguientes elementos.**

1. niño - tener - hambre - este ....
2. juez - poner - se - toga - la - el ....
3. soñar - angelitos - tú - los - con ....
4. vosotros - tonterías - decir ....
5. huir - de - ti - yo ....
6. complacer - me - no - presencia - su ....
7. profesor - texto - el - el - traducir ....
8. plegar - él - silla - esta ....
9. pieza - soldar - mecánico - el - esta ....
10. siempre - verdad - decir - yo - la ....

109. **Escribe las frases anteriores cambiándolas al singular o al plural.**

1. ....
2. ....
3. ....
4. ....
5. ....
6. ....
7. ....
8. ....
9. ....
10. ....

110. **Responde a estas preguntas.**

1. ¿Tienen hojas los árboles? ....
2. ¿A qué hora almorzáis? ....
3. ¿Vas mañana a Madrid? ....
4. ¿Conocen a Felipe? ....
5. ¿Jugamos al tenis? ....
6. ¿Salimos a dar una vuelta? ....
7. ¿Es que niegas esto? ....
8. ¿Quieren más agua? ....

111. **Escribe las frases siguientes en singular.**

1. Pedimos un agua mineral en el bar. ....
2. Ellos se previenen contra la gripe. ....

3. Conocemos a sus padres. ....
4. Estas dos camisas cuestan diez mil pesetas. ....
5. Deducimos la posible respuesta. ....
6. Nacen miles de niños todos los días. ....
7. Lucimos nuestros trajes. ....
8. Estas fábricas producen gases peligrosos. ....
9. Siempre se lo decimos. ....
10. ¿Hacemos otra paella? ....

112. Haz frases con los siguientes verbos.

1. Oír: ....
2. Hacer: ....
3. Ir: ....
4. Salir: ....
5. Huir: ....
6. Jugar: ....
7. Reducir: ....
8. Renovar: ....
9. Probar: ....
10. Volar: ....

113. Completa las siguientes frases para...

a) **Pedir algo:**

¿.................. usted ayudarme, por favor?
¿Me .... el precio de estas peras, por favor?
¿Cuánto .... esa chaqueta?

b) **Expresar preferencias:**

.... estas manzanas maduras.
Me .... el cine.
Los libros .... más que las revistas.

c) **Identificarse:**

Me .... Carlos y .... 19 años.
.... en Sevilla.
.... en la Universidad de Murcia.

d) Expresar acciones:

Por las mañanas .... a bañarme con mi vecino.

.... a la una y .... hacia las seis de la tarde.

Me .... a las doce.

e) Estados de ánimo:

Hoy me .... muy mal. Me .... la cabeza.

.... el estómago.

.... dolor de vientre.

114. Completa los verbos del siguiente texto en su forma correcta.

Dr. López: Hola. ¿Qué le *(doler)* (1) .... a este enfermo?

Niño: Me *(doler)* (2) .... todo el cuerpo. *(Tener)* (3) .... dolor de cabeza, de piernas, de garganta…

Dr. López: ¿Te *(molestar)* (4) .... la espalda?

Niño: Sí.

Dr. López: *(Ir)* (5) .... a ver. *(Respirar)* (6) .... hondo. Así. *(Soltar)* (7) .... el aire despacio. Lo *(hacer)* (8) .... muy bien. Otra vez. Eso *(ser)* (9) .... No *(tener)* (10) .... nada grave, sólo una fuerte gripe. Te *(ir)* (11) .... a recetar unas pastillas. *(Tomar)* (12) .... una pastilla cada cuatro horas y no te *(preocupar)* (13) .... Ahora *(ir)* (14) .... a casa, te *(acostar)* (15) ...., *(guardar)* (16) .... cama varios días y *(descansar)* (17) ....

Niño: ¿No *(poder)* (18) .... salir a la calle? Yo *(querer)* (19) .... jugar con mis amigos.

Dr. López: No, no *(pensar)* (20) .... en salir a la calle. ¿De acuerdo?

Niño: *(Valer)* (21) .... doctor.

Los determinantes

- Demostrativos
- Indefinidos
- Numerales y ordinales

115. Antepón al nombre *este, esta, estos, estas,* según convenga.

1. .... jardín
2. .... casa
3. .... amigos
4. .... flores
5. .... coche
6. .... vestido
7. .... galletas
8. .... colores
9. .... río
10. .... relojes
11. .... cuentos
12. .... nariz
13. .... bolsillos
14. .... piscina
15. .... castillo

116. Antepón al nombre *ese, esa, esos, esas,* según convenga.

1. .... pueblo
2. .... cura
3. .... palabra
4. .... llaves
5. .... abuelos
6. .... helado
7. .... mujeres
8. .... bares
9. .... cuchillo
10. .... muñeca
11. .... sillón
12. .... bota
13. .... hormigas
14. .... balones
15. .... brazo

117. **Antepón al nombre la forma adecuada:** *aquel, aquella, aquellos, aquellas.*

1. ..... paraguas
2. ..... calle
3. ..... lápices
4. ..... perro
5. ..... oveja
6. ..... voces
7. ..... gallinas
8. ..... abogado
9. ..... dedos
10. ..... vaso
11. ..... rey
12. ..... primas
13. ..... bufandas
14. ..... autobús
15. ..... peatón

118. **Transforma escribiendo las frases en plural.**

1. Esta casa es moderna, pero aquélla es muy nueva.
   ....

2. Ese médico es joven, pero aquél es mejor.
   ....

3. Aquella colina es muy alta, pero ésta es más bonita.
   ....

4. Esto es blanco, aquello es negro.
   ....

5. Esa tarta huele bien; aquélla es más grande.
   ....

6. Esta gente es de Toledo, aquélla es de Vigo.
   ....

7. Esa casa es moderna, pero aquélla es nueva.
   ....

8. Este pescado es bueno, pero aquél es más fresco.
   ....

9. Esto es grande, pero aquello es grande y bonito.
   ....

10. Ese juego es más interesante que aquel deporte.
   ....

119. **Escribe en singular.**

1. Esos monumentos son muy antiguos.   ....
2. Estas galletas son muy buenas.   ....
3. Aquellos amigos son muy alegres.   ....
4. Estas fotografías están bien.   ....
5. Esos libros son interesantes.   ....

6. Aquellos ingleses son muy famosos. ....
7. Estos pueblos son de La Mancha. ....
8. Esas ventanas son demasiado anchas. ....
9. Aquellos terrenos son de mi familia. ....
10. Estos caramelos no me gustan. ....

120. Completa con *este, esta, ese, esa, aquel, aquella* o sus plurales.

Era verano. (1) .... día nos levantamos tarde y desayunamos con los niños que vivían en (2) .... casa. Íbamos todos los días a la playa; allí jugábamos todos al fútbol y después subíamos hasta (3) .... colina que ves en la foto. Más tarde nos bañábamos. ¡Qué fresca estaba (4) .... agua! Pero (5) .... lunes era especial. Estaba lloviendo. Subimos al piso de arriba. (6) .... casa era muy interesante; en (7) .... piso había cuatro habitaciones diferentes. Y en una de ellas teníamos mesa de ping-pong. Jugamos durante toda (8) .... mañana. Fue un día estupendo. (9) .... horas y (10) .... días fueron muy felices. Aún los recuerdo en (11) .... momentos.

121. Transforma según el modelo.

**Esta muchacha es bonita. *Aquella muchacha también es bonita.*
Aquel libro es azul. *Este libro también es azul.***

1. Este parque es muy grande. ....
2. Aquella película es preciosa. ....
3. Esta barca es de Juan. ....
4. Aquel señor es mi tío. ....
5. Esta niña lleva una falda corta. ....
6. Este apartamento está muy bien. ....
7. Aquella motocicleta es japonesa. ....
8. Este coche es carísimo. ....
9. Esta lámpara es pequeña. ....
10. Aquel armario es de roble. ....

122. Transforma según el modelo.

**Aquí hay algunos lápices: negros, marrones, verdes.
*Éstos son negros, ésos son marrones y aquéllos son verdes.***

1. Aquí está mi familia: hermanos, tíos, primos.
....

2.   Aquí está tu ropa: camisa, pantalón, zapatos.

   ....

3.   Aquí tengo algunos libros: de matemáticas, de inglés, de lengua.

   ....

4.   Aquí tienes algunos ejemplos: fáciles, difíciles, muy difíciles.

   ....

5.   Aquí están tus bocadillos: de jamón, de queso, de salchichón.

   ....

6.   Aquí hay cosas tuyas: revistas, ropa, libros.

   ....

7.   Aquí hay algunas flores: rosas, margaritas, claveles.

   ....

8.   Aquí hay comida: fruta, carne, pescado.

   ....

123.   Presentaciones: Escribe tú algunas siguiendo el modelo.

Juan: **¡Hola, María! ¿Cómo estás?**
María: **Muy bien. Gracias.**
Juan: **Te presento a mis amigos:**
       Éste es Pedro, ésta es Luisa y éstos son mis hermanos.

1.   Pilar/José   ....
     tía/abuelo/tíos   ....
                           ....
                           ....

2.   Antonio/Fernando   ....
     hijo/hija   ....
                           ....
                           ....

3.   Mónica/Pascual   ....
     Juan/Ángela/José   ....
                           ....
                           ....

4.   Andrea/Valentín   ....
     primos/tíos/sobrinos ....
                           ....
                           ....

5.   José María/Cristina   ....
     padres/hermanos/vecinos   ....
                               ....
                               ....

124. Escribe según el modelo.

Es la casa de Juan.
Ésta es la casa de Juan.

1. Son los zapatos de mi hermano. ....
2. Son los hermanos de mi tía. ....
3. Es el traje de mi padre. ....
4. Es el libro del profesor. ....
5. Son los coches de la empresa. ....
6. Es la hija de mi amigo Pedro. ....
7. Son las zapatillas de mi madre. ....
8. Es la profesora de español. ....
9. Son las flores de nuestro jardín. ....
10. Es la falda de Isabel. ....
11. Es la piscina del chalet. ....
12. Es el bolígrafo de Juanito. ....
13. Son los dulces de los niños. ....
14. Es la bici de María Teresa. ....
15. Son los cuadros de un gran pintor. ....

125. Escribe en plural, si es posible.

1. Algún animal salvaje. ....
2. Cierto escritor suele usar un seudónimo. ....
3. Cualquier libro es bueno. ....
4. No he visto a ningún hombre. ....
5. Alguna respuesta es falsa. ....
6. Me lo dijo cierta persona. ....
7. Todo el que estudia, aprueba. ....
8. No he recibido ninguna noticia. ....
9. Ponme otra copa. ....
10. Gasta mucho dinero en vestir. ....
11. No viene tanto turista como dicen. ....
12. Esta vaca da poca leche. ....

126. Niega estas afirmaciones.

Tiene muchos libros.
No tiene ningún libro.

1. Todos han comido. ....
2. Hay algunas manzanas. ....
3. María tiene muchos hermanos. ....

4. Todas las ventanas están cerradas. ....
5. Hoy han venido algunos amigos. ....
6. Isabelita tiene muchos gatos. ....
7. Tenemos muchos discos. ....
8. Algunas galletas están malas. ....
9. Tengo muchas faltas de ortografía. ....
10. Pone mucho interés en el trabajo. ....

127. Escribe el contrario de...

1. Tiene **mucho** tiempo.   *Tiene poco tiempo.*
2. Es **bastante** pesado. ....
3. **Todas** las botellas están llenas. ....
4. **Varios** juguetes están rotos. ....
5. **Algunos** trabajos son demasiado difíciles. ....
6. Tenemos **bastante** harina. ....
7. **Varias** alumnas han suspendido. ....
8. Vino **toda** la gente del pueblo. ....
9. Comió **mucho** pescado. ....
10. Tiró **toda** la crema al suelo. ....
11. Tiene **bastante** calor. ....
12. Quita **algunas** fotos. ....
13. Lo hizo con **mucho** esfuerzo. ....
14. **Todo** está limpio. ....
15. Rosa tiene **bastantes** años. ....

128. Escribe con letras los números entre paréntesis.

1. La semana tiene (7) .... días.
2. Mi madre tiene (57) .... años.
3. Cristóbal Colón descubrió América en (1492)...................................... .
4. Un año bisiesto tiene (366) .... días.
5. Salen juntos desde (1985) ....
6. Gané en la lotería (2.250) .... pesetas.
7. El año tiene (12) .... meses.
8. (365) .... días tiene un año.
9. Una hora tiene (60) .... minutos.
10. Me deben (5.675) .... pesetas.
11. Mañana es el (15) .... de noviembre.
12. Mi hija tiene (3) .... meses.
13. Un metro tiene (100) .... centímetros.
14. Mi ordenador tiene (640) .... KB.
15. Esta motocicleta tiene (1.100) .... cm^3.

129. Escribe con letras los números ordinales entre paréntesis.

1. Juanito es el (1º) .... de la clase.
2. Siempre me siento en la (6ª) .... fila.
3. El corredor entró en (7º) .... lugar.
4. Es la (2ª) .... vez que te lo digo.
5. Esta es la (5ª) .... oración.
6. El equipo de fútbol ha bajado a (3ª) .... división.
7. Eres la (8ª) .... persona que pregunta eso.
8. Una vez más y es la (10ª) .... vez.
9. Con éste, es el (8º) .... libro que leo este año.
10. Acabó en (4º) .... lugar.

130. Escribe las siguientes fechas.

1. 2-12-1943 ....
2. 10-5-1987 ....
3. 31-1-1765 ....
4. 12-4-1876 ....
5. 11-8-1975 ....
6. 5-11-1983 ....
7. 3-10-1932 ....
8. 8-3-1964 ....
9. 24-7-1990 ....
10. 15-2-1954 ....

131. Completa con la terminación adecuada.

1. Tiene trescient......... cincuenta libros en su casa.
2. Esto cuesta dos mil quinient......... pesetas.
3. Una hora tiene tres mil seiscient......... segundos.
4. En mi cartilla tengo dos mil seiscient......... pesetas.
5. Este edificio tiene doscient......... años.
6. Asistieron cuatrocient......... invitados.
7. Esta isla tiene mil cuatrocient......... habitantes.
8. Setecient......... dólares es lo que tengo.
9. Esta biblia tiene mil ochocient......... páginas.
10. Nací en el año mil novecient......... sesenta y cuatro.

132. Lee el texto y escribe los precios de estos artículos.

| 50 pesetas | 2.000 pesetas | 1.500 pesetas | 850 pesetas | 3.000 pesetas |

| 125 pesetas | 85 pesetas | 6.500 pesetas | 1.250 pesetas | 5.750 pesetas |

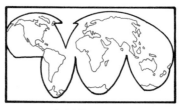

1.125 pesetas

La señora de Martínez ha salido hoy a comprar. Primero ha ido a una papelería a comprar cosas que necesita su hijo Roberto para el colegio. Allí ha comprado un libro por (1) ....; dos libretas, a (2) .... cada una; un mapamundi a (3) ....; y cinco lápices, a (4) .... la unidad. Después ha ido a una ferretería a comprar dos bombillas para la casa. Cada una le ha costado (5) .... y un teléfono supletorio por (6) .... Finalmente, dada la proximidad de Navidad, ha comprado unos regalos en una tienda: un regalo sorpresa de (7) .... para su marido, un reloj de arena por (8) .... para la abuela, un reloj de (9) .... para su hija Encarna, un globo terráqueo por (10) .... para su hijo Roberto y una estatua moderna por (11) .... para su amiga Esmeralda.

133. **Escribe cuánto vale hoy la peseta en relación con el....**

	1.	1	US dólar	122,983
	2.	1	marco alemán	66,806
	3.	1	franco francés	19,634
	4.	1	franco suizo	79,181
	5.	1	libra esterlina	209,902
	6.	1	florín holandés	59,180
	7.	100	yens japoneses	72,430
	8.	100	liras italianas	8,946
	9.	1	corona danesa	17,374
	10.	1	corona sueca	19,253
	11.	100	escudos portugueses	71,680

134. **Completa escribiendo los números adecuadamente.**

1. 101 (*ciento* ....) coches.
2. 1.000........... pesetas.
3. 100.000 .... pesetas.
4. Las 1.001 .... noches.
5. 21 .... alumnos.
6. Llegaron 1.000 .... visitantes a la ciudad.
7. Pepita tiene 0 .... puntos en la clasificación.
8. Ganó 5,5 .... millones en la lotería.
9. 1/3 .... de los presentes son niños.
10. Le pertenecen 3/4 .... partes del total.

135. **Escribe las cifras impares del calendario del mes.**

OCTUBRE 1990							....
D	L	M	X	J	V	S	....
	1	2	3	4	5	6	....
7	8	9	10	11	12	13	....
14	15	16	17	18	19	20	....
21	22	23	24	25	26	27	....
28	29	30	31				....

8. Los posesivos

- Adjetivos
- Pronombres

136. Completa con el adjetivo posesivo adecuado *(mi, tu, su, mis, tus, sus).*

136.a. *mi:*

1.	Televisor	*Mi televisor*
2.	Coche	....
3.	Motocicleta	....
4.	Radio	....
5.	Armario	....
6.	Mesa	....
7.	Ventana	....
8.	Puerta	....

136.b. *tu:*

1.	Balón	....
2.	Sillón	....
3.	Pluma	....
4.	Ordenador	....
5.	Cuerda	....
6.	Chaqueta	....
7.	Vestido	....
8.	Bolígrafo	....

136.c. *su:*

1.	Guitarra	....
2.	Revista	....
3.	Bicicleta	....
4.	Silla	....
5.	Escritorio	....
6.	Vaso	....
7.	Pizarra	....
8.	Caballo	....

137. Escribe en plural los ejercicios anteriores.

137.a.

1. ....
2. ....
3. ....
4. ....
5. ....
6. ....
7. ....
8. ....

137.b.

1. ....
2. ....
3. ....
4. ....
5. ....
6. ....
7. ....
8. ....

137.c.

1. ....
2. ....
3. ....
4. ....
5. ....
6. ....
7. ....
8. ....

138. Transforma las frases siguientes según el modelo.

138.a.

Es mi dinero.
El dinero es mío.

1. Es mi coche. ....
2. Es mi muñeca. ....
3. Es mi motocicleta. ....
4. Es mi libro. ....
5. Es mi monedero. ....
6. Es mi comida. ....
7. Es mi monopatín. ....
8. Es mi pantalón. ....

138.b.

Es tu bolígrafo.
El bolígrafo es tuyo.

1. Es tu balón. ....
2. Es tu juguete. ....

3. Es tu reloj. ....
4. Es tu pulsera. ....
5. Es tu camisa. ....
6. Es tu cuchara. ....
7. Es tu encendedor. ....
8. Es tu jersey. ....

138.c.

Es su traje.
El traje es suyo.

1. Es su disco. ....
2. Es su pulsera. ....
3. Es su cartera. ....
4. Es su teléfono. ....
5. Es su café. ....
6. Es su libro. ....
7. Es su revista. ....
8. Es su llave. ....

139. **Escribe en plural las frases de los ejercicios anteriores.**

139.a.

1. ....
2. ....
3. ....
4. ....
5. ....
6. ....
7. ....
8. ....

139.b.

1. ....
2. ....
3. ....
4. ....
5. ....
6. ....
7. ....
8. ....

139.c.

1. ....
2. ....
3. ....
4. ....
5. ....
6. ....
7. ....
8. ....

140. **Subraya en el siguiente texto todos los adjetivos o pronombres posesivos.**

Por fin encontramos el llavero de Juan y su cartera. La mía no estaba. Seguro que los ladrones tiraron la suya y se llevaron la mía con todo mi dinero y mi documentación. Después de nuestra desgracia, volvimos a nuestro piso para telefonear a la comisaría y a nuestros amigos y contarles el caso. Pedro, un primo mío, nos dijo que también habían robado a María, su novia, aquella misma tarde. Nos contó que le habían quitado su reloj y su cartera. Una vez pasado el susto, quedamos con nuestros amigos, la novia de Juan y la mía, para tomar una copa y olvidarlo todo.

141. **Completa con los posesivos adecuados.**

Miguel: Buenos días. Ya hemos decidido dónde queremos pasar (1) .... vacaciones.

Empleada: Buenos días. Me alegro. Esperen. Les atenderá (2) .... compañero.

Empleado: ¡Hola! ¿Dónde quieren pasar (3) .... vacaciones?

Miguel: En Méjico. (4) .... tíos viven allí.

Empleado: Bien. ¿Cuándo piensan salir?

Miguel: El quince de agosto.

Empleado: Son dos billetes, ¿verdad?, para usted y para (5) .... esposa.

Miguel: No, son cuatro billetes. (6) .... dos hijos vendrán también. Quieren ver a (7) .... amigos de Méjico.

Empleado: De acuerdo. Aquí tiene (8) .... billetes. Y no olviden (9) .... pasaportes. Deme también (10) .... número de teléfono por si hay algún problema.

Miguel: (11) .... número es el 323484.

Empleado: ¡Gracias! y ¡Buen viaje!

142. **Transforma las frases usando el posesivo para más de una persona: *nuestro/a, vuestro/a, suyo/a*.**

1. Tengo mi traje en casa.   *Tenemos nuestro traje en casa.*
2. Tu vestido está en la tintorería.   ....
3. Tu amigo vive en Miami.   ....
4. Tu perro está solo en casa.   ....
5. Su zapato está descosido.   ....
6. Tengo mi coche en el garaje.   ....
7. Su piso está vacío.   ....
8. Mi piso está demasiado sucio.   ....
9. Tu bolígrafo está roto.   ....
10. Su guitarra es magnífica.   ....

11. Tiene su calefacción apagada. ....
12. Tengo mi cartera vacía. ....
13. Tu ropa está en el armario. ....
14. Su maleta es de piel. ....
15. Tengo mi apartamento en venta. ....

143. Escribe en plural las frases del ejercicio anterior.

1. Tengo mis trajes en casa. *Tenemos nuestros trajes en casa.*
2. ....
3. ....
4. ....
5. ....
6. ....
7. ....
8. ....
9. ....
10. ....
11. ....
12. ....
13. ....
14. ....
15. ....

144. Haz frases según los modelos.

144.a.

Nuestro coche es muy veloz.
El mío también es veloz.

1. Vuestro hijo es muy alto. ....
2. Nuestras casas son muy viejas. ....
3. Sus hermanas son inteligentes. ....
4. Nuestro perro es un pastor alemán. ....
5. Vuestras plantas están secas. ....
6. Su ordenador está anticuado. ....
7. Nuestros abuelos son muy ancianos. ....
8. Sus amigas son suecas. ....
9. Nuestro televisor es japonés. ....
10. Su país es demasiado frío. ....
11. Vuestra música es de los años sesenta. ....
12. Vuestros zapatos son de verano. ....

13. Sus gafas son redondas. ....
14. Vuestro coche es muy cómodo. ....
15. Su casa está recién pintada. ....

144.b.

Mis zapatos son nuevos.
Los nuestros también lo son.

1. Tu sillón es de madera. ....
2. Mi motocicleta es muy veloz. ....
3. Sus pantalones son vaqueros. ....
4. Mis ojos son azules. ....
5. Mi paciencia es limitada. ....
6. Tus libros están en casa de Pepe. ....
7. Su máquina de escribir está averiada. ....
8. Mis calcetines son rojos. ....
9. Tus comentarios son acertados. ....
10. Su comportamiento es impecable. ....
11. Mis hermanos son listos. ....
12. Tu examen está bastante bien. ....
13. Mi abuela tiene ochenta años. ....
14. Su tía es abogada. ....
15. Mis amigos son siempre puntuales. ....

144.c.

Sus zapatos son negros. (María)
Los de ella también lo son.

1. Tus revistas médicas son interesantes. (Diego) ....
2. Mis amigos son simpáticos. (Antonia) ....
3. Nuestro país es muy bonito. (Juana) ....
4. Su mirada es profunda. (Javier) ....
5. Tu camisa está arrugada. (Víctor) ....
6. Nuestros primos son franceses. (María) ....
7. Vuestros ejercicios están bien. (Carlos) ....
8. Sus cuadros son muy valiosos. (Pepe) ....
9. Tu cara está alegre. (Ramón) ....
10. Mi cerveza está caliente. (Sandra) ....
11. Vuestra presencia es agradable. (Carmen) ....
12. Nuestra amistad es duradera. (Ricardo) ....
13. Mis bolígrafos son nuevos. (Raúl) ....
14. Mis discos son modernos. (Josefa) ....
15. Sus plantas son tropicales. (Consuelo) ....

145. **Responde a las siguientes preguntas.**

¿Recibiste la carta mía?
Sí, he recibido/No, no he recibido tu carta.

   1.   ¿Tienes el periódico mío? ....

   2.   ¿Conoces al hermano de Juan? ....

   3.   ¿Sabes el nombre de ella? ....

   4.   ¿Has visto este coche nuestro? ....

   5.   ¿Me dejas el libro tuyo? ....

   6.   ¿Son aquellos coches vuestros? ....

   7.   ¿Recibisteis aquel libro mío? ....

   8.   ¿Son esas cazadoras nuestras? ....

   9.   ¿Has estado en aquella casa mía? ....

  10.   ¿Esos sellos son suyos? ....

  11.   ¿Dónde están aquellas primas tuyas? ....

  12.   ¿Prefieres esas ideas suyas? ....

  13.   ¿Sabes quiénes son los abuelos nuestros? ....

  14.   ¿Quieres la bicicleta mía? ....

  15.   ¿Me prestas esa corbata tuya? ....

9.

- *A mí me/ti te/él, ella le/... a nosotros nos/a vosotros os/a ellos les...*
- *Me/te/le/nos/os/les...* gusta...

146. Responde según el modelo.

¿Te gustan los caramelos?
No, a mí no me gustan.

1. ¿Le gusta fumar? ....
2. ¿Os apetece un café? ....
3. ¿Os gustan estos modelos? ....
4. ¿Te gusta este libro? ....
5. ¿Les gusta el cava español? ....
6. ¿Os gustan estas playas? ....
7. ¿Le gusta a María pasear por el parque? ....
8. ¿Le apetece una cerveza a tu amigo? ....
9. ¿Os gusta la sangría bien fría? ....
10. ¿Les gusta a ellos viajar? ....

147. Relaciona los elementos de una columna con los correspondientes de la otra.

		• yo	....
		• ellos	....
te	•	• nosotros	....
os	•	• vosotras	....
le	•	• ella	....
les	•	• tú	....
nos	•	• ellas	....
me	•	• nosotras	....
		• vosotros	....
		• él	....

69

148. Completa con el pronombre adecuado.

1. A .... nos gusta pasear por la noche.
2. A .... me encanta la música clásica.
3. A .... le apetece un té.
4. A .... les gusta divertirse.
5. A .... te van a suspender.
6. A .... os gusta la comida española.
7. A .... me apetece leer el periódico.
8. A .... le encanta leer las obras de Cervantes.
9. A .... nos parece una persona inteligente.
10. A .... les cansa tanta televisión.

149. Sustituye el nombre/los nombres por el pronombre correspondiente.

1. Llegó Isabel.   *Llegó ella.*
2. ¿Está Luis?   ....
3. Juan y Encarna han venido. ....
4. Vino Rosario.   ....
5. Llamó Pascual.   ....
6. El bebé se despertó.   ....
7. Tus amigos no están.   ....
8. Cristina y yo estudiamos. ....
9. Tus hermanos y tu estáis invitados. ....
10. ¿Terminó María José?   ....

150. Responde según el modelo.

¿Viste a Manolo?
Sí, lo vi esta mañana.

1. ¿Viste a mi mujer?   ....
2. ¿Llamaste a los niños?   ....
3. ¿Encontraste a tus hermanas? ....
4. ¿Arreglaste mi coche?   ....
5. ¿Guardó mis cosas?   ....
6. ¿Cosió mis camisas?   ....
7. ¿Enviaron las cartas?   ....
8. ¿Compraron aquellos libros? ....

151. Completa con *le, la, lo,* según convenga.

1. A él nadie .... ha dado nada.
2. Sí, a Juan .... he visto yo.

3. .... gastaron una broma.
4. A Rafael .... tratan de maravilla.
5. A ella .... asustaron.
6. .... gusta la cocina china.
7. A esa muchacha .... sentaron en el banquillo.
8. A Raquel .... dieron un regalo.
9. A Luisa .... llamaron por teléfono.
10. .... dieron un gran susto.

152. Completa con *me, mí, te, ti,* según convenga.

1. A .... no .... han comprado ningún coche.
2. Andrés, ¿a .... gusta este coche?
3. Al levantarme .... dolía la cabeza.
4. No .... dieron lo que tú pedías.
5. Nunca .... llamas a casa.
6. ¿Sabes?, a mí .... darán una beca.
7. Jamás .... pediré un favor.
8. .... parece que a ti .... vi ayer.
9. A .... no .... gusta la playa.
10. ¿......... has devuelto el libro que .... presté?

153. Especifica la persona a la que se refiere el pronombre en cursiva.

1. *Me* ha tocado la lotería.   *A mí / Yo*
2. *Te* gusta este ejercicio.   ....
3. A Juan *le* parece una buena idea.   ....
4. *Nos* está viendo por la ventana.   ....
5. ¿*Les* apetece algo?   ....
6. *Os* estoy observando.   ....
7. A Ana *le* encanta cenar fuera.   ....
8. ¿*Me* puedo comer este pastel?   ....

154. Sustituye el nombre por el pronombre adecuado.

1. *(A Isabel)* .... han dado un premio. *(le)*
2. *(A nosotros)* .... gusta nadar.
3. *(A Felipe)* .... apetece tomar un café.
4. *(A ellas)* .... dieron un premio.
5. *(A ti)* .... rompieron el coche.
6. *(A Joaquín)* .... robaron la cartera.

7. *(A mí)* .... compraron la casa.
8. *(A vosotros)* .... queda poco tiempo.
9. *(A Antonio)* .... regalamos un reloj.
10. *(A ti)* .... veremos en Italia.

155. Completa con el pronombre adecuado.

1. Llega un autobús; en .... vienen mis amigos.
2. Mi número de teléfono es el 543322, no .... olvides.
3. Ésta es mi madre; .... no sabe nada del asunto.
4. Tus amigos y yo .... perdimos por el bosque.
5. A vosotros .... gusta España.
6. A la gente .... encanta este paisaje.
7. Dame la llave del piso, ... necesito para entrar.
8. ¿Has visto mi paraguas? Sí, ... dejé en el sofá.
9. Esta revista .... compré en Rusia.
10. A esta señora .... vimos ayer.

156. Completa con *conmigo, contigo.*

1. Quiero ir .... de viaje.
2. ¿Quieres venir .... ?
3. .... me voy al fin del mundo.
4. .... seguro que lo pasas bien.
5. Ayer la vi ....
6. Me gusta estar ....
7. Ven ....
8. ¿Me dejas ir .... ?

157. Completa con los elementos pronominales que convenga.

Comer es fácil: todos (1) .... hacemos varias veces al día. Pero (2) .... más difícil es comer bien y barato. En España hay restaurantes, mesones y casas de comidas. Las casas de comidas son las más baratas. En (3) .... se suele servir un menú único. Los restaurantes están clasificados por tenedores. Los de cinco tenedores son los más caros. Los de un tenedor son los más baratos. Yo prefiero (4) .... de dos tenedores, pero, si puedo, voy alguna vez a (5) .... de cuatro tenedores. A mi amigo Juan (6) .... gustan los mesones. (7) .... prefiere lugares y comidas típicas. Siempre que (8) .... vamos a cenar, tomamos tapas variadas. (9) .... estoy seguro de que (10) .... encantaría venir con (11) ....

Interrogación Exclamación

- Elementos interrogativos y exclamativos

158. **Transforma en pregunta.**

Es una pregunta.
¿Es una pregunta?

1. Es Nicolás. ....
2. Es mi coche. ....
3. Ven la televisión. ....
4. Vive aquí. ....
5. Eres Enrique. ....
6. Es un libro. ....
7. Estudia en la biblioteca. ....
8. Es de aquí. ....
9. Son italianos. ....
10. Es mentira. ....

159. **Escribe la pregunta correspondiente.**

159.a.

Luis está enfermo.
¿Está Luis enfermo?

1. Jaime es francés. ....
2. Nosotros somos profesores. ....
3. Ella vive con sus padres. ....

4. Tu hija llora. ....
5. Andrea está contenta. ....
6. El libro está sobre la mesa. ....
7. El televisor está apagado. ....
8. Este diccionario es bueno. ....

159.b.

Isabel es una secretaria ideal.
¿Isabel es una secretaria ideal?

1. Javier es un médico excelente. ....
2. Ellos forman un buen equipo. ....
3. El transistor funciona bien. ....
4. Esta iglesia es del siglo pasado. ....
5. María es una pésima cocinera. ....
6. José habla bien el alemán. ....
7. Vosotros coméis en casa. ....
8. Juana es una chica guapísima. ....

159.c.

El avión llega con retraso.
¿Llega con retraso el avión?

1. Alfonso viene a las siete. ....
2. Los niños están en casa. ....
3. Este señor vive en el tercero. ....
4. El niño está en su habitación. ....
5. Su padre llamó ayer. ....
6. Julia suele comer en un mesón. ....
7. Está escribiendo en vuestra mesa. ....
8. Ángela trabaja en un almacén. ....

160. Escribe de dos maneras diferentes la pregunta que corresponda.

Tu hermana llega hoy de León.
¿Llega tu hermana hoy de León?
¿Tu hermana llega hoy de León?

1. La señora limpia el piso. ....
....

2. Yo compro fruta en el mercado. ....
....

3. Tu primo trabaja en la estación de RENFE. ....
....

4. Luisa tiene una bicicleta en casa. ....

5. Ellos conocen a todos los vecinos. ....

6. Tu profesor da clase en la universidad. ....

7. Yo tengo un vestido en el armario. ....

8. Su hermano se sienta en un sillón. ....

9. Ellas comieron paella en un restaurante. ....

10. Antonio hace sus ejercicios en casa. ....

161. Responde.

161.a.

¿Quién es el que está en la calle? *(Luis).*
Es Luis.

1. ¿Quién es ése? *(mi primo)* ....
2. ¿Quién está cantando en aquel piso? *(yo)* ....
3. ¿Quién trabaja en Madrid? *(Amparo)* ....
4. ¿Quién está hablando? *(el alumno)* ....
5. ¿Quién es el que juega al fútbol? *(Francisco)* ....
6. ¿Quién está leyendo esa revista? *(Teresa)* ....
7. ¿Quién es el que grita? *(la niña)* ....
8. ¿Quién es el que cierra la puerta? *(el jefe)* ....

161.b.

¿Y quién eres tú?
Yo soy ... (Hans).

1. ¿Y quién es la enfermera? ....
2. ¿Y quién está mirando? ....
3. ¿Y quién es ella? ....
4. ¿Y quién está planchando? ....
5. ¿Y quién trabaja? ....
6. ¿Y quién estudia? ....
7. ¿Y quién es la que canta? ....
8. ¿Y quién abre la puerta? ....

161.c.

¿Sois vosotros sus amigos?
No, nosotros somos (sus vecinos).

1. ¿Eres tú mi primo?   ....
2. ¿Eres tú suizo?   ....
3. ¿Vives tú en Valencia?   ....
4. ¿Coméis vosotros a la una?   ....
5. ¿Fue Luis quien llamó por teléfono?   ....
6. ¿Trabajas tú en casa?   ....
7. ¿Vives tú conmigo?   ....
8. ¿Escucháis vosotros música?   ....

162. Escribe una pregunta con *quién*.

1. Llaman a la puerta.   *¿Quién llama a la puerta?*
2. Gritan en la calle.   ....
3. Mira por la ventana.   ....
4. Compran libros.   ....
5. Vende muebles.   ....
6. Tiene un bar.   ....
7. Escribe libros.   ....
8. Vive aquí.   ....
9. Trabaja en San Sebastián.   ....
10. Cuida niños.   ....

163. Escribe una pregunta con *quiénes*.

1. Mis tíos viven con nosotros.   *¿Quiénes viven con vosotros?*
2. Ellos trabajan conmigo.   ....
3. María y su hermana van al trabajo con Isabel.   ....
4. Nosotros vamos a cenar con mis padres.   ....
5. Julián y Pepa estudian contigo.   ....
6. Ellas vienen con sus maridos.   ....
7. Mañana comeré con mi familia.   ....
8. Vimos a Carlos con Carmen.   ....
9. Mis abuelos están en casa con mis primos.   ....
10. Vosotros jugáis al fútbol el martes.   ....

164. Pregunta.

164.a.

Escribe a su hermana.
¿A quién escribe?

1. Veo a Luis. ....
2. Visita a mis padres. ....
3. Traemos a tu tía. ....
4. Besa a su mujer. ....
5. Habla al niño. ....
6. Duermo al bebé. ....
7. Vestimos a la niña. ....
8. Baña al enfermo. ....

164.b.

Habla bien de ti.
¿De quién habla bien?

1. Es el coche de Alberto. ....
2. Esto es vuestro. ....
3. Esta carta es mía. ....
4. Esa idea es de ellos. ....
5. El piso es de sus padres. ....
6. Es el periódico de Marta. ....
7. Este apartamento es tuyo. ....
8. Es el libro de Ismael. ....

165. Escribe según el modelo.

165.a.

Hago los deberes todos los días.
¿Qué haces todos los días?

1. Al mediodía como lentejas. ....
2. Estudio inglés todas las tardes. ....
3. Hace gimnasia todas las mañanas. ....
4. Ven la película de la noche. ....
5. Desayunan café y tostadas. ....
6. Leemos el periódico todos los días. ....
7. Arreglan el coche en el taller. ....
8. Escucháis música todas las noches. ....

165.b.

Me gusta ver la televisión.
¿Qué es lo que te gusta ver?

1. Le gusta comer paella. ....
2. Me gusta hacer la comida. ....
3. Os gusta comprar ropa. ....
4. Te gusta arreglar la casa. ....
5. Me gusta lavar el coche. ....
6. Les gusta leer libros. ....
7. Nos gusta levantarnos temprano. ....
8. Os gusta ayudar a los demás. ....

165.c.

Quiero un libro.
¿Cuál quieres?

1. Quiere una revista. ....
2. Preferimos una manzana. ....
3. Quiero un periódico. ....
4. Desean comprar un coche. ....
5. Quiere un regalo. ....
6. Queremos vender una finca. ....
7. Prefiero un piso grande. ....
8. Quieren una máquina electrónica. ....

166. **Responde según tu opinión.**

166.a.

¿Qué les gusta a los niños?
A los niños les gustan los cuentos.

1. ¿Qué te gusta comer? ....
2. ¿Qué película le gusta a tu novia? ....
3. ¿Qué música os gusta escuchar? ....
4. ¿Qué libros te gusta leer? ....
5. ¿Qué le gusta a tu padre? ....
6. ¿Qué te gusta a ti? ....
7. ¿Qué país te gusta más? ....
8. ¿Qué le gusta a la gente mayor? ....

166.b.

¿Dónde está Madrid?
Madrid está en España.

1. ¿Dónde viven tus abuelos?   ....
2. ¿Dónde está tu ciudad/pueblo?   ....
3. ¿Dónde estudias?   ....
4. ¿Dónde compras el pan?   ....
5. ¿Dónde te gustaría vivir?   ....
6. ¿Dónde trabajas?   ....
7. ¿Dónde está Moscú?   ....
8. ¿Dónde hay canguros?   ....

166.c.

¿En qué trabaja?
Es profesor.

1. ¿A qué te dedicas?   ....
2. ¿De qué trata este libro?   ....
3. ¿De qué me acusan?   ....
4. ¿Con qué coche viajas?   ....
5. ¿A qué aspira en la vida?   ....
6. ¿En qué piensas?   ....
7. ¿En qué gastas el dinero?   ....
8. ¿Con qué sueñas?   ....

166.d.

¿Cómo se llama tu padre?
Se llama Manuel.

1. ¿Cómo es tu ciudad?   ....
2. ¿Cómo se llama tu mejor amigo?   ....
3. ¿Cómo se escribe tu nombre?   ....
4. ¿Cómo es tu casa?   ....
5. ¿Cómo es tu apellido?   ....
6. ¿Cómo son tus padres?   ....
7. ¿Cómo es tu coche?   ....
8. ¿Cómo vas al trabajo?   ....

166.e.

¿Cuántos días estarás en Sevilla?
Solamente estaré cinco días en Sevilla.

1. ¿Cuánto dinero ganas?   ....
2. ¿Cuántos amigos tienes?   ....

3. ¿Cuántas veces has viajado a España? ....
4. ¿Cuánto cuesta un kilo de manzanas en tu país? ....
5. ¿Cuántas horas trabajas al día? ....
6. ¿Cuántos libros has leído este año? ....
7. ¿Cuántas son 3x4? ....
8. ¿Cuántos vestidos comprarás este año? ....

167. Completa con la partícula interrogativa adecuada.

1. ¿De .... es esta cartera?
2. ¿............... te llamas?
3. ¿............... vive aquí?
4. ¿............... está mi hermano?
5. ¿............... es tu hermano?
6. ¿............... estáis haciendo?
7. ¿............... llega Jorge?
8. ¿............... se hace este ejercicio?
9. ¿............... son estos invitados?
10. ¿A .... has visto?
11. ¿............... estás hoy? ¿En Sevilla?
12. ¿En .... trabajas?
13. ¿............... dinero ganas?
14. ¿............... alumnos han aprobado?
15. ¿A .... te dedicas?

168. Escribe.

168.a.

Es una suerte
¡Qué suerte!

1. Es un lío. ....
2. Es una alegría. ....
3. Es una maravilla. ....
4. Es un asco. ....
5. Es una tontería. ....
6. Es una desgracia. ....
7. Es una aventura. ....
8. Es una pena. ....

168.b.

Tiene mucha suerte
¡Cuánta suerte tiene!

1. Habla mucho. ....
2. Trabaja mucho. ....
3. Bebe mucha agua. ....
4. Toman mucho café. ....
5. Me alegro mucho. ....
6. Tiene mucho dinero. ....
7. Les molesta mucho. ....
8. Leéis mucho. ....

169. Forma frases exclamativas.

torre - qué - alta - es - la.
¡Qué alta es la torre!

1. casa - tan - qué - grande ....
2. desgracia - tan - qué - grande ....
3. pan - más - qué - bueno ....
4. me - cuánto - alegro ....
5. tan - perro - qué - fiero ....
6. siento - lo - cuánto ....
7. piso - caro - qué - más ....
8. este - corre - coche - cuánto ....
9. comida - qué - está - la - buena ....
10. calor - qué - hace ....

170. Responde con alguna de las expresiones del recuadro.

> *¡Qué suerte!* • *¡Qué bien!* • *¡Qué pena!*
> *¡Cuántas desgracias!* • *¡Cuánta felicidad!*

1. Se casa mañana a las cinco. ....
2. Mañana no hay clase. ....
3. Hoy es el cumpleaños de Inmaculada. ....
4. He perdido mi reloj. ....
5. Ha ganado el Real Madrid. ....
6. Me ha tocado la lotería. ....
7. David ha suspendido el examen. ....

8. Se le ha muerto el gato. ....
9. Se te ha roto el pantalón. ....
10. Ya tenemos trabajo. ....

171. Responde con una expresión que empiece con _qué_.

1. Hace 5 grados bajo cero. _¡Qué frío!_
2. Tengo un diez en el examen. ....
3. Mañana tengo que levantarme a las cinco. ....
4. Este profesor es muy exigente. ....
5. Encontró 5.000 pesetas en la calle. ....
6. Me robaron el coche. ....
7. Tenemos que trabajar hasta muy tarde. ....
8. Perdiste la carrera. ....
9. Hace 40 grados centígrados a la sombra. ....
10. Mañana empezamos nuestras vacaciones. ....

172. Escribe una frase adecuada para cada expresión.

1. ¡Qué sorpresa! _Te regalo este anillo de oro._
2. !Qué alegría! ....
3. ¡Qué coche! ....
4. ¡Qué dices! ....
5. ¡Qué contenta estoy! ....
6. ¡Qué simpática! ....
7. ¡Qué pena! ....
8. ¡Cuánta miseria! ....
9. ¡Cuánto lo siento! ....
10. ¡Cuántas guerras! ....

11.

La negación

- *No...*
- *Nunca, jamás, nada. Todavía no, ni... ni, no... ni*
- Negación con formas verbales
- Negación en frases interrogativas
- Consejos, órdenes negativas

173. **Transforma las oraciones siguientes según el modelo.**

Luis tiene dolor de cabeza.
Luis no tiene dolor de cabeza.

1. Los niños comen peras. ....
2. Juana escribe una carta. ....
3. Mi amiga Luisa vive en Almería. ....
4. Este coche es de mi tío. ....
5. Tú compras en esta tienda. ....
6. Ella lee novelas de terror. ....
7. La lámpara está encendida. ....
8. Ellos juegan al fútbol. ....
9. Vosotros estudiáis en casa. ....
10. Miguel trabaja aquí. ....

174. **Responde negando la pregunta.**

174.a.

1. ¿Está mi hermano en casa? ....
2. ¿Estáis ahí? ....
3. ¿Están en Madrid? ....
4. ¿Estoy bien en la fotografía? ....
5. ¿Estás descansando? ....

6.   ¿Está el motor en marcha?   ....
7.   ¿Está Pepita en la oficina?   ....
8.   ¿Estoy enfermo, doctor?   ....

174.b.

1.   ¿Trabaja en esta oficina?   ....
2.   ¿Vives en Bilbao?   ....
3.   ¿Comes en casa?   ....
4.   ¿Leen el periódico?   ....
5.   ¿Tomáis un refresco?   ....
6.   ¿Compras fruta en la tienda?   ....
7.   ¿Estudia ruso?   ....
8.   ¿Escucháis la radio?   ....

174.c.

1.   ¿Hay fruta en el frigorífico?   ....
2.   ¿Hay algo para comer?   ....
3.   ¿Hay alguien ahí?   ....
4.   ¿Hay agua en la casa?   ....
5.   ¡Hay comida en el plato?   ....
6.   ¿Hay gatos en el tejado?   ....
7.   ¿Hay más libros en la biblioteca?   ....
8.   ¿Hay algún problema?   ....

175.   Escribe la frase negativa correspondiente.

1.   Conocen bien este hotel.   ....
2.   Vivo en esta casa desde hace mucho tiempo.   ....
3.   Escribe a sus padres.   ....
4.   Leo novelas de ciencia ficción.   ....
5.   Ves mucha televisión.   ....
6.   Beben mucha agua.   ....
7.   Compran siempre la misma revista.   ....
8.   Comemos en casa de mis padres.   ....
9.   Barre el piso todos los días.   ....
10.   Hablan sin parar.   ....

176.   Transforma en frases negativas.

La habitación ya está pintada.
La habitación todavía no está pintada.

1.   El ejercicio ya está terminado.   ....
2.   La carta ya está escrita.   ....

3. La luz ya está apagada. ....

4. La traducción ya está hecha. ....

5. El abrigo ya está limpio. ....

6. El pantalón ya está cosido. ....

7. La casa ya está construida. ....

8. El libro ya está vendido. ....

9. La comida ya está lista. ....

10. Juan ya está en casa. ....

177. Transforma según el modelo.

Luisa come y bebe.
Luisa no come ni bebe.

1. Yo duermo y descanso. ....

2. Ellos trabajan y estudian. ....

3. Tú lees y aprendes. ....

4. Nosotros paseamos y pensamos. ....

5. Joaquín habla y escribe. ....

6. Ella limpia y ensucia. ....

7. Mi hija grita y patalea. ....

8. Vosotros compráis y vendéis. ....

9. Yo canto y trabajo. ....

10. Felipe abre y cierra la puerta. ....

178. Niega usando *ni.... ni.*

1. Por las mañanas lee el periódico nacional y la revista de la semana.
....

2. Desayunamos temprano y almorzamos sobre las tres.
....

3. Comes y después tomas café en el bar.
....

4. Durante la semana trabaja y el fin de semana descansa.
....

5. Primero escuchamos y después hablamos.
....

6. Mi abuela duerme y ronca.
....

7. Esta impresora procesa la información y luego la imprime.
....

8. El psicólogo aconseja y ayuda.

....

9. Muchos estudiantes madrugan y estudian.

....

10. El mecánico arregla los coches y después los prueba.

....

179. Responde negando la pregunta.

1. ¿Come poco y hace mucho deporte? ....
2. ¿Trabaja mucho y duerme poco? ....
3. ¿Va poco a clase y estudia mucho? ....
4. ¿Leen mucho y apenas salen a la calle? ....
5. ¿Pagáis mucho y compráis poco? ....
6. ¿Viajamos mucho y nos olvidamos de todo? ....
7. ¿Grita mucho y escucha poco? ....
8. ¿Descansa poco y trabaja mucho? ....
9. ¿Escribe mucho y lee poco? ....
10. ¿Come mucho y crece poco? ....

180. Niega las siguientes frases usando *nunca*.

180.a.

1. Se levanta tarde. ....
2. Comemos a las dos. ....
3. Se ríe de los demás. ....
4. Se enfadan conmigo. ....
5. Hacéis mucho ejercicio. ....
6. Se acuesta temprano. ....
7. Desayuno a las ocho. ....
8. Juega al baloncesto. ....

180.b.

1. A veces hace una fiesta el día de su cumpleaños. ....
2. Algunas veces descansamos los domingos. ....
3. A veces no van a clase. ....
4. A veces escribe a sus amigos de Inglaterra. ....
5. Algunas veces arranca bien el coche. ....
6. A veces llega muy tarde. ....
7. A veces pasan algunos pájaros por aquí. ....
8. Algunas veces me baño en primavera. ....

181. Niega estas frases según el modelo.

Mis amigos prefieren ir a la playa.
Mis amigos prefieren no ir a la playa.

1. Nosotros preferimos vivir aquí. ....
2. Él prefiere leer «El País». ....
3. Prefiero tener mucho dinero. ....
4. A ellos les gusta comer en casa. ....
5. Elena prefiere jugar al tenis. ....
6. Mis amigos prefieren venir aquí. ....
7. Le gusta tener que contar cuentos. ....
8. Carlos prefiere llamarlos por teléfono. ....
9. Los monos prefieren estar en un parque. ....
10. Me gusta tener que oler tu perfume. ....

182. Escribe, sustituyendo la partícula *no* por *jamás*.

1. Aquí no hace frío. ....
2. No he venido aquí antes. ....
3. Rafael no ha estado en Suecia. ....
4. No lo he probado. ....
5. No he visto a nadie por esta zona. ....
6. No le han gustado los regalos baratos. ....
7. Mi amiga no juega al tenis. ....
8. Él no viene antes de las ocho. ....
9. No tiramos comida en buen estado. ....
10. Este programa no les interesa. ....

183. Transforma según el modelo.

183.a.

Pedro no dice eso.
Pedro nunca dice eso.

1. María no come dulces. ....
2. Los niños no mienten. ....
3. No puede andar solo. ....
4. No vemos muchos turistas en invierno. ....
5. No hacen eso por ti. ....
6. Nosotros no hablamos así. ....
7. Yo no tengo dinero. ....
8. El ministro no dice la verdad. ....

183.b.

Marta no sabe la lección.
Marta no sabe nunca la lección.

1. No debes beber agua del grifo. ....
2. No estoy enfermo. ....
3. No visitan lugares de interés. ....
4. Él no va al teatro. ....
5. Juan no estudia en casa. ....
6. Este señor no miente. ....
7. No escuchas lo que te dicen. ....
8. No vuelve a casa antes de las nueve. ....

183.c.

No habla en clase.
Jamás habla en clase.

1. No pongas el libro ahí. ....
2. No te bañes con agua fría. ....
3. No comas con la boca abierta. ....
4. No viaja sola. ....
5. No se reúne con sus amigos. ....
6. No dice palabrotas. ....
7. No sale a comer fuera. ....
8. No guarda silencio. ....

184. Niega las preguntas utilizando *nada*.

¿Compra regalos para sus amigos?
No, no compra nada para sus amigos.

1. ¿Sabes algo más? ....
2. ¿Te queda algo de dinero? ....
3. ¿Compra juguetes para los niños? ....
4. ¿Ves alguna cosa? ....
5. ¿Habéis traído algo para la familia? ....
6. ¿Quieres té o café? ....
7. ¿Habéis reservado mesa en el restaurante? ....
8. ¿Te apetece un caramelo? ....
9. ¿Oyes algún ruido? ....
10. ¿Tienes algo suelto? ....

185.   Niega estas órdenes.

1.   Abre el libro. ....
2.   Ve a tu habitación. ....
3.   Escribe lentamente. ....
4.   Juega en el jardín. ....
5.   Avisa a los bomberos. ....
6.   Ven aquí. ....
7.   Escucha. ....
8.   Tira eso. ....
9.   Estudia más. ....
10. Deja el balón en el suelo. ....

186.   Responde con frases afirmativas.

1.   ¿No tiene usted una talla más pequeña? ....
2.   ¿No te gusta venir conmigo? ....
3.   ¿No está en casa al mediodía? ....
4.   ¿No llevas dinero contigo? ....
5.   ¿No te gusta esquiar? ....
6.   ¿No tienen televisión en casa? ....
7.   ¿No lees novelas? ....
8.   ¿No conocéis este país? ....
9.   ¿No sabes dónde se encuentra esa fábrica? ....
10. ¿No son divertidos? ....

187.   Completa este diálogo respondiendo siempre con frases negativas.

Antonio: Buenos días. Quisiera comprar unos vaqueros.
Dependienta: Muy bien. Venga por aquí. ¿Le gustan azules?
Antonio: (1) ....
Dependienta: Le enseñaré unos verdes. ¿Le gustan muy ajustados?
Antonio: (2) ....
Dependienta: Entonces, pruébese estos. Le gustarán.
Antonio: (3) ....
Dependienta: ¿Prefiere otro color?
Antonio: (4) ....
Dependienta: Lo siento. No tenemos otra cosa.
Antonio: ¿Y no le quedan pantalones de pana?
Dependienta: (5) ....
Antonio: Entonces, muchas gracias y hasta luego.
Dependienta: Adiós.

188. **Escribe ocho consejos prohibiendo hacer algo.**

Ejemplo: *No fume en esta sala.*

1. ....
2. ....
3. ....
4. ....
5. ....
6. ....
7. ....
8. ....

189. **Reescribe este texto negando su contenido.**

Es una empresa importante, con sede en Madrid, que desea contratar a cinco personas, de uno u otro sexo, entre 20 y 30 años de edad. El trabajo es en jornada intensiva, de ocho de la mañana a cinco de la tarde. Se precisa un buen nivel cultural, que los candidatos sepan inglés y relacionarse con la gente. También es preciso que sepan trabajar en equipo. Los seleccionados tendrán Seguridad Social y sus ingresos serán de 100.000 a 150.000 pesetas al mes. La formación, los gastos de desplazamiento y dietas serán pagados por la empresa. Interesados dirigirse, de lunes a viernes, a calle Orense, 45, Madrid, de 10 a 12 de la mañana.

190. **Responde negativamente a cada pregunta, usando las formas adecuadas.**

1. ¿Hay alguien en casa? ....
2. ¿Hay algo en el frigorífico? ....
3. ¿Tienes mucha prisa? ....
4. ¿Gana Juan bastante dinero? ....
5. ¿Queda poca comida? ....
6. ¿Has estado alguna vez en Argentina? ....
7. ¿Siempre te comportas así? ....
8. ¿Tienes algún problema? ....
9. ¿Hay poca gente en la calle? ....
10. ¿Duermes mucho? ....

12.

La expresión del futuro

• Formas y usos verbales

191. **Completa con la terminación adecuada del futuro de indicativo.**

191.a.

cantar.

1. (yo) cant...........
2. (tú) cant...........
3. (él) cant...........
4. (ella) cant...........
5. (nosotros) cant...........
6. (nosotras) cant..........
7. (vosotros) cant..........
8. (vosotras) cant..........
9. (ellos) cant..........
10. (ellas) cant...........

hablar.

1. (yo) habl..........
2. (tú) habl..........
3. (él) habl..........
4. (ella) habl..........
5. (nosotros) habl..........
6. (nosotras) habl..........
7. (vosotros) habl...........
8. (vosotras) habl...........
9. (ellos) habl...........
10. (ellas) habl...........

191.b.

correr.

1. (yo) corr..........
2. (tú) corr...........
3. (él) corr...........
4. (ella) corr...........
5. (nosotros) corr...........
6. (nosotras) corr...........
7. (vosotros) corr...........

deber.

1. (yo) deb...........
2. (tú) deb...........
3. (él) deb...........
4. (ella) deb...........
5. (nosotros) deb...........
6. (nosotras) deb...........
7. (vosotros) deb...........

8. (vosotras) corr............	8. (vosotras) deb...........
9. (ellos) corr...........	9. (ellos) deb...........
10. (ellas) corr...........	10. (ellas) deb...........

191.c.

escribir.	**ir.**
1. (yo) escrib...........	1. (yo) ir...........
2. (tú) escrib...........	2. (tú) ir...........
3. (él) escrib...........	3. (él) ir...........
4. (ella) escrib...........	4. (ella) ir...........
5. (nosotros) escrib...........	5. (nosotros) ir...........
6. (nosotras) escrib...........	6. (nosotras) ir...........
7. (vosotros) escrib...........	7. (vosotros) ir...........
8. (vosotras) escrib...........	8. (vosotras) ir...........
9. (ellos) escrib...........	9. (ellos) ir...........
10. (ellas) escrib...........	10. (ellas) ir...........

192. Escribe en forma de futuro el verbo entre paréntesis.

1. Esta mañana *(llegar)* .... mi hermana de Madrid.
2. Yo te *(enviar)* .... el paquete mañana.
3. Nosotros *(visitar)* .... a todos nuestros amigos.
4. El Real Madrid *(ganar)* .... el partido.
5. Mañana *(escribir)* .... (él) a su amigo.
6. Esta tarde mi madre *(comprar)* .... algo para la Navidad.
7. Mi hermano *(telefonear)* .... más tarde.
8. Luego *(escuchar)* .... (nosotros) las noticias.
9. Mañana (ellos) *(vender)* .... estos artículos.
10. Juanito se *(lavar)* .... después de comer.

193. Reescribe las frases utilizando la forma verbal del futuro.

1. Hoy compro comida para toda la semana. ....
2. Esta tarde llega Luis. ....
3. Francisco asiste a clase de español. ....
4. (Ellos) terminan el trabajo a las cinco. ....
5. Esta tarde lleva el coche tu padre. ....
6. Mañana telefonea Elena desde Londres. ....
7. Esta noche cenamos en casa de mis tíos. ....
8. Para su cumpleaños le regalo un libro. ....
9. Por las mañanas desayunan con la familia. ....
10. Esta tarde empezáis a trabajar. ....

194. Escribe las formas del futuro.

194.a. poder.

1. (yo) pod...............
2. (tú) pod...............
3. (él) pod...............
4. (ella) pod...............
5. (nosotros) pod...............
6. (nosotras) pod...............
7. (vosotros) pod...............
8. (vosotras) pod...............
9. (ellos) pod...............
10. (ellas) pod...............

194.b. poner.

1. (yo) pon...............
2. (tú) pon...............
3. (él) pon...............
4. (ella) pon...............
5. (nosotros) pon...............
6. (nosotras) pon...............
7. (vosotros) pon...............
8. (vosotras) pon...............
9. (ellos) pon...............
10. (ellas) pon ....

194.c. querer.

1. (yo) quer...............
2. (tú) quer...............
3. (él) quer...............
4. (ella) quer...............
5. (nosotros) quer...............
6. (nosotras) quer...............
7. (vosotros) quer...............
8. (vosotras) quer...............
9. (ellos) quer...............
10. (ellas) quer...............

194.d. hacer.

1. (yo) ha...............
2. (tú) ha...............
3. (él) ha...............
4. (ella) ha...............
5. (nosotros) ha...............
6. (nosotras) ha...............
7. (vosotros) ha...............
8. (vosotras) ha...............
9. (ellos) ha...............
10. (ellas) ha...............

195. Escribe en futuro el verbo entre paréntesis.

1. Esta noche no *(poder)* .... acostarme temprano.
2. El tren *(salir)* .... a las cinco de la tarde.
3. El niño *(disponer)* .... de una habitación para él solo.
4. El chófer no *(saber)* .... el camino.
5. En tal caso, no *(haber)* .... necesidad de recordárselo.
6. Mañana todos *(hacer)* .... sus deberes.
7. ¿A qué hora *(ir)* .... tus amigos al cine?
8. Generalmente todos ellos *(venir)* .... a clase puntualmente.
9. Él solo no *(mantener)* .... tanto peso.
10. Ante el juez, el acusado *(tener)* .... que decir toda la verdad.
11. Yo *(dar)* .... una conferencia en mayo.
12. Estoy seguro de que ella no *(querer)* ....
13. Los presos *(huir)* .... de la prisión.
14. Nosotros *(poner)* .... todo nuestro cariño en ello.
15. Nadie *(saber)* .... nada sobre este asunto.

196. Forma frases en futuro utilizando los elementos dados.

1. en - tú - vacaciones - tomar - agosto - las ....
2. mañana - Juan - venir ....
3. leer - revista - más - esta - yo - tarde ....
4. luz - la - ellos - apagar ....
5. técnico - arreglar - mi - el - ordenador ....
6. invierno - nevar - el - próximo ....
7. julio - ir - nosotros - Roma - en - a ....
8. festivo - mañana - día - ser ....
9. no - en - clase - verano - haber ....
10. día - algún - él - a - abuelos - sus - visitar ....

197. Cambia las frases escribiendo en futuro la forma verbal.

1. Mi amigo quiere venir a la fiesta. ....
2. Yo estudio Derecho. ....
3. Trabajamos muy a gusto en esta empresa. ....
4. Él sale del trabajo a las cinco de la tarde. ....
5. Siempre tenemos algo que decir. ....
6. Este equipo puede ganar la competición. ....
7. Hacen muchos ejercicios de gimnasia. ....
8. Movéis la cabeza para todos los lados. ....
9. No podemos ganar siempre. ....
10. Hace falta ayudarle. ....

198. Completa el texto con los verbos entre paréntesis en forma de futuro.

Mis amigos *(pasar)* (1) .... el verano en un camping. *(tener)* (2) ....
que dormir en tiendas de campaña. También *(cocinar)* (3) .... todas sus
comidas y *(lavar)* (4) .... su ropa. *(Conocer)* (5) .... nuevas costumbres, caras nuevas y *(visitar)* (6) .... nuevas ciudades y lugares. También (7) .... *(hacer)* nuevos amigos y *(poder)* (8) .... intercambiar
opiniones entre sí. *(escribir)* (9) .... a sus familiares y amigos y les *(contar)*
(10) .... todas sus aventuras. *(ser)* (11) .... muy penoso para ellos acabar las vacaciones. Pero *(poder)* (12) .... repetir la experiencia el año próximo.

199. Transforma las frases, según el modelo.

Tengo que viajar por toda España.
Tendré que viajar por toda España.

1.   Dice que no sabe qué hacer.   ....
2.   No sabemos qué comprar.   ....
3.   Ella me indica lo que tengo que hacer.   ....
4.   No recuerdan lo que nos dijeron.   ....
5.   No tienen que decir nada.   ....
6.   Sabéis que no es preciso dárselo todo a él.   ....
7.   Luis debe adelgazar 21 kilos.   ....
8.   Hoy voy a comer a un restaurante.   ....
9.   Mañana vuelvo a Madrid.   ....
10.   En verano te enseño a nadar.   ....

200. Escribe este texto refiriéndote al futuro.

Me levanto a las siete. Hago gimnasia en la alfombra de mi habitación hasta las siete y media. Después me ducho con agua fría y me seco el pelo. Desayuno a las ocho y cuarto aproximadamente, con mi familia. Después me arreglo, y a las ocho y media cojo el coche para ir a la oficina. Llego a la oficina a las nueve menos diez y entonces tomo un café o leo un poco el periódico. Salgo del trabajo a las dos. Como en la cafetería, paseo una hora por el parque. Vuelvo a casa y voy a clase de español hasta las nueve. A continuación voy a casa y ceno alrededor de las diez. Finalmente, me acuesto hacia las once u once y media.

201. Haz una frase con formas verbales de futuro.

1.   (Mañana)   ....
2.   (Esta noche)   ....
3.   (Pasado mañana)   ....
4.   (El próximo año)   ....
5.   (En 1999)   ....
6.   (La próxima semana)   ....
7.   (El próximo sábado)   ....
8.   (Mañana por la tarde)   ....
9.   (El próximo verano)   ....
10.   (Mañana a las 11 de la noche)   ....

202. Responde.

1.   ¿Qué piensas hacer el domingo próximo?   ....
2.   ¿A dónde vamos mañana?   ....

3. ¿Cuándo terminas tus estudios? ....
4. ¿Vas a Berlín el próximo año? ....
5. ¿Y durante las vacaciones? ....
6. ¿Cuándo vuelve de Estados Unidos? ....
7. ¿Dónde cenas esta noche? ....
8. ¿A qué jugamos mañana? ....
9. ¿Cuándo piensas acabar este trabajo? ....
10. ¿Cuáles son tus planes para el futuro? ....

203. Consulta el pronóstico del tiempo para mañana y escríbelo usando formas de futuro.

....
....
....
....
....
....

204. Transforma según el modelo.

El lunes va a llover.
El lunes lloverá.

1. Mañana va a venir Jorge. ....
2. Esta noche vamos a salir. ....
3. En invierno va a nevar. ....
4. Los estudiantes van a aprobar. ....
5. La bomba va a estallar. ....
6. La fiesta va a empezar. ....
7. Voy a vivir junto al mar. ....
8. Vamos a escribir nuestras memorias. ....
9. El clima va a cambiar. ....
10. Este verano vamos a ir a París. ....

205. Escribe este horóscopo para el futuro.

Leo: 22-23 de julio al 22-24 de agosto.

Aumento del éxito profesional: tu jefe te ofrece una excelente posibilidad para tu trabajo, pero tu familia no te ayuda y pone muchas dificultades. Deja que elija tu corazón. Los asuntos económicos van a tomar una importancia decisiva. En los estudios tienes que poner a punto tu eficacia con mucho esfuerzo.

206. Escribe según el modelo.

Se pone el abrigo en invierno.
Siempre se pondrá el abrigo en invierno.

1. Me levanto a las ocho. ....
2. Sueñan con una vida nueva. ....
3. Los niños disfrutan mucho del viaje. ....
4. Haces muchas preguntas. ....
5. Sabéis demasiado sobre este asunto. ....
6. En primavera hace buen tiempo. ....
7. Pasamos un mes en el campo durante el verano. ....
8. Comen a la una en punto. ....
9. En invierno nieva con frecuencia. ....
10. Quiere contárselo a su amiga íntima. ....

207. Escribe un anuncio con las palabras adjuntas. Usa formas verbales en futuro.

> *responsable • tener • conocer • dirigir • saber • carnet de conducir •*
> *organización • buen sueldo • viajar • coche de la empresa •*
> *agradable • ambiente*

208. Escribe: ¿Qué tendrá que hacer para....

    a.   Ser profesor

    b.   Ser técnico en informática

    c.   Ser chófer de un autobús

    d.   Ser periodista

209. Escribe cinco predicciones para el futuro.

    1. ....

    2. ....

    3. ....

    4. ....

    5. ....

210. Escribe una lista de lo que no debes hacer en caso de peligro (incendio, robo, etcétera).

No perderé la calma.

    1. ....

    2. ....

    3. ....

    4. ....

    5. ....

    6. ....

    7. ....

    8. ....

El imperfecto de indicativo

- Formas regulares e irregulares
- Usos

211. Completa con la terminación adecuada del pretérito imperfecto de indicativo.

211.a.	211.b.	211.c.
trabajar.	**temer.**	**vivir.**
(yo) trabaj............	(yo) tem............	(yo) viv............
(tú) trabaj............	(tú) tem............	(tú) viv............
(él) trabaj............	(él) tem............	(él) viv............
(ella) trabaj............	(ella) tem............	(ella) viv............
(nosotros) trabaj............	(nosotros) tem............	(nosotros) viv............
(nosotras) trabaj............	(nosotras) tem............	(nosotras) viv............
(vosotros) trabaj............	(vosotros) tem............	(vosotros) viv............
(vosotras) trabaj............	(vosotras) tem............	(vosotras) viv............
(ellos) trabaj............	(ellos) tem............	(ellos) viv............
(ellas) trabaj............	(ellas) tem............	(ellas) viv............

212. Escribe la forma correspondiente del verbo en imperfecto.

1. *(hablar)* ella ....
2. *(comer)* nosotros ....
3. *(escribir)* yo ....
4. *(leer)* tú ....
5. *(gritar)* vosotras ....

6. *(fumar)* ellos ....
7. *(beber)* él ....
8. *(comprar)* ellas ....
9. *(vender)* tú ....
10. *(hacer)* vosotros ....

213. **Transforma las formas verbales de presente en imperfecto.**

1. Limpias el coche con frecuencia. ....
2. Los padres aman a sus hijos. ....
3. Él lava los platos. ....
4. Yo me lavo la cara con agua. ....
5. La niña grita con desesperación. ....
6. Nosotros sacamos los libros de la estantería. ....
7. Ella busca sus cosas. ....
8. Vosotros cruzáis la calle. ....
9. Ellos madrugan mucho. ....
10. Él lleva mi dinero. ....
11. Yo hablo francés. ....
12. Juan nada muy bien. ....
13. La niña canta. ....
14. Ellas compran en esta tienda. ....
15. Yo apago la luz. ....

214. **Cambia al imperfecto las formas verbales.**

1. Juan teme a los fantasmas. ....
2. Ellos leen el periódico. ....
3. Tú no sabes la hora. ....
4. Nosotros vencemos en el concurso. ....
5. El sastre cose un pantalón. ....
6. Tú corres demasiado. ....
7. Ella come a las dos. ....
8. Esta señora vende fruta. ....
9. Yo escribo a mis amigos. ....
10. Ellos abren la ventana. ....
11. Él sale con sus amigos. ....
12. Mi hermana lee mucho. ....
13. Yo vivo en el segundo piso. ....
14. Tú abres el maletero. ....
15. Él parte un trozo de pan. ....

215. **Responde según el modelo.**

¿Leía un libro?
No, no leía un libro.

1. ¿Sabías la respuesta? ....
2. ¿Abría la puerta? ....

3. ¿Comíamos en casa? ....

4. ¿Conocían a Alberto? ....

5. ¿Escribía a sus padres? ....

6. ¿Tenías dinero? ....

7. ¿Cocinabas tú mismo? ....

8. ¿Compraban pan? ....

9. ¿Desconocías este sistema? ....

10. ¿Teníamos una desgracia? ....

11. ¿Conducías de noche? ....

12. ¿Salía a cenar con sus amigos? ....

216. Escribe en tiempo pasado.

216.a.

1. No quiere ir contigo al cine. ....

2. Él siempre miente. ....

3. Me siento mal. ....

4. No tiene miedo de nada. ....

5. Me ayuda a limpiar el piso. ....

6. Normalmente cierro la ventana por la noche. ....

7. Él nunca merienda. ....

8. La película empieza tarde. ....

9. Acostumbras a caminar deprisa. ....

10. Caliento demasiado el café. ....

216.b.

1. No puedo más. ....

2. El jefe se acuesta tarde. ....

3. Cuentas hasta tres y ¡ya está! ....

4. El pájaro vuela alto. ....

5. Este equipo suena bien. ....

6. Sueño con ella. ....

7. Isabel almuerza con el director. ....

8. No recuerdo la pregunta. ....

9. Tu comportamiento me avergüenza. ....

10. Él vuelve a casa tarde. ....

216.c.

1. Yo siempre digo la verdad. ....

2. Él juega al tenis. ....

3. Luis pliega la silla. ....

4. No pidas más. ....

5. Nunca miente. ....

6. Tú mides la mesa. ....

7. Pienso en los problemas que tengo. ....

8. Él calienta la comida. ....

9. La culpable confiesa ante el juez. ....

10. Sólo manifiesto mi punto de vista. ....

216.d.

1. El profesor traduce unos textos. ....

2. No conozco este libro. ....

3. Laura sale con mi primo. ....

4. No haces nada bien. ....

5. No dices la verdad. ....

6. El novio se pone un traje negro. ....

7. La manzana se cae del árbol. ....

8. No sé más. ....

9. Ellos son mis amigos. ....

10. Vosotros váis a Madrid. ....

217. Escribe la forma adecuada del imperfecto.

1. *(ser)* (yo) ....
2. *(haber)* (yo) ....
3. *(lucir)* (él) ....
4. *(decir)* (nosotros) ....
5. *(despertar)* (ellas) ....

6. *(partir)* (ella) ....
7. *(cenar)* (tú) ....
8. *(reír)* (él) ....
9. *(caer)* (el jarrón) ....
10. *(sacar)* (vosotros) ....

218. Escribe los verbos entre paréntesis en imperfecto de indicativo.

Esteban *(leer)* (1) .... tranquilamente en el sofá. La novela *(ser)* (2) .... muy interesante. *(ser)* (3) .... una historia sobre un científico que se *(convertir)* (4) .... en hombre lobo y que *(estar)* (5) .... buscando un antídoto para curarse. Esteban se asustó mientras *(leer)* (6) .... el capítulo decisivo. Se *(sentir)* (7) .... raro y se *(levantar)* (8) .... e *(ir)* (9) .... a mirarse al espejo, pensando que se *(estar)* (10) .... transformando también él en hombre lobo. Pero después de todo, sólo *(estar)* (11) .... leyendo un libro...

219. **Escribe una frase con los elementos siguientes y usando el imperfecto de indicativo.**

1. A las cinco de la mañana - llover mucho ....
2. Ayer - me - decir esto ....
3. El sábado - yo sacar agua del pozo ....
4. Antes - él madrugar mucho ....
5. Yo almorzar - en el colegio ....
6. El año pasado - tú - me - defender ....
7. Antes - yo siempre perder cosas ....
8. De niño - él jugar al baloncesto ....
9. Esta tarde - nevar ....
10. Ayer - tú reírte de mí ....

220. **Transforma según el modelo.**

Esta semana no trabajaba.
La semana pasada tampoco trabajaba.

1. Este año no viajabas. ....
2. Este sábado no venía. ....
3. Este mes no estudiaba. ....
4. Esta semana no leíamos. ....
5. Este viernes no íbamos al cine. ....
6. Este año no nos visitaba el abuelo. ....
7. Este mes no te veía por la universidad. ....
8. Este verano no jugaba al tenis. ....
9. Esta semana no me sentía bien. ....
10. Este lunes no te podía atender. ....
11. Este mes no nos veíamos nunca. ....
12. Este mes no me dolía la cabeza. ....
13. Estos meses no hacía ejercicio. ....
14. Este miércoles no llovía en el país. ....
15. Esta semana no jugábamos al fútbol. ....

221. **Responde: ¿Qué hacías hace algunos años...?**

Ejemplo: *Nadar.*   *Nadaba en la piscina durante una hora.*

1. Bailar. ....
2. Ir al fútbol. ....
3. Comer fuera. ....
4. Hacer fotos. ....

5. Pasear. ....
6. Jugar al tenis. ....
7. Viajar. ....
8. Leer. ....
9. Pintar. ....
10. Hacer turismo. ....

222. Escribe frases siguiendo el modelo.

	Hace cinco años	Actumente
1. Ver películas	Veía muchas películas.	Sólo veo una película al mes.
2. Charlar con los amigos		
3. Ir al cine		
4. Ver la TV		
5. Pintar		
6. Vivir en el campo		
7. Oír música clásica		
8. Jugar al ping-pong		
9. Viajar mucho		
10. Pasear		

223. Escribe en infinitivo la forma del verbo en imperfecto.

1. No conocía a sus amigos. ....
2. Elegía siempre los dulces de chocolate. ....
3. Preferían todos salir por la noche. ....
4. En aquel momento decías la verdad. ....
5. Descansaba tranquila en la playa. ....
6. Yo soñaba despierto. ....
7. Volábamos a cuatro mil metros de altura. ....
8. Nosotros no lo sabíamos. ....
9. El dueño desconocía nuestro objetivo. ....
10. Tú temías su respuesta. ....
11. Ella también quería venir. ....
12. Todas se negaban a aceptar el regalo. ....

224. Completa con los verbos *ser, estar* o *haber* en sus formas de imperfecto.

1. Luisa .... llegado pronto a casa.
2. Ellos .... jugando.
3. El año pasado yo .... estudiante.
4. Los ancianos .... trabajado duro.
5. Yo .... en casa.
6. Mis hermanas .... muy cansadas.
7. Tú .... comprado algo.
8. Los niños .... los más débiles.
9. La bomba .... a punto de estallar.
10. El ruido .... insoportable.
11. El tren .... parado.
12. Yo .... sido el culpable.

225. Subraya los verbos en imperfecto. Luego clasifícalos según la conjugación a que pertenezcan.

¡Manos arriba! ¡Esto es un atraco!
Los ladrones llevaban una pistola cada uno. Eran tres. Entraron a las nueve y cinco. El banco estaba abierto a las nueve y no había nadie dentro. Llevaban la cara tapada y una gabardina larga, de color gris oscuro.
«¡Queremos el dinero, todo el dinero!» —decía uno de ellos—. «Si hacen lo que les decimos, no les pasará nada.»
Eran jóvenes los tres. Su voz era fuerte y seca. Se sentían seguros. Mientras uno se quedaba en la puerta, otro entraba en el despacho del director y el tercero apuntaba al cajero.
«¡Todos de pie, con las manos sobre la cabeza!»
Los empleados se levantaban, algunos con miedo, y ponían las manos sobre la cabeza. El cajero sacaba el dinero y lo dejaba sobre la mesa. El joven que le apuntaba lo iba cogiendo, mientras hacía una señal al de la puerta. Luego llamó al otro y salieron con rapidez. En ese instante empezaba a sonar la alarma. Pero los atracadores estaban ya muy lejos.

1.ª conjugación	2.ª conjugación	3.ª conjugación

14. Imperativo: formas regulares e irregulares

- Expresión de obligación:
  — *Tener que..., deber..., haber de...*

226. Completa el verbo en imperativo.

1. Am...... a tus padres.
2. Respet...... a vuestros abuelos.
3. Compr...... algo para comer.
4. Escuch...... lo que dice el profesor.
5. Baj...... a la plaza del Centro.
6. Tir...... ese papel.
7. Mir...... qué cuadro.
8. Olvid...... vuestros malos ratos.
9. Camin...... por la acera.
10. Habl...... todas más claro.

227. Completa el verbo en forma de imperativo.

1. *(tú)* Le...... más.
2. *(vosotros)* Escrib...... más claro.
3. *(vosotros)* Encend...... la luz.
4. *(tú)* Sub...... a la silla.
5. *(vosotras)* Part...... más pan.
6. *(tú)* Abr...... 1a puerta.
7. *(tú)* Omit...... esa palabra.
8. *(vosotros)* Divid...... este número por trece.
9. *(tú)* Com...... más.
10. *(vosotras)* Hac...... un esfuerzo.
11. Venc...... a tu adversario.
12. *(vosotros)* Dej...... eso.
13. *(vosotros)* Cree...... lo que dicen.
14. *(vosotros)* Met...... esto en el agua.
15. Cog...... tus cosas.

228. Completa con formas verbales de imperativo.

228.a.

1. *(jugar) Juega* con tu hermano
2. *(pensar)* .... en otro ejemplo.
3. *(contar)* .... hasta cien.
4. *(fregar)* .... mejor esos platos.
5. *(soltar)* .... eso.
6. *(confesar)* .... ya.
7. *(negar)* .... lo dicho.
8. *(despertar)* .... hombre.

228.b.

1. *(conducir) Conduce* más despacio.
2. *(introducir)* .... la moneda.
3. *(salir)* .... a la calle.
4. *(poner)* .... el jarrón en su sitio.
5. *(huir)* .... deprisa.
6. *(decir)* .... lo que piensas.
7. *(hacer)* .... más ejercicios.
8. *(venir)* .... aquí.
9. *(ir)* .... a casa.
10. *(traducir)* .... este libro.

229. Responde usando el imperativo.

¿Cantamos todos?
Cantad todos.

1. ¿Gritamos? ....
2. ¿Tiramos la ropa? ....
3. ¿Saltamos? ....
4. ¿Bebemos más agua? ....
5. ¿Huimos al campo? ....
6. ¿Vamos al concierto? ....
7. ¿Despertamos a los hijos? ....
8. ¿Rompemos la caja? ....
9. ¿Soltamos la cuerda? ....
10. ¿Comemos paella? ....
11. ¿Corremos? ....
12. ¿Vendemos los libros? ....

13. ¿Escondemos a Luis? ....
14. ¿Compramos un coche? ....
15. ¿Terminamos el trabajo? ....

230. Escribe los verbos en forma de imperativo (en plural y en singular).

1. ¡(hacer) .... deporte cada día! ....
2. ¡(comer) .... con la boca cerrada! ....
3. ¡(sentarse) .... bien a la mesa! ....
4. ¡(venir) .... aquí! ....
5. ¡(correr) ....!, ya queda poco. ....
6. ¡(escribir) .... con letra clara! ....
7. ¡(llamar) .... cuando llegues! ....
8. ¡(comprar) .... uno nuevo! ....
9. ¡(traerse) .... el libro grande! ....
10. ¡(limpiar) .... lo que ensucies! ....
11. ¡(quitar) .... eso de ahí! ....
12. ¡(levantarse) .... ya! ....

231. Transforma según el modelo.

231.a.

Hay que comer menos.
Come menos.

1. Hay que madrugar más. ....
2. Hay que ir a casa. ....
3. Hay que venir antes. ....
4. Hay que limpiarlo todo. ....
5. Hay que hablar francés. ....
6. Hay que trabajar más duro. ....
7. Hay que quitar el polvo. ....
8. Hay que escribir mejor. ....
9. Hay que conducir más despacio. ....
10. Hay que descansar. ....

231.b.

Debéis estudiar más.
Estudiad más.

1. Debéis leer más. ....
2. Debéis limpiar mejor. ....

3. Debéis traducir mejor. ....
4. Debéis hablar menos. ....
5. Debéis dejar eso. ....
6. Debéis rellenar el impreso. ....
7. Debéis hacerlo. ....
8. Debéis ayudar a los amigos. ....
9. Debéis fumar menos. ....
10. Debéis dormir 8 horas. ....

232. Escribe el verbo en imperativo.

232.a.

Me levanto a las ocho.
Levántate a las ocho.

1. Me siento un momento. ....
2. Me voy a la cama. ....
3. Me pongo el vestido blanco. ....
4. Me despierto a las siete. ....
5. Me como una manzana. ....
6. Me mantengo en forma. ....
7. Me relajo por la tarde. ....
8. Me quedo en casa. ....
9. Me baño en la piscina. ....
10. Me sitúo bien. ....

232.b.

¿Nos vamos a la playa?
Iros a la playa.

1. ¿Nos comemos toda la comida? ....
2. ¿Nos hacemos un café? ....
3. ¿Nos ponemos los bañadores? ....
4. ¿Nos arreglamos bien? ....
5. ¿Nos cortamos el pelo? ....
6. ¿Nos movemos deprisa? ....
7. ¿Nos miramos en el espejo? ....
8. ¿Nos atrevemos a hacerlo? ....
9. ¿Nos dormimos en la sala? ....
10. ¿Nos quedamos en Murcia? ....

233. Aconseja lo que deben hacer.

1. Si estás enfermo, ... *(ir al médico). Vete al médico.*
2. Si te duele la cabeza, ... *(tomarse una aspirina).*
3. Si llegas tarde, ... *(correr).*
4. Si está lloviendo, ... *(llevar un paraguas).*
5. Si el coche está averiado, ... *(coger el autobús).*
6. Si quieres tomar el sol, ... *(irse a la playa).*
7. Si no funciona el ascensor, ... *(ir por la escalera).*
8. Si la televisión está muy alta, ... *(bajar el volumen).*
9. Si tu casa está ardiendo, ... *(llamar a los bomberos).*
10. Si no vas a venir, ... *(llamar por teléfono).*
11. Si tienes frío, ... *(ponerse un abrigo).*
12. Si tienes hambre, ... *(comer algo).*

234. Transforma las afirmaciones en mandatos.

1. Juanito toma pastillas para el catarro.   *Juanito, toma estas pastillas.*
2. (Ellos) arreglan el coche.   ....
3. (Nosotros) bajamos el volumen de la radio.   ....
4. María apaga las luces del comedor.   ....
5. Pepe estudia para un examen.   ....
6. Los niños dejan los libros en casa.   ....
7. (Ellas) limpian las habitaciones.   ....
8. La chica cuida al niño.   ....
9. (Vosotros) fregáis los platos.   ....
10. (Ella) viste a los niños.   ....

235. Usa el imperativo: para...

1. Mantenerte en forma.   *¡Haz deporte!*
2. Ganar la carrera.   ....
3. Ver la televisión.   ....
4. Jugar al fútbol.   ....
5. Adelgazar.   ....
6. Aprobar el examen.   ....
7. Comprarte un piso.   ....
8. Pasarlo bien.   ....
9. Ponerte moreno.   ....
10. Conocer España.   ....
11. No pasar frío.   ....
12. Divertirse en una fiesta.   ....

236. Di a tu amigo/a lo que debe hacer para preparar una tortilla española.

1. ....
2. ....
3. ....
4. ....
5. ....
6. ....
7. ....
8. ....
9. ....

237. Transforma según el modelo.

237.a.

Ven conmigo a la biblioteca.
Debes venir conmigo a la biblioteca.

1. Dame tus notas de clase.   ....
2. Ten más cuidado al conducir.   ....
3. Estudia más.   ....
4. Recoge tu ropa.   ....
5. Arregla esa habitación.   ....

6. Come más despacio. ....
7. Descansa después de comer. ....
8. Ve a casa enseguida. ....
9. Haz ejercicio. ....
10. Escucha siempre los consejos que te dan. ....

237.b.

Tocad el piano.
Tenéis que tocar el piano.

1. Practicad más en casa. ....
2. Callad. ....
3. Tened más cuidado. ....
4. Dejad el trabajo por ahora. ....
5. Abrid el libro. ....
6. Guardad silencio. ....
7. Corred más rápido. ....
8. Tomad la medicina. ....
9. Gritad más fuerte. ....
10. Dormid una hora más. ....

237.c.

Acompáñame.
Has de acompañarme.

1. Sígueme. ....
2. Escúchame. ....
3. Llévame. ....
4. Asesórame. ....
5. Aconséjame. ....
6. Oblígame. ....
7. Tómame. ....
8. Abandóname. ....
9. Bésame. ....
10. Abrázame. ....

238. Transforma usando el imperativo.

¿Le saludo? —*Salúdale.*

1. ¿Le ayudo? ....
2. ¿Le sigo? ....

3. ¿Le doy el helado? ....
4. ¿Le digo algo? ....
5. ¿Le invito a un café? ....
6. ¿Le regalo algo? ....
7. ¿Le despido? ....
8. ¿Le sugiero algo? ....
9. ¿Le traduzco el texto? ....
10. ¿Le doy agua? ....
11. ¿Le compro un reloj? ....
12. ¿Le acompaño? ....

239. Completa las frases.

1. Para evitar accidentes, *ten cuidado.*   (debes tener cuidado).
2. Antes de salir ....   (debes coger una chaqueta).
3. Para hacer una buena paella ....   (debes comprar arroz).
4. Para viajar ....   (debes tener dinero).
5. Antes de acostarte ....   (debes leer el informe).
6. Antes de ir a Inglaterra ....   (debes aprender inglés).
7. Para aprobar un examen ....   (debes estudiar).
8. Para ponerte moreno ....   (debes tomar el sol).
9. Para ir a Rusia ....   (debes llevarte un abrigo).
10. Para relajarte ....   (debes cerrar los ojos).
11. Antes de casarte ....   (debes pensarlo bien).
12. Al terminar este ejercicio ....   (debes comprobar las respuestas).

240. Aconseja lo que debe hacer Teresa...

1. Para aprobar, *ha de/tiene que estudiar mucho.*   (estudiar mucho).
2. Para bañarse ....   (ponerse un bañador).
3. Para descansar ....   (acostarse temprano).
4. Para leer ....   (tener mucha luz).
5. Para dormir ....   (estar cansada).
6. Para crecer ....   (tomar mucha leche).
7. Para adelgazar ....   (hacer ejercicio).
8. Para ducharse ....   (usar un gel de baño especial).
9. Para abrir esta puerta ....   (hacer una copia de la llave).
10. Para enseñar ....   (tener más paciencia).
11. Para ganar dinero ....   (trabajar mucho).
12. Para no mojarse ....   (llevar paraguas).

Pretérito perfecto y pretérito indefinido

- Formas regulares e irregulares
- Contrastes de uso

241. **Completa las formas del pretérito perfecto de los siguientes verbos.**

1. (Yo) .... hablado.	11. (Yo) .... escrito.
2. (Tú) .... hablado.	12. (Tú) .... escrito.
3. (Él) .... hablado.	13. (Él) .... escrito.
4. (Ella) .... hablado.	14. (Ella) .... escrito.
5. (Nosotros) .... hablado.	15. (Nosotros) .... escrito.
6. (Nosotras) .... hablado.	16. (Nosotras) .... escrito.
7. (Vosotros) .... hablado.	17. (Vosotros) .... escrito.
8. (Vosotras) .... hablado.	18. (Vosotras) .... escrito.
9. (Ellos) .... hablado.	19. (Ellos) .... escrito.
10. (Ellas) .... hablado.	20. (Ellas) .... escrito.

21. (Yo) .... comido
22. (Tú) .... comido
23. (Él) .... comido
24. (Ella) .... comido
25. (Nosotros) .... comido
26. (Nosotras) .... comido
27. (Vosotros) .... comido
28. (Vosotras) .... comido
29. (Ellos) .... comido
30. (Ellas) .... comido

242. **Completa con las formas auxiliares y terminaciones adecuadas.**

242.a.

1. Su madre le .... regalad... un reloj.
2. El joven se .... comprad... un coche.
3. Ellos .... jugad... al fútbol.
4. María .... mirad... por la ventana.
5. Nosotros .... estudiad... en casa.
6. Yo .... copiad... el texto.
7. Vosotros os .... sentad... en el sofá.
8. Juan .... celebrad... su cumpleaños.
9. Aquel ladrón nos .... robad... el dinero.
10. ¿................. sellad... vosotros el boleto?

242.b.

1. Mi amigo .... perdid... el tren.
2. (Yo) lo .... vendid... todo.
3. (Ellos) .... encendid... todas las luces.
4. El hijo .... temid... siempre por su padre.
5. (Nosotras) no .... leíd..... esa novela.
6. Tú .... movid... la estatua.
7. Isabel .... ofendid... a su mejor amiga.
8. Vuestros vecinos .... recogid... más fruta este año.
9. Los animales .... defendid... su territorio.
10. ¿Te .... ofrecid... algo mis padres?

242.c.

1. Tus hermanas no .... salid... de casa.
2. (Yo) .... partid... pan para toda la familia.
3. Martín .... repartid... las ganancias.
4. (Ella) siempre .... lucid... sus mejores vestidos.
5. Alberto nunca .... sentid... miedo.
6. Me .... herid... en la pierna.
7. Nos .... subid... a una mesa.
8. El cielo se .... cubiert... de nubes.
9. Estos soldados .... sufrid... mucho.
10. Sois vosotros quienes .... sugerid... ir a África.

243. **Completa con el verbo en forma de pretérito perfecto.**

1. *(aprender)* Hoy *he aprendido* muchas palabras de español.
2. *(visitar)* Juan .... a su tía.

3. *(mostrar/ellos)* Nos .... un nuevo ejemplar.
4. *(arreglar)* Ellos mismos .... las habitaciones.
5. *(viajar)* Yo nunca .... a Singapur.
6. *(comer)* Félix y su amiga .... en un famoso restaurante.
7. *(enseñar/ellas)* Me .... una cosa nueva.
8. *(reparar)* El mecánico .... el coche.
9. *(reñir)* El padre .... a los niños.
10. *(recoger/vosotros)* Ya .... recogido nuestras cosas.
11. *(salir)* ¿............................. tú hoy a la calle?
12. *(suspender)* Manuel .... dos asignaturas.
13. *(leer)* Me .... todo el libro.
14. *(invertir)* Los Bancos .... mucho dinero.
15. *(observar)* ¿Vosotros .... algo raro?

244. Haz frases en tiempo pasado, usando el pretérito perfecto y ordenando adecuadamente las palabras.

cuidados - servir - tus - para - no - nada.
Tus cuidados no han servido para nada.

1. estar - hermanos - aquí - tus ....
2. director - me - contratar - el ....
3. estallar - calle - bomba - en - la - la ....
4. primos - venir - casa - a - mis ....
5. sobrevolar - avión - ciudad - la - el ....
6. visitar - nosotros - Miami ....
7. consejos - ayudar - mis - no - le - nada ....
8. mujer - se - gastar - dinero - el - todo - mi ....
9. se - manchar - pantalón - niña - la - el ....
10. helicóptero - estrellado - el - roca - una - contra ....
11. reír - ellos - se - ti - de ....
12. encargado - apagar - luces - el - las - todas ....
13. perro - me - asustar - tu ....
14. le - sorprender - noticia - la ....
15. ellos - camión - lavar - el ....

245. Responde según el modelo.

¿Vas de compras?
No, ya he ido de compras.

1. ¿Vas de paseo? ....
2. ¿Vas a Madrid? ....

3. ¿Vas de vacaciones? ....
4. ¿Vas de juerga? ....
5. ¿Vas a la universidad? ....
6. ¿Vas a casa de Emilia? ....
7. ¿Vas de excursión? ....
8. ¿Vas al bar? ....
9. ¿Vas de visita? ....
10. ¿Vas al trabajo? ....

246. Completa con la forma adecuada del verbo en pretérito perfecto.

1. Hoy te *(ver)* .... en la plaza.
2. Tú *(ser)* .... el culpable.
3. Juan *(muerto)* .... de infarto.
4. Ella nunca *(saber)* .... qué hacer.
5. Ellos jamás *(tener)* .... dinero.
6. (Nosotros) *(acertar)* .... una quiniela esta semana.
7. Creo que tú no me *(entender)* ....
8. ¿Antonio, cuántas horas *(dormir)* ....?
9. Tú siempre *(conducir)* .... muy bien.
10. (Vosotros) *(usar)* .... un ordenador muy moderno.

247. Escribe el verbo en la forma de pretérito perfecto.

1. Mi compañera ya *(leer)* .... el libro.
2. El cocinero ya *(freír)* .... el pescado.
3. Los niños *(romper)* .... la puerta.
4. Nosotros ya *(ver)* .... esta película.
5. ¿Tú *(ir)* .... alguna vez a Francia?
6. La niña se *(caer)* .... por el tobogán.
7. Antonio *(escribir)* .... una carta a sus padres.
8. Lucía se *(oponer)* .... a sus compañeros.
9. Yo no *(poner)* .... esto aquí.
10. (Vosotros) no lo *(hacer)* .... bien.

248. Completa según el modelo.

¿Dudas de mí?
No, no he dudado nunca de ti.

1. ¿Juegas conmigo? ....
2. ¿Te fías de ellos? ....
3. ¿Crees en lo que te dicen? ....

4. ¿Te ríes de tus amigos? ....
5. ¿Vas al cine con el grupo? ....
6. ¿Te acuerdas de mí? ....
7. ¿Te quedas solo en casa? ....
8. ¿Confías en ese señor? ....
9. ¿Te burlas de mí? ....
10. ¿Te diviertes en esas fiestas? ....

249. Escribe el verbo en la forma de pretérito indefinido.

249.a.

hablar.

1. (Yo) habl...
2. (Tú) habl......
3. (Él) habl...
4. (Ella) habl...
5. (Nosotros) habl...........
6. (Nosotras) habl...........
7. (Vosotros) habl........
8. (Vosotras) habl........
9. (Ellos) habl......
10. (Ellas) habl......

249.b.

perder.

11. (Yo) perd...
12. (Tú) perd........
13. (Él) perd......
14. (Ella) perd......
15. (Nosotros) perd...........
16. (Nosotras) perd...........
17. (Vosotros) perd...........
18. (Vosotras) perd...........
19. (Ellos) perd...........
20. (Ellas) perd...........

249.c.

elegir.

21. (Yo) eleg...
22. (Tú) eleg........
23. (Él) eleg........
24. (Ella) eleg........
25. (Nosotros) eleg...........
26. (Nosotras) eleg...........
27. (Vosotros) eleg...........
28. (Vosotras) eleg........
29. (Ellos) eleg...........
30. (Ellas) eleg...........

250. Completa con las formas verbales del indefinido.

250.a. *En primera persona del singular.*

1. Le *(obligar)* .... a decir la verdad.
2. Le *(explicar)* .... a Juan lo sucedido.

3. Le *(juzgar)* .... sin piedad.
4. Le *(hincar)* .... una lanza al jabalí.
5. Me *(largar)* .... sin dejar rastro.
6. *(volcar)* .... la carga sobre la carretera.
7. *(ligar)* .... en la discoteca con un chico muy simpático.
8. Ayer *(aparcar)* .... en doble fila.
9. Le *(enfocar)* .... con mi linterna.
10. *(arrancar)* .... la moto sin ningún problema.

250.b.

1. La madre *(proteger)* .... a su hijo del frío.
2. Tú no *(alcanzar)* .... la cima.
3. Su madre le *(recoger)* .... en la calle.
4. (Yo) *(vencer)* .... en el concurso.
5. Ayer (yo) *(llegar)* .... hasta el final de la carretera.
6. No (yo) *(elegir)* .... bien.
7. Os (ellas) *(reconocer)* .... en la entrada.
8. La noticia me *(estremecer)* ....
9. El país *(surgir)* .... de la miseria.
10. Yo *(mecer)* .... al niño un buen rato.

250.c.

1. Los alumnos *(leer)* .... todo el libro.
2. El ratón *(roer)* .... un trozo de queso.
3. El niño *(caer)* .... por la escalera.
4. María me *(proveer)* .... de comida en abundancia.
5. (Ellos) no *(creer)* .... en mí.
6. Yo no *(oír)* .... esos ruidos.
7. El Presidente *(rehuir)* .... a los periodistas.
8. (Ellos) *(huir)* .... de ese lugar al vernos solos.

250.d.

1. El niño *(pedir)* .... un regalo a sus padres.
2. Las manzanas *(podrirse)* .... todas.
3. (Yo) *(conseguir)* .... más dinero para esta obra social.
4. (Ellos) *(elegir)* .... sus habitaciones.
5. El camarero *(servir)* .... un refresco a los clientes.
6. (Nosotros) *(vestirse)* .... con toda rapidez.
7. El hielo *(derretirse)* .... con el calor.
8. La profesora *(corregir)* .... los ejercicios.
9. El arquitecto *(medir)* .... todo el edificio.
10. El perro *(perseguir)* .... al ladrón.

250.e.

1. Mi padre no *(saber)* .... nada hasta el amanecer.
2. Yo *(salir)* .... por la noche.
3. Los niños *(ir)* .... al parque.
4. Los manifestantes *(huir)* .... de la policía.
5. Luis *(ponerse)* .... los pantalones al revés.
6. No *(caber)* .... todos en el coche.
7. Le preguntó dos veces, pero ella no *(saber)* .... la respuesta.
8. *(ser)* .... vosotros los culpables.
9. Durante este fin de semana *(haber)* .... cinco accidentes.
10. Él no *(decir)* .... nada de la reserva.

251. **Escribe el indefinido de...**

	Ser	*Ir*
(Yo)		
(Tú)		
(Él)		
(Ella)		
(Nosotros)		
(Nosotras)		
(Vosotros)		
(Vosotras)		
(Ellos)		
(Ellas)		

252. **Pon las frases siguientes en tiempo pasado, utilizando el indefinido.**

1. La bibliotecaria *pone* los libros en las estanterías.
   ....
2. El empleado *trabaja* cinco días por semana.
   ....
3. Los niños se *protegen* del frío.
   ....
4. No *conozco* nada igual.
   ....
5. Le *gusta* jugar al ajedrez.
   ....
6. Siempre se *pone* ese vestido tan bonito.
   ....

7. Juan nos *cuenta* una bonita historia.

   ....

8. Hoy me *siento* algo cansado.

   ....

9. Ellos *dicen* la verdad.

   ....

10. El ejército *huye* del enemigo.

    ....

11. *Vas* al estadio de fútbol para divertirte.

    ....

12. Cela *es* un escritor muy conocido.

    ....

13. El médico *previene* a sus pacientes.

    ....

14. Estas manzanas *cuestan* más de lo normal.

    ....

15. Mi abuela *friega* los platos sucios.

    ....

253. Haz frases usando el pretérito indefinido de los verbos.

deberes - Juanito - hacer - hora - en - una - sus
Juanito hizo sus deberes en una hora.

1. soltar - cuerda - escalador - el - la ....
2. yo - tarde - llegar - película - la - a ....
3. traje - él - su - ponerse - nuevo ....
4. tú - reconocer - la - enseguida ....
5. carta - traducir - él - la ....
6. nosotros - equipaje - traer - el ....
7. ir - Madrid - ellos - en - a - coche ....
8. chico - mentir - este ....
9. él - mil pesetas - apostarse - una - vez ....
10. calentar - cocinero - la - el - tortilla ....

254. Completa con el indefinido o el pretérito perfecto, según convenga.

1. Este año *(llover)* .... mucho.
2. Hace quince días nosotros *(estar)* .... en La Manga.
3. La semana pasada le *(dar)* .... un buen trabajo.
4. El mes pasado *(ir)* .... de vacaciones.
5. Estos dos últimos días *(nevar)* .... bastante.

6. Hace cinco minutos que *(salir)* .... Juan.
7. Ayer noche *(helar)* ....
8. El año pasado Pascual no *(querer)* .... venir.
9. Esta mañana me *(despertar)* .... muy temprano.
10. Ayer Concha *(sentir)* .... un dolor en la pierna.

255. Lee y marca las frases con una de las siguientes letras:

P: *acción conectada al presente del hablante.*
D: *acción alejada o no asociada al tiempo presente de quien habla.*

1. El médico ha atendido a muchos enfermos en un día ....
2. Temí por su salud ....
3. Laura ha reconocido mi voz ....
4. El director me contó un secreto ....
5. Hemos vuelto al mismo lugar ....
6. Acertaron una quiniela de catorce ....
7. Me he puesto la chaqueta de mi padre ....
8. Sonaron las dos en el reloj de la torre ....
9. Comenté la noticia con mi vecino ....
10. Nunca ha sentido tanta tristeza ....

256. Escribe el verbo en forma de pasado (pretérito indefinido, pretérito imperfecto o pretérito perfecto), según el contexto.

256.a.

Antonio *(leer)* (1) .... tranquilamente, sentado en el sofá. La novela *(ser)* (2) .... muy interesante. Al cabo de un rato *(sentir)* (3) .... hambre y se *(levantar)* (4) .... para prepararse algo. De paso *(encender)* (5) .... el televisor. Mientras se *(hacer)* (6) .... un bocadillo de jamón con queso, *(oír)* (7) .... los números que *(ir)* (8) .... saliendo en el sorteo de la lotería primitiva. De pronto *(sonar)* (9) .... el teléfono. *(ser)* (10) .... Juan, un amigo. «Oye, ¿estás viendo el sorteo de la lotería primitiva?», *(decir)* (11) .... Juan. «No, ¿por qué?», *(contestar)* (12) .... Antonio. «No te lo vas a creer: *(acertar)* (13) .... los seis números; deja lo que estés haciendo y ven para acá. ¡Vamos a celebrarlo por todo lo alto...!»

256.b.

De pronto *(oírse)* (1) .... una gran explosión: el Challenger *(convertirse)* (2) .... en pedazos, que *(caer)* (3) .... al mar. Nadie *(creer)* (4) .... lo que *(ver)* (5) .... Todos *(quedarse)* (6) .... quietos, sin habla...

Al día siguiente *(empezar)* (7) .... la investigación: ¿Por qué *(estallar)* (8) .... el cohete? Las imágenes de la televisión *(ser)* (9) .... una gran ayuda para conocer las causas. Esta mañana se *(reunir)* (10) .... los científicos para comentar las diversas hipótesis y no *(conseguir)* (11) .... aclarar nada. Parece ser que más tarde *(comprobarse)* (12) .... que la explosión *(producirse)* (13) .... en el cohete propulsor. Pero incluso los expertos no *(poder)* (14) .... confirmar el hecho de manera definitiva.

257. Escribe una pregunta para las siguientes respuestas:

1. Nunca he visto a esta mujer. ....
2. Mi hermano me ha escrito una carta. ....
3. Le he enviado unas revistas. ....
4. Los niños han escondido su ropa. ....
5. He visto muchas películas. ....
6. Hemos ido al cine juntas. ....
7. Se me ha caído una moneda. ....
8. Los presos se han escapado de la cárcel. ....
9. No he renovado mi carnet de identidad. ....
10. Los estudiantes han deducido la respuesta. ....
11. Mi hija se ha despertado otra vez. ....
12. He jugado al baloncesto. ....
13. Mi vecina ha nacido en Rusia. ....
14. El profesor ha corregido los exámenes. ....
15. El café se ha enfriado. ....

258. Pregunta, de acuerdo con cada respuesta.

1. Salió ayer de vacaciones. ....
2. Repetimos los mismos ejercicios. ....
3. El jefe confió en mí. ....
4. Entre todos leyeron estos libros. ....
5. El año pasado se pudrió toda la fruta. ....
6. El Real Madrid perdió la final del campeonato. ....
7. Mi hermano se disfrazó de Supermán. ....
8. Su traje deslució en la fiesta. ....
9. No sentimos pena por lo sucedido. ....
10. Al final conseguimos un buen resultado. ....

259. Completa estas frases.

1. Cuando llegó el tren, los viajeros ....
2. Él me preguntó y yo ....

3. Mientras estuvo lloviendo, nosotros ....

4. Les conté lo ocurrido y ellos ....

5. María investigó a fondo y ....

6. Cuando los vi, ellos ....

7. Buscó por todas partes, pero ....

8. Nos enteramos de la noticia y luego ....

9. Me pidió la documentación y yo ....

10. Cuando se fue la luz, yo ....

260. Recuerda una noticia que te haya impresionado. Cuéntala por escrito.

....

....

....

....

....

16.

Verbos pronominales

• Formas y uso

261. **Completa con las formas pronominales adecuadas.**

261.a.

1. (Yo) .... levanto.
2. (Tú) .... levantas.
3. (Él) .... levanta.
4. (Ella) .... levanta.
5. (Nosotros) .... levantamos.
6. (Nosotras) .... levantamos.
7. (Vosotros) .... levantáis.
8. (Vosotras) .... levantáis.
9. (Ellos) .... levantan.
10. (Ellas) .... levantan.

261.b.

11. (Yo) .... bañaba.
12. (Tú) .... bañabas.
13. (Él) .... bañaba.
14. (Ella) .... bañaba.
15. (Nosotros) .... bañábamos.
16. (Nosotras) .... bañábamos.
17. (Vosotros) .... bañabais.
18. (Vosotras) .... bañabais.
19. (Ellos) .... bañaban.
20. (Ellas) .... bañaban.

261.c.

21. (Yo) .... he peinado.
22. (Tú) .... has peinado.
23. (Él) .... ha peinado.
24. (Ella) .... ha peinado.
25. (Nosotros) .... hemos peinado.
26. (Nosotras) .... hemos peinado.
27. (Vosotros) .... habéis peinado.
28. (Vosotras) .... habéis peinado.
29. (Ellos) .... han peinado.
30. (Ellas) .... han peinado.

262. Completa con la forma adecuada del verbo pronominal en presente de indicativo.

1. Juanito (vestirse) .... deprisa.
2. (Yo) (lavarse) .... las manos antes de comer.
3. (Nosotros) (afeitarse) .... todos los días por la mañana.
4. (Tú) (secarse) .... las manos con una toalla.
5. Mi madre (comprarse) .... un vestido en las rebajas de enero.
6. La secretaria (ponerse) .... muy nerviosa.
7. (Nosotros) (mirarse) .... poco al espejo.
8. Los niños (pelearse) .... en la calle por un balón.
9. (Yo) (desvestirse) .... por la noche y (ponerse) .... el pijama.
10. Los invitados (arreglarse) .... para la fiesta de esta noche.

263. Escribe en futuro el verbo y su forma pronominal correspondiente.

1. Carlitos está enfermo: (irse) .... a la cama.
2. Tengo la cara sucia: (lavarse) .... la ....
3. Juana está cansada: (relajarse) .... un poco.
4. Los niños tienen frío: (taparse) .... con una manta.
5. El café está muy caliente: (enfriarse) .... pronto.
6. Tiene hambre: (comerse) .... dos bocadillos.
7. Sus zapatos están viejos: (comprarse) .... unos nuevos.
8. Está escribiendo un libro: (publicarse) .... en mayo.
9. Hemos sudado mucho: (ducharse) .... con agua fría.
10. Han cometido un error: pronto (darse) .... cuenta de ello.

264. Contesta escribiendo una frase con la forma del pretérito perfecto.

1. ¿Se baña el niño?   *No, ya se ha bañado.*
2. ¿Se van a casa?   ....
3. ¿Te preparo el desayuno?   ....
4. ¿Os ayudamos de nuevo?   ....
5. ¿Se acuesta la niña?   ....
6. ¿Te acompaño a dar un paseo?   ....
7. ¿Nos quedamos contigo en casa?   ....
8. ¿Se tienen que peinar todavía?   ....
9. ¿Te preparas una comida fría?   ....
10. ¿Todavía se queja del trato recibido? ....

265. Completa con la forma pronominal adecuada.

1. Hacemos gimnasia todos los días, pero no .... cansamos.
2. Tienen mucha hambre: .... pasarían el día comiendo.
3. Estoy agotada. .... acostaría ahora mismo.
4. Son hermanos, pero .... pelean a diario.
5. A mí .... encanta la música clásica.
6. .... aburre en casa.
7. Trabajan mucho, pero no ..... importa.
8. ¿......... ríes de lo que hacen?
9. Ya no .... aguanto más: le diré la verdad.
10. Félix .... tumbó en el sofá.
11. Nunca .... atas bien los zapatos.
12. Siempre .... esconden cuando nos ven.
13. .... asustó al leer la noticia.
14. El lunes .... iremos a Cuba.
15. Lurdes no .... porta bien con sus amigas.

266. Transforma según el modelo.

Aquí venden bicicletas.
Se venden bicicletas.

1. Aquí buscan secretaria. ....
2. En esta tienda alquilan coches. ....
3. Allí al lado arreglan relojes. ....
4. En este restaurante hacen una paella muy buena. ....
5. Aquí compran oro. ....
6. En la oficina pasan trabajos a máquina. ....
7. En este centro hablan inglés. ....
8. Aquí prestan dinero. ....
9. Aquí instalan antenas. ....
10. En este lugar recogen objetos perdidos. ....

267. Escribe una frase con los elementos dados en cada caso.

1. irse - a - todos - noche - la - fiesta - esta ....
2. ducharse - del - antes - desayuno - yo ....
3. los - de - ellos - fantasmas - asustarse ....
4. a - doce - acostarse - las - María ....
5. libros - todos - tú - leerse - estos ....
6. nuevo - él - un - comprarse - coche ....

7. levantarse - nosotros - temprano - muy ....
8. ella - la - siesta - echarse ....
9. limpiarse - yo - dientes - los - al día - veces - dos ....
10. vacaciones - tomarse - verano - en - las - Rafael ....

268. Completa escribiendo el verbo en el tiempo indicado:

Presente de indicativo:

1. A veces *(tomarse/nosotros)* .... un refresco en el bar.
2. Por las tardes *(pasearse/ellos)* .... por el jardín.
3. Después de comer *(asomarse/vosotros)* .... al balcón.
4. Ambos *(conocerse)* .... bien porque trabajan juntos desde hace un año.
5. ¿Siempre *(vestirse/tú)* .... tan deprisa?
6. ¿Por qué *(esconderse/él)* .... cuando pasa Mercedes?

Imperfecto de indicativo:

1. Cuando era pequeño *(asustarse/yo)* .... los perros.
2. En el siglo V la gente no *(lavarse)* .... con jabón.
3. *(sentirse/nosotros)* .... muy solos.
4. Antes *(divertirse/vosotros)* .... bastante más.
5. Este chico *(molestarse)* .... por nada.
6. Antes *(preocuparse/tú)* .... por hacer las cosas bien; ahora ya no.

Pretérito perfecto:

1. *(morderse/ella)* .... la lengua mientras comía.
2. *(golpearse/yo)* .... la rodilla mientras saltaba.
3. Llovía mucho y *(calarse/ellos)* .... hasta los huesos.
4. Isabelita *(romperse)* .... el vestido blanco recién estrenado.
5. ¿Por qué *(enfadarse/tú)* ....?
6. Seguro que todas *(divertirse)* .... en la fiesta.

269. Escribe según el modelo.

Doler la cabeza/ellos.
A ellos les duele la cabeza.

1. Gustar el cine/yo. ....
2. Molestar los ruidos/nosotros. ....
3. Apasionar la playa/ellas. ....
4. Contar un cuento/ella. ....
5. Vender un coche usado/vosotras. ....

6. Apetecer una pizza/tú. ....

7. Encantar este lugar/él. ....

8. Escandalizar esas fotografías/ellos. ....

9. Agradar la música clásica/ellos. ....

10. Buscar la policía/vosotros. ....

270. Escribe usando el pretérito indefinido.

1. Los novios no *(casarse)* .... en la iglesia.

2. *(defenderse)* .... como pudimos.

3. Todos *(alegrarse)* .... de la victoria.

4. Unos pocos *(quedarse)* .... en casa.

5. Muchos de ellos *(irse)* ....

6. Cada uno *(contentarse)* .... con lo que le dieron.

7. El tendero *(pensárselo)* .... dos veces antes de hablar.

8. Muchas parejas *(separarse)* .... a raíz del suceso.

9. Algunos turistas *(broncearse)* .... tomando el son en la playa.

10. Las fiestas *(suspenderse)* .... después del accidente.

271. Escribe una corta biografía de dos amigos, basándote en este guión.

escribirse • encontrarse • conocerse • divertirse • pasar las vacaciones juntos • quererse • separarse • volverse a encontrar un año después.

....

....

....

....

....

....

17.

- Participio
- Gerundio

272. **Completa con la forma del participio del verbo señalado.**

1. Juan está *(disgustar)* ....
2. El golpe dejó *(aturdir)* .... a la señora.
3. Comieron patatas *(asar)* ....
4. Los niños son *(educar)* .... según la ley.
5. La casa fue *(registrar)* .... de arriba abajo.
6. Los delincuentes fueron *(detener)* .... al salir de la ciudad.
7. Están *(enfadar)* .... por lo que dijiste.
8. No estoy *(acostumbrar)* .... a este tipo de vida.
9. El señor está algo *(cansar)* .... y no puede salir.
10. Este suéter ha *(encoger)* .... después del lavado.
11. La verdura se ha *(cocer)* .... bien.
12. Siempre que paso por aquí, está *(tumbar/ella)* .... en el sofá.
13. Ambos fueron *(detener)* .... en su propia casa.
14. Fue un partido muy *(reñir)* ....
15. ¿Quién ha *(gritar)* ....? Lo he *(oír)* .... desde mi despacho.

273. **Completa con la forma adecuada del verbo *ser* o *haber*.**

1. El tiempo .... cambiado mucho en los últimos días.
2. El jugador está cansado; .... corrido mucho durante el partido.
3. Mis padres .... estado en casa todo el rato.
4. La tienda .... inspeccionada todos los meses.

5. Los invitados se .... aburrido de tanto esperar.
6. Nunca se altera; .... una persona muy sosegada.
7. Bien .... sabido que no fui yo el que llamó a la puerta.
8. (Vosotros) .... decidido no participar en el concurso.
9. Después de dormir diez horas, me .... despertado con más energía.
10. (Él) apenas .... sentido el terremoto.
11. Los alumnos no .... entendido nada de lo que ha explicado el profesor.
12. Este partido .... decisivo para saber quién va a ser el campeón.
13. Te .... sentado en un sillón y yo en una silla.
14. No te preocupes, la criada .... apagado todas las luces.
15. .... importante que hagas bien este ejercicio.

274. Responde a las preguntas.

1. ¿Te has hecho daño? ....
2. ¿Has visitado la ciudad? ....
3. ¿Has decidido viajar sola? ....
4. ¿Se ha marchado temprano? ....
5. ¿Has escrito a tus padres? ....
6. ¿Estáis asustados por lo que ha sucedido? ....
7. ¿Has comprado algo para comer? ....
8. ¿Habéis visitado la «Ciudad Encantada»? ....
9. ¿Han conservado sus buenas costumbres? ....
10. ¿Has ido a verle al hospital? ....

275. Escribe según el modelo.

¿Viste a María?
Sí, la he visto esta mañana.

1. ¿Leíste el libro? ....
2. ¿Freíste las patatas? ....
3. ¿Rompisteis aquellos folletos de propaganda? ....
4. ¿Alcanzaste la máxima puntuación? ....
5. ¿Escribiste a tu hermano? ....
6. ¿Conseguiste tu propósito? ....
7. ¿Le obligaste a venir? ....
8. ¿Hiciste tu cama? ....
9. ¿Jugaste con ellos al tenis? ....
10. ¿Fuiste a Londres? ....

276. Escribe la forma verbal adecuada, usando el participio.

1. Luisa *(pedir)* .... fruta de postre.
2. No *(ser)* .... posible darle el premio.
3. Tu amiga no *(querer)* .... venir hoy.
4. María *(acertar)* .... una quiniela.
5. Yo no *(sentir)* .... nada durante la operación.
6. Creo que él no *(decir)* .... la verdad.
7. El Gobierno no *(actuar)* .... con imparcialidad.
8. Hoy *(nacer)* .... once niños en el hospital.
9. El sol *(salir)* .... hoy a las 6,43 horas.
10. Yo todavía no *(recibir)* .... su respuesta.
11. El sol se *(poner)* .... a las 17,56 horas.
12. Al salir me *(caer)* ....
13. En la calle *(haber)* .... mucha confusión.
14. El hijo *(ir)* .... a ver a sus padres: es Navidad.
15. No *(saber/nosotros)* .... contestar correctamente.

277. Escribe, según el modelo.

¿Dónde está tu amigo? / estudiar.
Mi amigo está estudiando.

1. ¿Dónde está Luis? / dormir ....
2. ¿Dónde están los niños? / jugar ....
3. ¿Dónde está tu padre? / trabajar ....
4. ¿Dónde están mis amigos? / merendar ....
5. ¿Dónde está María? / ver TV ....
6. ¿Dónde están los invitados? / saludarse ....
7. ¿Dónde está tu marido? / leer ....
8. ¿Dónde están Juan y Marta? / pasear ....
9. ¿Dónde está tu hija? / comer ....
10. ¿Dónde están los vecinos? / veranear ....

278. Escribe el verbo en su forma de gerundio.

1. Juan está *(leer)* .... una novela.
2. Estoy *(sentir)* .... un fuerte dolor en la espalda.
3. El niño me está *(pedir)* .... más dinero.
4. Las manzanas se están *(podrir)* ....
5. La policía está *(seguir)* .... la pista.
6. Los profesores están *(corregir)* .... los exámenes.

7. Estás *(repetir)* .... el mismo error de siempre.
8. La nieve se está *(derretir)* ....
9. Las paredes del edificio se están *(caer)* ....
10. El caso está *(ser)* .... investigado.
11. Estas plantas se están *(morir)* .... poco a poco.
12. ¿Estás *(contar)* .... bien el dinero?. No te equivoques.
13. Los alumnos están *(traducir)* .... un texto del latín.
14. Solucionar este ejercicio me está *(costar)* .... mucho.
15. Las nuevas tecnologías están *(adquirir)* .... gran importancia.

279. **Transforma, según el modelo.**

¿Ha acabado de leer el libro?
No, está acabando de leerlo.

1. ¿Has terminado tus tareas? ....
2. ¿Han acabado de copiar la cinta? ....
3. ¿Habéis acabado de hacer vuestros deberes? ....
4. ¿Ha terminado ya de comer? ....
5. ¿Has acabado de escribir la carta? ....
6. ¿Hemos acabado de escuchar la cinta? ....
7. ¿Ha acabado de vender toda la fruta? ....
8. ¿Has acabado de solucionar el asunto? ....
9. ¿Han terminado de construir la casa? ....
10. ¿Ha acabado de fotocopiar los textos? ....
11. ¿Habéis acabado de reparar el coche? ....
12. ¿Has terminado de coser la chaqueta? ....

280. **Responde, usando el verbo con formas de participio.**

1. ¿Están comiendo en casa? *No, ya han comido en el restaurante.*
2. ¿Está jugando al tenis? ....
3. ¿Están viendo la televisión? ....
4. ¿Estáis descansando? ....
5. ¿Están trabajando en la oficina? ....
6. ¿Está leyendo el periódico? ....
7. ¿Están haciendo la comida? ....
8. ¿Está terminando los deberes? ....
9. ¿Estáis estudiando? ....
10. ¿Estás tomando café? ....
11. ¿Está paseando por el jardín? ....
12. ¿Están poniendo la mesa los camareros? ....

281. Completa este texto con las formas de participio o gerundio que convengan.

Dos furtivos *(detener)* (1) .... en el parque de Cazorla.

La Guardia Civil ha *(detener)* (2) .... a dos presuntos cazadores furtivos *(acusar)* (3) .... de haber *(matar)* (4) .... un gamo en el Parque Natural de Cazorla, Segura y las Villas. Los detenidos son un vecino de Cazorla y un alemán *(domiciliar)* (5) .... en Alicante, que fueron *(sorprender)* (6) .... por un guarda forestal cuando estaban *(apuntar)* (7) .... a un gamo. El guarda los siguió hasta el coche, donde los encontró *(portar)* (8) .... un rifle y una cabeza de gamo recién *(abatir)* (9) .... en el citado parque. Enseguida fue *(avisar)* (10) .... la Guardia Civil para proceder al arresto de los dos furtivos. El caso está *(ser)* (11) .... investigado para descubrir a otros posibles colaboradores.

18.

Preposiciones

- Que indican relación de movimiento (a, hasta, hacia, para, de, desde, por)
- Que no indican relación de movimiento (ante, sobre, con, en, entre, según, sin)

282. Completa con *a* o *de.*

1. La enfermera ha salido .... la habitación del enfermo.
2. Yo fui .... casa .... Juan.
3. ¿......... quién viste?
4. El coche .... mi hermano es rojo.
5. Este avión es .... pasajeros.
6. ¿......... qué hora viene tu padre?
7. ¿......... cuántos centímetros cúbicos es tu moto?
8. No vuelvas .... reírte .... mí.
9. Mi asignatura favorita es Historia .... la Lengua.
10. Vive .... cien metros de aquí.

283. Escribe *para* o *por* donde convenga.

1. El ladrón fue detenido .... la policía.
2. ¿............ qué sirve esto?
3. Me dieron el puesto .... mis cualidades.
4. .... esa razón soy tan feliz.
5. No sé .... qué sirve esto.
6. Esa casa es preciosa .... dentro.
7. ¿Qué entiendes .... amistad?
8. Siempre viene .... molestarnos.
9. El paraguas sirve .... protegerse de la lluvia.
10. El pararrayos fue inventado .... Franklin.

284. **Completa con *de* o *desde*.**

1. Te vi .... mi balcón.
2. ¿........... dónde vienes?
3. ¿........... cuándo estás aquí?
4. Me dijiste algo .... él.
5. Juan, el hermano .... Felipe, es abogado.
6. .... aquí a Madrid hay 350 kilómetros.
7. Vive aquí .... su infancia.
8. Nosotras somos .... París.
9. Es un cuadro .... Murillo.
10. Está aquí .... las cinco.

285. **Completa con *hacia* o *hasta*.**

1. El plazo es .... el dos de febrero.
2. Te fui a buscar .... las cinco.
3. ¿............... dónde vamos?
4. ¿............... cuándo será esto así?
5. .... entonces no le conocía.
6. Se dirigió .... el puente.
7. Llegó .... el límite permitido.
8. El niño corría desesperado .... el bosque.
9. No sabemos nada .... ahora.
10. Estaremos aquí .... mañana.

286. **Completa con *a, para, de, por*.**

1. Este libro sirve .... guía .... los profesores.
2. Vino .... Asturias .... Madrid en tren.
3. He pasado .... tu casa, pero no había nadie.
4. Esta ley afecta .... 30.000 personas.
5. Llamó .... su madre .... gritos.
6. Se toma una tila .... dormir mejor.
7. Se reían de él .... el bigote.
8. Estuvo aquí .... verte.
9. Me obligaron .... seguir ese camino .... la fuerza.
10. El comer .... deshora perjudica el estómago.
11. ¿........... dónde son estas naranjas?
12. Este cuadro no debe mirarse .... cerca.
13. Estas flores son .... adorno.
14. .... día hace mucho calor.
15. ¿Tiene vino .... marca?

287. Completa con *en* o *entre*.

1. Vive .... casa de sus padres.
2. Aparqué .... dos coches.
3. .... ellos dos no hay secretos.
4. .... estos papeles no está tu carta.
5. Cultivo flores .... mi jardín.
6. .... canción y canción charlábamos.
7. .... el Caribe hace mucho sol.
8. No tengo nada .... la cartera.
9. Pasé .... dos personas.
10. Lo dejamos .... compañía de dos amigos.

288. Completa con *sobre* o *con*.

1. Le recibiré .... mucho gusto.
2. Estaba echado .... el sofá.
3. .... el papel todos somos iguales.
4. Me trataron .... cariño.
5. Se echó .... mí, pensando que era yo el ladrón.
6. No voy .... él al teatro.
7. Trabaja .... mucha gente.
8. .... tanto ruido no se puede hacer nada.
9. .... música se trabaja mejor.
10. Fuimos .... Santiago al cine.

289. Completa con *sin* o *según*.

1. Debemos actuar .... que nadie lo sepa.
2. .... tú, esto no tiene importancia.
3. No te enfades; lo ha hecho .... querer.
4. Luchó .... apoyo, pero lo logró.
5. Actuaremos .... los resultados.
6. Vaya usted al grano, ... rodeos.
7. .... mis cálculos, llegan al amanecer.
8. .... Alfonso, no merece la pena ocuparse del tema.
9. .... mí no podéis conseguir nada.
10. No hablaremos .... que tú nos digas antes la verdad.

290. Responde a estas preguntas.

1. ¿Dónde vives?   ....
2. ¿Para qué es esto?   ....

3. ¿Por dónde pasa esta carretera? ....

4. ¿Dónde trabajáis? ....

5. ¿Por quién lucháis? ....

6. ¿Por dónde se va a Hamburgo? ....

7. ¿Dónde has comprado esto? ....

8. ¿Dónde acostumbras a ir de vacaciones? ....

9. ¿Para qué te levantas tan temprano? ....

10. ¿Por dónde hay que pasar? ....

11. ¿Para qué haces eso? ....

12. ¿Por dónde viven nuestros amigos? ....

13. ¿A dónde van? ....

14. ¿A dónde lo envían? ....

15. ¿Para qué trabajas tanto? ....

291. **Responde usando las preposiciones adecuadas.**

1. ¿A quién vimos? ....

2. ¿De dónde eres? ....

3. ¿A qué te dedicas? ....

4. ¿Desde qué hora estás aquí? ....

5. ¿De dónde has conseguido el dinero? ....

6. ¿A quién han secuestrado? ....

7. ¿A cuánto asciende la deuda? ....

8. ¿De qué vives? ....

9. ¿Desde qué año estáis casados? ....

10. ¿A qué juegas? ....

11. ¿De quién dependes? ....

12. ¿Desde cuándo tienes ese coche? ....

292. **Escribe frases utilizando algunas de las preposiciones señaladas.**

292.a.

Hacia, sobre, debajo de, encima de, en.

1. Poner - mesa - vaso ....

2. Gato - estar - rincón ....

3. Colocar - ropa - armario ....

4. Tú - ir - coche ....

5. Él - vivir - casa de Juan ....

6. Colocar - platos - lavavajillas ....

7. Mis zapatos - estar - cama ....
8. Juguetes - venderse - tienda ....
9. Él - venir - cinco y media ....
10. Pollo - hacerse - horno ....
11. Ellos - construir - puente - río ....
12. Niño - esconderse - cama ....
13. Ellos - estar - aula ....
14. Yo - estudiar - universidad ....
15. Obreros - cargar - mercancía - barco ....

292.b.

Por, para, a, de, desde.

1. Ellos - entrar - puerta ....
2. Él - trabajar - empresa ....
3. Luisa - dirigirse - casa ....
4. Mi primo - ser - Valencia ....
5. Trabajadores - telefonear - fábrica ....
6. Vosotros - entrar - puerta trasera ....
7. Él - dedicar - canción - novia ....
8. Juan - ser - hijo - empresario ....
9. Nosotros - venir - Suecia ....
10. Yo - conocer - vuestros padres ....
11. Me - golpear - espalda ....
12. Bebé - andar - gatas ....
13. Ella - disfrazarse - princesa ....
14. Yo - ver - él - ventana ....
15. Nosotros - comprar - regalo - tu tía ....

293. Completa con una preposición que exprese tiempo.

1. Terminamos .... las doce.
2. .... la mañana nos levantamos temprano.
3. He quedado con Luis .... las 3,30.
4. Jaime irá a esquiar .... Navidad.
5. .... el invierno quiero un abrigo nuevo.
6. .... aquel momento tuve mucho miedo.
7. Acabaremos .... pocas horas.
8. Llegaré a la ciudad .... la tarde.
9. .... cuanto termine, iré a tu casa.
10. Los días son más largos .... verano.

294. Completa con una preposición que exprese lugar.

1. .... este camino se llega antes.
2. .... mi casa se ve el paisaje.
3. .... tu clase hay muchas chicas.
4. Hay muchas naranjas .... la huerta .... Murcia.
5. Los perros corren .... el bosque.
6. .... tu coche vimos el partido.
7. Estudia .... tu casa desde que era niño.
8. Te vi pasar .... la calle.
9. Se sentó .... una silla a descansar.
10. Se cayó .... la escalera y se rompió una pierna.

295. Completa con una preposición que exprese posición en el espacio.

1. El lápiz está .... la mesa.
2. Se pasa horas .... el espejo.
3. Tienes el traje .... la cama.
4. Suele colgar su abrigo .... la puerta.
5. No te pongas .... ella cuando se enfada.
6. .... la cama están las zapatillas.
7. Hay muchos muñecos .... el armario.
8. El niño estaba escondido .... la escalera.
9. Tienes una mosca .... la oreja.
10. Se le cayó el café .... mantel.

296. Completa con la preposición que exija el verbo.

1. Siempre abusa .... mi confianza.
2. Lo que hace contrasta .... lo que dice.
3. No parece que disfruten mucho .... la vida.
4. Acude tarde .... *(el)* trabajo.
5. Los monos se adentraron .... la selva.
6. Este líquido sabe .... fresa.
7. El barco arribó .... puerto.
8. Brindamos .... la victoria conseguida.
9. Esto clama .... el cielo.
10. Los atletas compitieron .... el trofeo.
11. Vino .... muy lejos para visitarnos.
12. Se despidieron .... los amigos con lágrimas en los ojos.
13. Deja ya .... decir tonterías.
14. Se echaron .... reír descaradamente.
15. Están dispuestos .... la marcha.

297. **Escribe la preposición que se precise.**

1. Graba estas canciones .... cinta.
2. Habla .... mi padre sobre el asunto.
3. Había llovido mucho y me hundía .... el barro.
4. Estamos implicados .... el asunto.
5. No te dejes influir .... nadie.
6. Tendremos que emigrar .... otro país.
7. Inscribieron a su hijo .... el registro.
8. ¿Os gusta jugar .... las cartas?
9. Me arrepiento .... lo dicho.
10. Ella está loca .... amor.
11. Llena el vaso .... agua; tengo mucha sed.
12. Miramos .... *(el)* cielo y vimos pasar una estrella.
13. Pocas veces se equivocan .... la respuesta.
14. Optó .... un puesto de trabajo más interesante.
15. Nunca debes reírte .... la gente.

298. **Sustituye la preposición y la frase por su contrario.**

1. No se puede hacer nada **sin** dinero.   *Con dinero se pueden hacer muchas cosas.*
2. Entró **en** la habitación. ....
3. El gato está **debajo de** la silla. ....
4. Aparqué **detrás de** un camión. ....
5. El cenicero está **sobre** la mesa. ....
6. **Con** este libro aprenderás a conducir. ....
7. Actúa **con** responsabilidad. ....
8. Desde hace dos días estamos **sin** agua. ....
9. Seguro que están **en** casa. ....
10. Limpió el horno **por dentro**. ....

299. **Completa con la preposición necesaria.**

1. Juanito está cansado .... estudiar.
2. Esta joven es lenta .... reflejos.
3. Está ansioso .... verte volar.
4. Este mes andamos algo apurados .... dinero.
5. Es muy amante .... las plantas.
6. Deberías ser más atento .... los invitados.
7. Es un hombre versado .... literatura.
8. Es una región fértil .... cereales.
9. Parece un niño muy falto .... cariño.
10. Es propio .... una persona inmadura.

300. Completa el texto con las preposiciones adecuadas.

300.a.

Está usted (1) .... el mejor coche (2) .... año. Antes (3) ....
entrar, abra la puerta. Siéntese cómodamente. Luego quite el freno (4) ....
mano; ponga la palanca (5) .... la marcha (6) ..... punto muerto. Ponga la
llave (7) .... contacto. Tranquilamente. Ya funciona el motor. Ahora pise un
poco el acelerador. Apriete el embrague, un poco más, (8) .... el fondo.
Meta la primera marcha. Muy bien. Suelte poco (9) .... poco el embrague.
Acelere (10) .... suavidad. ¡Ya está! Ya sabe usted conducir nuestro coche
(11) .... *(el)* año.

300.b.

(1) .... la firma (2) .... tratado de adhesión, España es ya miembro
(3) .... la Comunidad Económica Europea. (4) .... la ceremonia oficial acudieron los Jefes (5) .... Estado o (6) .... Gobierno (7)
.... todos los países miembros. (8) .... su discurso, el Presidente (9)
.... Gobierno español ha declarado que esta fecha será recordada (10)
.... los españoles como la vuelta (11) .... la casa (12) ....
la que siempre hemos pertenecido. Todo era alegría, todo eran felicitaciones. Los
problemas aparecerán (13) .... los próximos meses, cuando todos se sienten
(14) .... la mesa (15) .... negociaciones (16) .... poner en
práctica los artículos (17) .... *(el)* tratado firmado hoy.

301. Completa las frases mediante la preposición adecuada.

1. El día estaba nublado y comenzaba ....
2. Se levantó y se fue ....
3. Nos trataron ....
4. El ejército se dirigía ....
5. El león saltó ....
6. Mis tíos fueron ....
7. Escondieron mis zapatos ....
8. Esta máquina sirve ....
9. Anduvimos ....
10. Están aquí ....
11. Viajamos ....
12. El partido empezó ....

19. Comparación

- Del adjetivo
- Del adverbio

302. **Completa con:**

302.a. *Más ... que.*

1. Las manzanas son .... caras .... las peras.
2. Juan es .... alto .... Luis.
3. Este licor es .... espeso .... aquél.
4. Un sofá es .... cómodo .... una silla.
5. La casa de la playa es .... confortable .... la de mi abuela.
6. Este diccionario es .... grande .... el de francés.

302.b. *Menos ... que.*

1. Esta flor dura .... tiempo .... aquélla.
2. Tu padre es .... serio .... el mío.
3. Mi amigo es .... gracioso .... tú.
4. Esta cámara es .... cara .... la nuestra.
5. Este niño es .... alto .... tu hijo.
6. El coche de mi hermano es .... veloz .... este modelo.

302.c. *Menos ... de.*

1. Luisito es .... listo .... lo que piensa.
2. Tiene .... fuerza .... lo que aparenta.
3. Está .... adelantado .... lo que crees.
4. Este trabajo es .... interesante .... lo que parece.
5. Este artículo está .... rebajado .... lo que dice la propaganda.
6. Es .... tradicional .... lo que crees.

302.d. Tan/tanto ... como.

1. Es .... valiente .... su padre.
2. Salió .... rápido .... pudo.
3. Es .... fuerte .... un león.
4. El vestido le estaba .... corto .... un bañador.
5. Es .... temido .... amado.
6. Me costó .... trabajo .... a él.

302.e. El/la/los/las más ...

1. Este batallón ha sido .... valiente en la guerra.
2. Este ordenador es .... rápido y caro del mercado.
3. Ese coche es .... pequeño de la marca.
4. Aquella novela es .... interesante de todas.
5. Estos diamantes son .... valiosos.
6. El 24 de junio es .... día .... largo del año.
7. Esta chica es .... guapa que yo he visto.
8. Este asado es .... sabroso que hemos comido últimamente.
9. Este lugar es .... desértico del país.
10. Nochebuena es .... noche .... bonita del año.

303. Completa las frases con las formas adecuadas de comparativo y adjetivos.

1. El perro es .... que ....
2. Tú casa es .... que ....
3. España es .... que ....
4. Mi tocadiscos es .... que ....
5. Este juguete es .... que ....
6. Su piscina es .... que ....
7. El bolígrafo es .... que ....
8. Esta fotografía de joven es .... que ....
9. La tormenta fue .... que ....
10. Este coche es .... que ....

304. Haz frases comparando un título (de películas famosas).

1. «Lo que el viento se llevó». ....
2. «Love Story». ....
3. «Carmen». ....
4. «La Guerra de las Galaxias». ....

5. «El Nombre de la Rosa». ....
6. «Tarzán de los Monos». ....
7. «La Misión». ....
8. «Memorias de África». ....
9. «E. T.». ....
10. «Átame». ....

305. Transforma según el modelo.

305.a.

Este libro es muy interesante.
Este libro es más interesante que aquél.

1. Esta niña es muy inteligente. ....
2. Este coche es muy rápido. ....
3. Esta cocina es muy moderna. ....
4. Este edificio es muy antiguo. ....
5. Este reloj es muy bonito. ....
6. Este animal es muy cariñoso. ....
7. Esta película es muy conocida. ....
8. Esta silla es muy confortable. ....

305.b.

Estos plátanos son caros.
Sí, pero son los mejores.

1. Este coche es lento. ....
2. Este piso es pequeño. ....
3. Estas máquinas son pesadas. ....
4. Esta manta es vieja. ....
5. Estos electrodomésticos son ruidosos. ....
6. Este televisor es feo de línea. ....
7. Estas casas son demasiado altas. ....
8. Sus ideas son raras. ....

305.c.

Tengo zapatos nuevos.
Sí, son tan nuevos como los míos.

1. Tengo un coche caro. ....
2. Tengo una casa grande. ....
3. Tienen juguetes baratos. ....
4. Tenéis monedas nuevas. ....

5. Tengo unos amigos estupendos. ....

6. Tengo un hijo travieso. ....

7. Lleváis camisetas muy típicas. ....

8. Tiene un problema muy serio. ....

306. Haz frases siguiendo el modelo.

306.a.

El Ebro - río - grande - España
El Ebro es el río más grande de España.

1. El Mont Blanc - montaña - alta - Europa ....

2. El Rolls Royce - coche - caro - todos ....

3. Madrid - ciudad - grande - España ....

4. El Polo Norte - región - fría - Tierra ....

5. La ballena - mamífero - grande ....

6. Rusia - país - grande - mundo ....

7. Australia - continente - pequeño - Tierra ....

8. El inglés - idioma - hablado - mundo ....

9. El Danubio - río - largo - Europa ....

10. Japón - país - industrializado - Asia ....

306.b.

Es un tema importante.
Sí, es el tema más importante.

1. Es una chica simpática. ....

2. Es una vista maravillosa. ....

3. Es una playa bonita. ....

4. Es un postre delicioso. ....

5. Es un avión seguro. ....

6. Es un restaurante barato. ....

7. Es una pulsera cara. ....

8. Es un payaso gracioso. ....

9. Es una piscina grande. ....

10. Es una tarta deliciosa. ....

307. Completa las frases siguientes.

1. Hay que entrenarse mucho ....

2. Es preciso que el niño se levante más ....

3. Debes hablar menos ....

4. Hay que sacrificarse tanto ....

5. Si quieres ser el ……… adelantado de la clase …………………………………………
6. No hay que ser tan …………………………………………………………………………
7. Para viajar cómodo es …………………………………………………………………
8. El vuelo en avión resulta ………, pero …………………………………………………

308. **Completa con *mejor, peor, mayor, menor, superior, inferior*, según los casos.**

1. La carne es buena, pero el pescado es aún ……………… .
2. Este coche es grande, pero el mío es todavía ……………… .
3. Mi hermano tiene cinco años, pero este niño es incluso ……………… .
4. La película de hoy es mala, pero la de ayer fue ……………… .
5. Yo estoy en el último curso, pero María está en un curso ……………… .
6. Esta variedad de naranja es buena, pero aquélla es ……………… .
7. Estos cuadros son muy malos, pero los de mi primo son todavía ……………… .
8. Este traje está bien, pero el de Alberto es aún ……………… .

309. **Añade la terminación *-ísimo/a* a los adjetivos siguientes.**

309.a.

1.	malo	…………………………	11.	bueno …………………………
2.	caro	…………………………	12.	alta …………………………
3.	gorda	…………………………	13.	delgado …………………………
4.	salado	…………………………	14.	bajo …………………………
5.	barato	…………………………	15.	cómodo …………………………
6.	corto	…………………………	16.	lleno …………………………
7.	dulce	…………………………	17.	pequeño …………………………
8.	gracioso	…………………………	18.	moderno …………………………
9.	lista	…………………………	19.	guapa …………………………
10.	rápido	…………………………	20.	fino …………………………

309.b.

1.	fuerte	…………………………	11.	cierto …………………………
2.	largo	…………………………	12.	tenue …………………………
3.	sucio	…………………………	13.	difícil …………………………
4.	flaco	…………………………	14.	nuevo …………………………
5.	íntegro	…………………………	15.	antiguo …………………………
6.	blanco	…………………………	16.	seco …………………………
7.	caliente	…………………………	17.	amigo …………………………
8.	mísero	…………………………	18.	fiel …………………………
9.	tenaz	…………………………	19.	noble …………………………
10.	amplio	…………………………	20.	áspero …………………………

310. Escribe un adjetivo superlativo equivalente a la cursiva.

1. La niña está *superguapa*. ....
2. Tiene un coche *superrápido*. ....
3. Le gustan los cigarrillos *extralargos*. ....
4. Este ejercicio es *requetedifícil*. ....
5. Los jugadores de baloncesto son *superaltos*. ....
6. Es *requetelista*. ....
7. Es una aguja *extrafina*. ....
8. Este perro está *supergordo*. ....
9. Estás *superdelgado*. ....
10. Es una persona *muy amable*. ....
11. El café está *superfuerte*. ....
12. Es una sustancia *altamente peligrosa*. ....
13. Es un problema *sumamente difícil*. ....
14. Creo que eso es *extremadamente arriesgado*. ....
15. Fue una fiesta *superdivertida*. ....

311. Completa con un adverbio.

1. Llegó más .... que tú a la estación.
2. Se colocó más .... que su amigo.
3. Siempre llega más .... que su compañero.
4. Corrieron más .... que los demás.
5. Trabaja más .... que todos sus compañeros.
6. Escribe más .... que nadie: siempre acaba el último.
7. Avanza tan .... que no llegará nunca.
8. La pantera es el animal que más .... se mueve.
9. Vive su vida menos .... que cuando era joven.
10. Compró su casa un poco .... de aquí.

312. Transforma según el modelo.

Las negociaciones van lentas.
No, las negociaciones van lentísimas.

1. Los pantalones le están grandes. ....
2. Tenía una cintura estrecha. ....
3. El teléfono suena fuerte. ....
4. La conferencia fue aburrida. ....
5. La Puerta de Alcalá es famosa. ....
6. El estudio de la gramática es muy útil. ....

7. Lleva la camisa sucia.   ....
8. Estaba contento de haber aprobado.   ....
9. Sus maletas estaban llenas.   ....
10. Todos eran amables en aquella familia.   ....

313. Escribe frases comparando un elemento de cada columna.

nieve	• lluvia	• lámpara	• vela
avión	• barco	• botas	• zapatos
bolígrafo	• pluma	• chaqueta	• abrigo
casa	• piso	• piscina	• playa
cerillas	• encendedor	• bicicleta	• motocicleta

1.   ....
2.   ....
3.   ....
4.   ....
5.   ....
6.   ....
7.   ....
8.   ....
9.   ....
10.   ....

20.

Conectores de oraciones: el adverbio

- De causa
- De tiempo
- De finalidad
- De consecuencia
- De condición
- De concesión

314. **Une ambas frases con un adverbio que exprese causa *(porque, pues, puesto que, ya que).***

1.	Es pobre. No trabaja.	*Es pobre porque no trabaja.*
2.	Ponte la chaqueta. Hace frío.	....
3.	Date prisa. Llegamos tarde.	....
4.	Come despacio. Estás delicado del estómago.	....
5.	Acostó al niño. Estaba dormido.	....
6.	Dime la verdad. Si no me engañarán.	....
7.	Lávate la cara. La tienes sucia.	....
8.	No abren. Lo tienen prohibido.	....
9.	Espéralo. No ha terminado.	....
10.	Enciende la luz. No se ve.	....

315. **Responde a las preguntas o completa utilizando:**

315.a. *porque.*

1.	¿Por qué tienes prisa?	....
2.	¿Por qué ves tantas películas?	....
3.	¿Por qué estás tan triste?	....
4.	¿Por qué te quedas en casa?	....
5.	¿Por qué no te gusta viajar en avión?	....

315.b. *puesto que.*

1. Es mejor que no vengas a verme, ...
2. No le compres un coche aún, ...
3. Debe llover mucho, ...
4. Probablemente es una enfermedad leve, ...
5. Conviene pensarlo dos veces, ...

315.c. *ya que.*

1. No les hagáis este favor, ...
2. Aprovechemos para salir a pasear, ...
3. Habla tú primero, ...
4. Infórmales del asunto, ...
5. Vamos a esas islas tan bonitas, ...

315.d. *pues.*

1. Si dice tantas tonterías, ...
2. Ponte un abrigo encima, ...
3. Es mejor que le compres ese vestido, ...
4. No aparques tan lejos, ...
5. Ven conmigo a la biblioteca, ...

316. **Une ambas frases con un adverbio que exprese tiempo** *(cuando, mientras que, siempre que, antes que).*

1. Estaremos en casa. Vosotros llegaréis.
   Estaremos en casa cuando vosotros lleguéis.
2. Se levantó. Se lo ordené.
   ....
3. Lo saluda. Lo encuentra por la calle.
   ....
4. Desayuno. Escucho las noticias.
   ....
5. Mi padre se puso enfermo. Volvimos de vacaciones.
   ....
6. Estábamos durmiendo. Nevaba.
   ....
7. Hablabas con la amiga. Te robaron el bolso.
   ....
8. Leía el periódico. Mi mujer veía la televisión.
   ....

9. Estar preparado. Vendrán a recogerlo.

....

10. Vendrá. Ya me habré ido.

....

317. Completa las siguientes frases.

1. El cartero llamará a la puerta cuando ....
2. Estaremos preparados cuando ....
3. Mientras que vosotras no cambiéis de idea ....
4. Lo invita siempre que ....
5. Se marchó antes que ....
6. Estaba cerrando la ventana cuando ....
7. Los niños jugaban, mientras que ....
8. Da un grito siempre que ....
9. Estaba descansando cuando ....
10. Su marido la abandonó antes que ....

318. Completa con *mientras que, siempre que, antes que* o *cuando.*

1. Haz deporte .... puedas.
2. Estábamos en casa .... ocurrió el accidente.
3. Se alegra mucho .... vienen a visitarla.
4. Sabes que te ayudaré .... pueda y tenga tiempo.
5. Se asustó .... se enteró de la noticia.
6. María se había marchado .... me diera cuenta de ello.
7. El perro se le escapó .... intentaba ponerle el collar.
8. Todas las luces estaban apagadas .... llegué.
9. Se irán con vosotros .... garanticéis un buen comportamiento.
10. Saludo al señor Martín .... lo veo por la calle.

319. Escribe el inicio de cada oración.

1. .... mientras como.
2. .... cuando estoy en clase.
3. .... antes que salieran de sus casas.
4. .... cuando tenía más tiempo libre.
5. .... mientras guarda sus cosas.
6. .... antes que dijera nada.
7. .... cuando entramos al castillo.

8. .... mientras escuchaba la radio.
9. .... cuando limpiaste tu cuarto.
10. .... siempre que suena el despertador.

320. Completa con *para que, a fin de que*.

1. Fue de noche al hospital .... no le vieran.
2. Escribe .... sus ideas sean conocidas.
3. Se esconde de la policía .... no le metan en la cárcel.
4. Está ahorrando .... sus hijos puedan comprarse una casa.
5. Cerró la puerta .... no hubiera corriente.
6. Se levanta .... le oigan mejor.
7. Vino .... le ayudáramos a hacer sus deberes.
8. Te digo esto .... pongas más cuidado en el futuro.

321. Completa cada una de las frases.

1. La peinaron y vistieron elegantemente para que ....
2. Le dieron una carta de recomendación a fin de que ....
3. Todos los asistentes se callaron para que ....
4. Cuando nos vamos de vacaciones, cerramos la casa a fin de que ....
5. Siéntate y escúchame con atención a fin de que ....
6. Le ofreció su amistad para que ....
7. Les ofrecieron su casa para que ....
8. Me dijo que se disculparía para que ....

322. Completa con *tanto/tan ... que, así ... que, de modo/manera ... que.*

1. Estaba .... nervioso .... no podía hablar.
2. Lo hizo todo muy bien, ... todo el mundo aplaudió.
3. Es una novela .... interesante .... no puedo dejarla a medias.
4. Habla .... nadie le entiende.
5. Robaron el banco .... ni los vigilantes se dieron cuenta de ello.
6. El suelo está .... limpio .... te puedes mirar en él.
7. Perdimos .... tiempo al principio .... no pudimos acabar el trabajo.
8. Es un cuadro .... valioso .... ahora me sería imposible comprarlo.

323. Completa la primera parte de las frases siguientes con alguno de los adverbios del ejercicio anterior.

1. *Lo hizo de manera que*   nadie se dio cuenta.
2. .... no supe qué decir.
3. .... ningún otro atleta pudo alcanzarle.
4. .... todo el mundo se enfadó.
5. .... todos nos asustamos.
6. .... no nos quedó ninguna duda.
7. .... se quemó toda la espalda.
8. .... decidimos no prestarle ninguna atención.

324. Completa con un adverbio que exprese condición (*si*).

1. .... tuviera dinero, me compraría un piso nuevo.
2. Lo sabrás, ... me prometes no decirlo a nadie.
3. .... es verdad, confiesa tu culpa.
4. .... cobro los atrasos, te pago la deuda.
5. .... viene sola, la invito a cenar.
6. .... es posible, que venga solo.

325. Completa las siguientes frases condicionales.

325.a.

1. Si vienes a verme ....
2. Si te pidiese un favor ....
3. Si viajasen a otros países más pobres ....
4. Si te escribo a menudo ....
5. Si compraras más libros ....
6. Si hubieras dejado ese trabajo ....
7. Si estuvieses de acuerdo ....
8. Si nos fuéramos antes a dormir ....
9. Si te hubieras comprado un coche ....
10. Si no se opusiesen al proyecto ....

325.b.

1. Si ...., dáselo.
2. Si ...., él se irá.
3. Si ...., podría comprarme una moto.
4. Si ...., hazme un regalo.
5. Si ...., te esperamos.

6. Si ...., le hubiéramos ayudado.
7. Si ...., tendría ahora una casa.
8. Si ...., le prestaría mi colección de sellos.
9. Si ...., te invito a dar una vuelta.
10. Si ...., dame la que menos te guste.

326. Completa con *aunque, a pesar de que, por más que.*

1. No ganará la carrera, ... corra mucho.
2. .... practica bastante, no logra superar la marca.
3. .... tenía dinero, no lo gastaba.
4. No me quedaría aquí, ... me lo pidieses de rodillas.
5. .... podría trasladarme a Madrid, no me apetece cambiar de trabajo.
6. No le ayudarán, ... se lo pida de rodillas.
7. .... trabaje mucho, págale poco.
8. .... tiempo libre .... tenga, no podré visitarte.
9. Le regalaré un abrigo, ... no se lo merece.
10. .... estudiase mucho, no aprobaría.
11. .... pienso en el problema, no encuentro la solución.
12. .... no es español, habla muy bien el castellano.
13. No vendrá, ... lo prometió.
14. .... el terremoto fue bastante fuerte, no hubo heridos.
15. Esta radio no funciona, ... la acaban de arreglar.

327. Completa las frases concesivas siguientes.

1. Por más que lo diga, ...
2. Aunque venga, ...
3. A pesar de que es mi hermano, ...
4. Aun cuando no sea verdad, ...
5. Por más que me suplique, ...
6. Aunque no lo creas, ...
7. A pesar de que es una excelente persona, ...
8. Aunque me lo regales, ...
9. Por más que me quieras convencer de ello, ...
10. Aun cuando me devuelvas todo lo que te presté, ...

328. Completa las siguientes oraciones complejas con adverbios que expresen *relación concesiva.*

1. No cambiaría de trabajo ....
2. Se lo diría ....

3. Me encantaría ir ....
4. No les importaría hacer horas extraordinarias ....
5. Creo que nos gustaría acompañarte ....
6. No podrán informarte bien ....
7. Insisten en llamar por teléfono a casa ....
8. Su carácter no le permite hacer amigos ....
9. No volvería a ir ....
10. No tiene novia ....

329. Completa el texto siguiente con los conectores de frase adecuados.

(1) .... la palabra «vitamina» es muy popular en nuestros días, el descubrimiento de este término y lo que significa es bastante reciente. Pero la realidad ya era conocida desde hacía años. (2) ...., ya se sabía, mediante la práctica, que algunos componentes de los alimentos eran necesarios (3) .... que la dieta fuese equilibrada. Sólo (4) .... los alimentos son equilibrados, (5) .... el organismo humano no carece de ciertas sustancias, la salud está garantizada. Mas, (6) .... esas sustancias son necesarias, hay que tomarlas con precaución y en pequeñas cantidades. (7) .... el carecer de ellas puede provocar incluso la muerte, tomarlas en exceso es también perjudicial.

330. Completa el texto con las formas adecuadas de los verbos entre paréntesis.

No hace falta que vayas a los barrios extremos de Nueva York para que *(oír)* (1) .... hablar en español o para que *(encontrarse)* (2) .... familias enteras de emigrados de cualquier país centroamericano, Méjico o el Caribe. Si *(salir)* (3) .... a la calle, puedes, además, oír hablar una mezcla de inglés-español —que los especialistas llaman «spanglish»—. Estas personas de origen hispano son también las más pobres del país. Ya que *(abundar)* (4) .... sobre todo en las capas sociales más pobres, son los que *(sufrir)* (5) .... no sólo las enfermedades más comunes, sino también los efectos de la depresión y de la discriminación. Por eso cuando se les *(preguntar)* (6) ...., tienen miedo de decir que son hispanos. Porque *(saber)* (7) .... que los tratan de modo distinto.

21.

- Estilo indirecto
- Uso del subjuntivo

331. **Completa las oraciones siguientes.**

331.a.

1. Mis hermanos quieren que ....
2. Yo sé que ....
3. Marta teme que ....
4. A Luis le gusta que ....
5. No me disgusta que ....
6. Juan afirma que ....
7. Les molesta que ....
8. Yo opino que ....

331.b.

1. Luisa deseaba que ....
2. Esperábamos que ....
3. El profesor pedía que ....
4. Los pobres merecían que ....
5. Sus amigas querían que ....
6. La madre lamentaba que ....
7. El médico comprendía que ....
8. El enfermo esperaba que ....

331.c.

1. La profesora quiso que ....
2. Pedí que ....

157

3. El director propuso que ....

4. No tolero que ....

5. Procuraste que ....

6. Necesitamos que ....

7. El atleta intentó que ....

8. El presidente solicitó que ....

331.d.

1. Sus padres le habían rogado que ....

2. No habíamos olvidado que ....

3. Mis maestros nunca habían querido que ....

4. Les había propuesto que ....

5. Sus jefes les habían aclarado que ....

6. Me había apuntado que ....

7. El juez le había pedido que ....

8. Juan había escuchado que ....

331.e.

1. El gobierno le pedirá insistentemente que ....

2. Ya no esperamos que ....

3. Su abogado no querrá que ....

4. Los socios del club desearán que ....

5. No lamentaré que ....

6. Jamás me atreveré a pensar que ....

7. Seguramente les rogará que ....

8. El anciano difícilmente podrá creer que ....

332. Escribe el verbo entre paréntesis en el tiempo que corresponda.

1. No deseo que mi mujer *(escribirme)* .... en estos momentos.

2. Propuso al comité que *(tomar)* .... una decisión.

3. Os ruego que *(regresar)* .... a las diez.

4. Los empleados esperaban que el director les *(aumentar)* .... el sueldo.

5. Esperamos que *(venir)* .... nuestros amigos a tomar café.

6. Todos lamentaron que los resultados no *(ser)* .... como habían planeado.

7. Si has comprado tanta lotería, mereces que te *(tocar)* .... algún premio.

8. El gobierno procura que todos los contribuyentes *(pagar)* .... los impuestos.

9. Los vecinos no querían que *(haber)* .... más robos en el barrio.

10. Nos pidieron que *(ir)* .... a aquel pueblo andaluz.

333. Completa con la forma adecuada del verbo entre paréntesis.

1. Mi hija no *(saber)* .... que la tienda estaba cerrada los martes.

2. *(Solicitar)* .... a mis superiores que me diesen una semana de vacaciones.

3. Estos alumnos *(necesitar)* .... que el profesor les explique mejor las cosas.

4. *(Decir)* .... que no sabía dónde esconder los regalos.

5. *(Desear)* .... que vengas a visitarme a España el próximo año.

6. Le *(aconsejar)* .... que fuese a Toledo a pasar unos días.

7. Mi madre siempre me *(pedir)* .... que le ayude a colgar las cortinas.

8. A estas horas *(dudar)* .... que me llame alguien por teléfono.

9. Le *(ordenar)* .... que no saliese de casa.

10. Los novios no *(querer)* .... que los vecinos se enterasen de la boda.

334. Relaciona cada frase de la columna A con la correspondiente de la columna B.

A

B

1. Le prometí que ...
2. Mi madre quiso que ...
3. Deseo que ...
4. Siempre hemos creído que ...
5. Admitió que...
6. Nos dijo que ...
7. He decidido que ...
8. Mi profesor me había rogado que ...
9. María deseaba que ...
10. Sé muy bien que ...

a) ... siempre haces lo que quieres.
b) ... volvería a visitarnos.
c) ... la acompañase al cine.
d) ... lo haré yo mismo.
e) ... vendría a verle en Navidad.
f) ... le ayudara en la cocina.
g) ... fue él quien había roto la mesa.
h) ... mi novia venga a verme.
i) ... deberíamos visitar España.
j) ... dedicase más horas al estudio.

335. Escribe frases combinando una secuencia de cada recuadro y conectándola mediante la partícula *que*.

Han decidido que irían al extranjero.

A ellos les encantaría Ha notificado Dijo Han admitido Repetí Habéis decidido A él le gustaría	*que*	llegar el sábado. vender su casa. estar en orden. ir al extranjero. pasear por el parque. equivocarse en la decisión. prestar ese libro. estar en casa de Juan. navegar por el Mediterráneo. venir a España.

1. ....
2. ....
3. ....
4. ....
5. ....
6. ....
7. ....
8. ....
9. ....
10. ....

336. Transforma según el modelo.

Dice que llegará mañana.
No dice que llegue mañana.

1. Garantiza que aguantará mucho tiempo.
....

2. Creo que podré ayudarte.
....

3. Consideran que sus ganancias rondarán los dos millones.
....

4. Señala que mañana va a hacer mal tiempo.
....

5. Supongo que diré lo que sé.
....

6. Informa que va a salir tarde.

   ....

7. Dice que habrá más vacaciones para todos.

   ....

8. Afirma que desde aquí veremos la ciudad.

   ....

9. Tiene previsto que esta semana vendrá el Primer Ministro.

   ....

10. Anuncia que el avión aterrizará en breve.

   ....

337. Asigna la letra que corresponda a cada frase.

A: *Se presenta como verdadero y real.*
B: *Se presenta como probable, existiendo la posibilidad de que sea verdad.*

1. Informa que llegará el viernes. ....
2. No dicen que lleguen en el tren de las doce. ....
3. Sugiero que vayamos al cine esta noche. ....
4. Espero que no sea tarde. ....
5. Notifica que se irá a las nueve. ....
6. Dudo que pueda hacerlo. ....
7. Avisa que saldrá para Madrid. ....
8. Señala que seguirá en su puesto dos años más. ....
9. No aparenta que estén enfermos. ....
10. Prometo que estaré allí. ....
11. Dudo que ganéis tanto dinero. ....
12. Dicen que irán al cine esta noche. ....
13. No creo que Juan sepa chino. ....
14. Confirman que habrá una huelga general. ....
15. Aclaran que estará listo para el lunes. ....

338. Escribe la frase completa.

1. El señor lamenta que ....
2. El presidente pide que ....
3. Necesito que ....
4. Si haces esto, queremos que ....
5. El profesor aclara que ....
6. No toleran que ....
7. El niño desea que ....

8. El periódico pone de relieve que ....

9. Solicitamos que ....

10. Las mujeres piden que ....

11. Todo hombre de buena voluntad procura que ....

12. Todos saben que ....

339. Completa con la forma verbal adecuada.

1. Admitió que ....

2. Todos me advirtieron que ....

3. En tales circunstancias estimé que ....

4. Después de pensarlo mucho decidimos que ....

5. Primero me miró, luego repitió que ....

6. Fue así, tú mismo comprobaste que ....

7. Respondimos que ....

8. Después de escucharle, sugerí que ....

9. Fue honesto: sólo criticó que ....

10. Vieron que ....

11. Primero lo estudiasteis y luego estimasteis que ....

12. No dudaron en indicar que ....

340. Completa con el verbo en la forma adecuada.

1. Es bueno que los hijos *(ir)* .... al teatro de vez en cuando.

2. Es importante que todos *(tomar)* .... el sol en verano.

3. Es malo que la niña *(adelgazar)* .... tanto.

4. Está nublado, es probable que *(llover)* ....

5. Es mejor que tu amiga me *(hacer)* .... caso.

6. Es necesario que tú *(escuchar)* .... lo que dice.

7. Es posible que no *(estar)* .... sus padres en casa.

8. Es probable que *(solucionarse)* .... el problema.

9. Es natural que *(hacer)* .... frío: estamos en diciembre.

10. Es lógico que *(tener)* .... sueño: apenas ha dormido.

11. Es increíble que *(haberse)* .... recuperado tan pronto.

12. Es aconsejable que los aspirantes *(asistir)* .... a la reunión.

341. Reescribe las frases cambiando el primer verbo al tiempo pasado.

1. Dice que no es verdad.   *Decía que no era verdad.*

2. Sé que tienes toda la razón.   ....

162

3. Crees que debo ir. ....
4. Piensa que Juan vive en Valencia. ....
5. Estimamos que eres culpable. ....
6. Sabes que lo he averiguado todo. ....
7. Creo que ya no le apetece venir. ....
8. Admiten que no tienen dinero. ....
9. Opina que es muy tarde. ....
10. Sugiero que debemos dejarlo. ....

342. Cambia las frases usando el primer verbo en pretérito indefinido o pluscuamperfecto.

1. Decían que la historia era falsa. *Dijeron/habían dicho que ...*
2. Comentaban que había muchos peligros. ....
3. Pregonaban que no era culpa suya. ....
4. Aceptaban que estaban en deuda. ....
5. Negaban que habían ido a Madrid. ....
6. Decía que el trabajo era difícil. ....
7. Consideraba que tenían razón. ....
8. Gritaba que, por fin, era libre. ....
9. Murmuraban que no estaban de acuerdo. ....
10. Admitía que tenía dos mujeres. ....

343. Completa.

1. No creo que tus amigos .... francés.
2. Es cierto que .... con su familia.
3. No entienden que .... de otra manera.
4. Consideráis que .... no decírselo, ¿verdad?
5. Parece que .... convencerles.
6. Vale más que .... lo que tienen que hacer.
7. No es imposible que .... por teléfono desde Filipinas.
8. Es posible que ....
9. Es dudoso que ....
10. ¿No creéis que. ....?
11. Es importante que ....
12. Es de esperar que ....
13. Es deseable que ....
14. No es inútil que ....
15. Es útil que ....

344. **Inicia la frase con un verbo adecuado y en el tiempo que convenga.**

1. .... que mi amiga se ha olvidado de mí.
2. .... que no podía venir antes.
3. .... que le gustó mucho la estancia en España.
4. .... que nadie tenía razón.
5. .... que llegaron tarde.
6. .... que no debes decir eso.
7. .... que no ha vuelto a visitar Toledo.
8. .... que ha leído este libro.
9. .... que tuvo cuidado.
10. .... que eres el mejor.
11. .... que estaba equivocado.
12. .... que qué hacía yo allí.

345. **Completa el texto con las formas adecuadas del verbo entre paréntesis.**

El Instituto Meteorológico *(decir)* (1) .... ayer que todas las carreteras de la zona Norte *(estar)* (2) .... cortadas a causa de la nieve. Además, *(informar)* (3) .... que la autopista Burgos-Bilbao *(encontrarse)* (4) .... también cortada a su paso por Miranda del Ebro. *(Aconsejar)* (5) .... que se *(conducir)* (6) .... con mucha precaución, en la región de la Meseta, debido a la formación de hielo, especialmente por la mañana. También *(recomendar)* (7) .... que se *(llamar)* (8) .... al teléfono (91) 4954239 antes de emprender el viaje.

22

El relativo

- *Que, quien, el/la/los/las que; el/la cual, los/las cuales*
- Oraciones de relativo

346. **Completa con *que* o *quien*.**

1. La mujer .... viste ayer era mi hermana.
2. Compró el coche .... le gustaba.
3. No será él .... te ayude.
4. El joven de .... te hablé.
5. .... calla otorga.
6. El .... calla otorga.
7. Los alumnos .... estudian aprueban.
8. Yo, ... soy responsable, no te lo aconsejo.
9. Abre el libro .... está sobre la mesa.
10. Da el regalo a .... yo te señale.
11. El señor .... vive en el quinto es mi tío.
12. La motocicleta .... compraste es japonesa.

347. **Sustituye lo escrito en cursiva por una oración de relativo.**

1. El libro, *(tener la portada verde)* <u>que tiene la portada verde</u>, fue publicado hace dos años.
   ....
2. El coche, *(estar en el garaje)*, es el mío.
   ....
3. La señora, *(vivir en aquella casa)*, es de Málaga.
   ....

4. Los turistas, *(venir a España)*, disfrutan mucho.

   ....

5. El periódico, *(tú leer)*, me interesa.

   ....

6. La casa, *(vender tu tío)*, está de nuevo en venta.

   ....

7. Este sillón, *(ser de piel)*, cuesta 50.000 pesetas.

   ....

8. La ventana, *(estar abierta)*, está dando golpes.

   ....

9. La puerta, *(tú cerrar)*, no se puede abrir.

   ....

10. La habitación, *(él estar pintando)*, está desordenada.

    ....

348. Completa con un relativo, precedido o no de la preposición requerida.

1. El señor .... le diste la mano es tu vecino.
2. Este pastel .... compraste está buenísimo.
3. La señora .... hablabas es mi madre.
4. El sastre .... vive al final de la calle es sordo.
5. El agua .... bebiste es de Lanjarón.
6. Los estudiantes .... suspendieron no estudiaron.
7. Los peligros .... te hablé son reales.
8. Este es el coche .... más me gusta.
9. Es el señor .... saludamos.
10. El restaurante .... te llevé está cerrado.

349. Une las dos frases con un relativo y forma una oración subordinada.

1. El autobús pasa a las cinco. Está siempre lleno.

   ....

2. El partido empieza a las cinco. Es muy bueno.

   ....

3. Esta revista es inglesa. Está encima de la mesa.

   ....

4. La mesa de mi despacho es cara. Es de caoba.

   ....

5. El ladrón está en prisión. Robó un banco.

   ....

6. La radio la tengo yo. Tú la compraste.

    ....

7. La señora está enferma. Limpia tu casa.

    ....

8. El guarda vive en aquella casa. Te denunció.

    ....

9. La entrada es para el teatro. La has perdido.

    ....

10. La carta era para disculparse. Te la ha enviado.

    ....

350. **Transforma en una frase de relativo mediante** *de la/del/de las/de los que.*

1. Llegó la señorita. Me hablaste de ella.

    ....

2. Los alumnos han venido. Me quejé de ellos.

    ....

3. La harina es blanquísima. Se hace el pan de ella.

    ....

4. El edificio está casi destruido. Hablamos ayer de él.

    ....

5. El curso se imparte en verano. Hablan bien de él.

    ....

6. El libro no está en la biblioteca. Copiaste de él.

    ....

7. El país es muy frío. Venimos de él.

    ....

8. Estos programas son muy interesantes. Le comentaste algo sobre ellos.

    ....

9. Ha venido el señor. Me hablaste ayer de él.

    ....

10. Recibí la carta. Te hablé mucho de ella.

    ....

351. **Sustituye** *que* **por** *el/la cual, los/las cuales.*

1. La película *a que* te refieres ha ganado un óscar.

    ....

2. El ordenador *de que* hablas es muy problemático.

    ....

3. La profesión *a que* te dedicas es algo aburrida.

    ....

4. El libro *a que* haces referencia ya no se publica.

    ....

5. La casa *a que* hacéis referencia es de mis tíos.

    ....

6. El castigo *a que* me sometiste no fue justo.

    ....

7. Los cursos *en que* te inscribí son muy instructivos.

    ....

8. Las cartas *a que* me refería están en ruso.

    ....

9. La revista *a que* se suscribió no me gusta nada.

    ....

10. Ese alumno *que* tanto apreciabas ya se ha ido de esta escuela.

    ....

352. Completa el texto con los relativos que faltan.

Tip y Juan, dos payasos españoles (1) .... en 1984 llegaron con el circo Laury a Ibiza, son los (2) .... sirvieron de inspiración para la obra en (3) .... se basó Richard Williams, (4) .... es director de animación de la película *¿Quién engañó a Roger Rabbit?,* para dibujar al conejo Roger. Williams, (5) .... tiene más de 240 galardones internacionales, reconoce que estuvo a punto de rechazar la oferta (6) .... Steven Spielberg le hizo, porque no veía muy factible mezclar los dibujos animados con las personas. Pero después de hacer unas pruebas con el actor Bob Hoskins, (7) .... es el protagonista del filme, se decidió a intentarlo.

353. Une las dos frases formando otra subordinada de relativo.

1. Compró el ordenador. Con él escribió el libro.

    ....

2. Vendió su casa. En ella vivió durante treinta años.

    ....

3. Escribí un diario. En él cuento mi vida.

    ....

4. Tengo un despacho. En él trabajo.

    ....

5. Rompimos la carta. En ella había un mensaje.

    ....

6. Viste el autocar. Con él fuimos a Madrid.

    ....

7. Leí el periódico. En él se habla del accidente.

   ....

8. Aprende estas reglas. Con ellas mejorarás tu español.

   ....

9. He aquí el palo. Con él la amenazaste.

   ....

10. Este es el fin. Para él trabaja.

   ....

354. **Completa con el relativo adecuado, precedido de la preposición si es necesario.**

1. Es la película .... vimos aquí el año pasado.
2. Este es el famoso actor .... tanto sale por televisión.
3. La puerta .... da a la calle es muy antigua.
4. Los libros .... estudias los tienen en esta librería.
5. Aprecio a las personas .... convivo a diario.
6. Todos los aviones .... viajo son a reacción.
7. La medalla .... dieron al ganador fue merecida.
8. Rescató a la niña .... tú tienes tanto afecto.
9. El jersey .... llevas puesto es muy bonito.
10. No encuentro la tienda .... me hablaste.
11. Eso .... dices es mentira.
12. Fue Juan .... lo dijo.
13. No vale nada el reloj .... me vendiste.
14. El número .... sigue es el quince.
15. Esos gritos .... me amenazas no sirven para nada.

355. **Responde a las preguntas con una oración de relativo.**

¿Qué es una artista?
Una artista es una mujer que baila o canta para el público.

1. ¿Qué es un astronauta?   ....
2. ¿Qué es una ingeniero?   ....
3. ¿Qué es un taxista?   ....
4. ¿Qué es una profesora?   ....
5. ¿Qué es un médico?   ....
6. ¿Qué es un mecánico?   ....
7. ¿Qué es un futbolista?   ....
8. ¿Qué es una escritora?   ....

9. ¿Qué es una periodista? ....

10. ¿Qué es un traductor? ....

356. **Completa según el modelo.**

Es un bonito regalo. Lo esperaba.
Es el que yo esperaba.

1. Son unos buenos libros. Los compraría. ....
2. Es una canción de hoy. La aprenderé. ....
3. Parece un sabroso filete. Lo pediré. ....
4. Es una anécdota interesante. La anotaré. ....
5. Son estudiantes aplicados. Los aprobaré. ....
6. Es un buen periódico. Lo leí. ....
7. Es un bonito pueblo. Lo visité. ....
8. Es una interesante idea. La propuse. ....
9. Es una música agradable. La escuché. ....
10. Son flores de primavera. Las encargué. ....

357. **Completa con *que* o *lo que*.**

1. ¿Te han informado de .... ha pasado aquí?
2. Es la persona .... escribe los informes.
3. Me contó .... sucedió.
4. Esto es .... siempre dices.
5. El señor .... mencionas ya se ha ido.
6. Suele repetir .... todo el mundo sabe ya.
7. Ha quedado bien la habitación .... pintamos.
8. ¿Dónde están los rotuladores .... te presté?
9. No es .... te imaginas.
10. Esta película .... estamos viendo es de 1945.
11. .... pienses no me interesa.
12. El partido .... jugamos ayer duró tres horas.

358. **Completa las frases con un relativo.**

1. Es ella .... tiene la culpa.
2. Soy yo .... te llamó.
3. Eres tú .... perdió la oportunidad.
4. Somos nosotros .... vamos a ganar el concurso.
5. Son ellos .... incendiaron el bosque.

6. Fue él .... tiró la colilla.
7. Fuisteis vosotros .... armasteis ese lío.
8. Fue ella .... se peleó con todo el mundo.
9. Son ellas .... suspenden los exámenes.
10. Fui yo .... lo hizo.

359. Lee este texto y subraya todos los pronombres relativos.

La espectacularidad que ofrece el boxeo continúa siendo una pieza competitiva de excepción en la programación de cualquier cadena televisiva. Mike Tyson, que es el excampeón mundial de los pesos pesados, será el protagonista de la velada de boxeo que Canal Trux retransmitirá desde Atlantic City en la madrugada del 8 de diciembre, a la 1,25. Mike Tyson, quien es considerado uno de los púgiles más completos de todos los tiempos, se enfrentará con Alex Stewart, que es un superclase que sólo ha sido derrotado por el actual campeón del mundo de los pesos pesados, Evander Holyfield. Con esta pelea, Mike Tyson, quien fue derrotado por James Buster en febrero de este mismo año, inicia la preparación para recuperar su título de campeón de los pesados, que perdió en Tokio.

360. Completa el texto siguiente con las formas de relativo adecuadas.

A Phocas El Campesino

Phocas el campesino, hijo mío, (1) .... tienes
en apenas escasos meses de vida, tantos
dolores en tus ojos (2) .... esperan tantos llantos
por el fatal pensar (3) .... revelan tus sienes...

Tarda en venir a este dolor adonde vienes,
a este mundo terrible en duelos y espantos;
duerme bajo los Ángeles, sueña bajo los Santos,
que ya tendrás la Vida para que te envenenes.

Sueña, hijo mío, todavía, y cuando crezcas,
perdóname el fatal don de darte la vida
(4) .... yo hubiera querido de azul y rosas frescas;
pues tú eres la crisálida de mi alma entristecida
y te he de ver en medio del triunfo (5) .... merezcas
renovando el fulgor de mi psique abolida.

(Rubén Darío)

23.

• Oraciones pasivas con *se*

361. Completa con las formas de la voz pasiva.

1. (yo) .... corregido por el profesor.
2. (tú) .... corregido por el profesor.
3. (él) .... corregido por el profesor.
4. (ella) .... corregida por el profesor.
5. (nosotros) .... corregidos por el profesor.
6. (nosotras) .... corregidas por el profesor.
7. (vosotros) .... corregidos por el profesor.
8. (vosotras) .... corregidas por el profesor.
9. (ellos) .... corregidos por el profesor.
10. (ellas) .... corregidas por el profesor.

362. Transforma en voz pasiva.

362.a.

1. El juez interroga al testigo. ....
2. El padre llama a Juan. ....
3. Los alumnos compran los libros. ....
4. María vio a mi padre. ....
5. La niña acaricia a su hermanito. ....
6. El peluquero peina a la señora. ....
7. La madre lava al niño. ....

8. El ladrón golpeó al cajero. ....

9. El novio besa a la novia. ....

10. El profesor explica la lección. ....

362.b.

1. TVE emitió un programa infantil a las diez. ....
2. La empresa despidió a veinte obreros. ....
3. Esta revista publicó dos buenos artículos. ....
4. RNE retransmite partidos de fútbol. ....
5. SEAT fabrica cuatro modelos de coches. ....
6. Las heladas produjeron grandes pérdidas. ....
7. Este pilar sostiene miles de kilos. ....
8. El mensaje menciona a Miguel. ....
9. El periodista contó todo lo sucedido. ....
10. Estas flores emiten un agradable olor.

362.c.

1. La gitana había predicho el futuro. ....
2. Mi mujer ha hecho la paella. ....
3. Los niños comen el bocadillo. ....
4. Mi amigo ha comprado un libro. ....
5. Luisa friega los platos sucios. ....
6. El técnico arregló el televisor. ....
7. Juan apagó todas las luces. ....
8. Ayer tiré toda la basura. ....
9. El niño bebe agua. ....
10. Jaime dobla el periódico. ....

363. Escribe en voz activa.

1. El sol había sido ocultado por las nubes.
   ....

2. Esta casa fue vendida por su propietario.
   ....

3. El señor Gómez fue golpeado por un ladrón.
   ....

4. El museo fue visitado por los turistas.
   ....

5. Los platos fueron rotos por el camarero.
   ....

6. Los deberes habían sido hechos por los alumnos.
   ....

7. La casa ha sido destruida por el fuego.

   ....

8. La cena ha sido preparada por la cocinera.

   ....

9. Los coches eran reparados por el mecánico.

   ....

10. El libro había sido escrito por un famoso personaje.

    ....

364. **Transforma según el modelo.**

La comida será servida en el comedor.
Se servirá la comida en el comedor.

1. Serán tomadas todas las medidas necesarias.

   ....

2. No fueron aceptadas nuestras propuestas.

   ....

3. Han sido analizados todos los pros y los contras.

   ....

4. Son contemplados con cierto escepticismo los últimos acontecimientos.

   ....

5. Ha sido decretado un día de luto nacional.

   ....

6. La cena ha sido preparada.

   ....

7. No fue prevista nuestra llegada.

   ....

8. Ya han sido solucionados todos los problemas.

   ....

9. Han sido corregidos todos los exámenes.

   ....

10. Hoy han sido presentados los candidatos.

    ....

365. **Escribe en voz pasiva el verbo entre paréntesis.**

1. El coche no *(reparar)* .... como era debido.
2. Todas estas lavadoras *(probar)* .... antes de venderlas.
3. La huelga *(anunciar)* .... ayer por los sindicatos.
4. Este coche *(fabricar)* .... en Pamplona.

5. El cuadro *(admirar)* .... por muchos pintores.
6. *(Conquistar)* .... las posiciones enemigas.
7. Los resultados *(analizar)* .... por los expertos.
8. Los vecinos *(invitar)* .... a la boda de la hija.
9. Los errores *(corregir)* .... por el profesor.
10. Esta casa *(construir)* .... el año pasado.

366. **Escribe el verbo que creas adecuado.**

1. El ingeniero .... por su jefe.
2. Los hijos .... por sus padres.
3. La granja .... por el fuego.
4. El libro .... por una editorial desconocida.
5. La colina .... con abetos.
6. El problema .... en pocos minutos.
7. Esta estantería .... hace dos años.
8. La habitación .... para servir de despacho.
9. El viaje .... con todo detalle los turistas.
10. La comida .... por un famoso cocinero francés.

367. **Escribe en voz activa usando el verbo *ser*, si es posible.**

1. Se leerán todas las cartas en público.
   ....
2. En un futuro próximo se dominará la técnica espacial.
   ....
3. Se sabrá toda la verdad sobre este suceso.
   ....
4. Algún día se resolverán los problemas económicos.
   ....
5. Pasado mañana se terminará de construir el edificio.
   ....
6. Se hallarán nuevas fórmulas para prolongar la vida.
   ....
7. Próximamente se firmarán varios tratados de paz.
   ....
8. En los próximos días se sabrá la verdad.
   ....

368. Marca con *s* o *n* las oraciones que puedan ser transformadas en pasivas.

S: *sí.*
N: *no.*

1. Los albañiles construyeron esta casa. ....
2. Los niños corren mucho. ....
3. Todo el mundo criticó aquella decisión. ....
4. Francisco come muy deprisa. ....
5. El público elogia los cuadros de la exposición. ....
6. Los domingos paseamos por el campo. ....
7. Los pequeños se divierten en el parque. ....
8. TVE retransmitirá el partido de balonmano. ....
9. En el siglo XII se viajaba menos que hoy. ....
10. La autoridad gubernativa denegó el permiso. ....
11. Ellos han realizado estos trabajos. ....
12. Se puso a llorar. ....

24.

Usos de

- Haber
- Ser
- Estar

369. **Completa con la forma adecuada de *ser*.**

1. .... o no ...., éste es el problema.
2. La fiesta .... en la discoteca.
3. Don Luis .... el director.
4. ¿......... tú?
5. Querer .... poder.
6. Mi libro .... éste.
7. Su alegría .... escasa.
8. .... las doce.
9. .... de día.
10. El niño .... inocente.
11. La clase .... aburrida.
12. .... de León.

370. **Completa con la forma adecuada de *estar*.**

1. .... en invierno.
2. .... en 1988.
3. (Ella) .... en Berlín.
4. Mi amigo .... enfermo.
5. El día .... fresco.
6. El árbol .... seco.
7. El tiempo .... para quedarse uno en casa.

8. .... agotado.
9. La niña .... comiéndose todo el pastel.
10. No .... de bromas.
11. ¡Ya ....!
12. La niña .... que trina.

371. **Escribe las formas que correspondan de *ser* o *haber*.**

1. ¿Cerillas? .... una caja sobre la mesa.
2. Las cerillas no .... de metal.
3. No, no .... los caramelos que me diste ayer.
4. Los niños .... llegado bien.
5. En mi trabajo .... muchos problemas.
6. El reloj .... de oro.
7. .... mejor que vengas.
8. Ellos .... comido a las doce.
9. El coche .... de mi padre.
10. .... una vez en el bosque un lobo muy malo...
11. .... que darse prisa.
12. .... muy tarde para salir.
13. ¡.............. que ver qué tarde ....!
14. Siempre .... quienes llegan tarde.
15. Este .... el último.

372. **Completa con la forma adecuada de *estar, ser* o *haber*.**

1. ¿Cuántos ríos .... en España?
2. ¿.............. ellos listos?
3. Nosotros .... de Madrid.
4. ¿.............. alguien ahí?
5. (Yo) .... muy nervioso.
6. Vosotros .... estupendos.
7. ¿Dónde .... que ir?
8. ¿Qué .... esto?
9. Juan .... estudiante de biológicas.
10. Él .... en su habitación.
11. ¿Cómo .... la comida?
12. ¿Qué hora .... ?
13. Ellos no .... venido todavía.
14. Emilio siempre .... igual.
15. Este trabajo ya ....

373. Completa el texto con formas de *ser* o *estar*.

(1) .... las siete en el reloj de la torre. (2) .... todavía muy temprano para algunas personas, pero no para mí. Aunque (3) .... algo cansado, me levanto rápidamente. (4) .... un día estupendo para salir a estirar las piernas. Miro por la ventana y ahí (5) .... Juan, el barrendero. (6) .... muy madrugador. Tomo el desayuno y ya (7) .... listo para salir a dar un paseo. Esto de pasear tan temprano por las calles (8) .... una verdadera delicia de la que no puedo prescindir.

374. Completa con *ser* o *estar*, según los casos.

1. ¿Ya .... listo tu marido?
2. No sé cómo puede .... tan atento con sus enemigos.
3. Las sillas .... de plástico.
4. Esa herida que te has hecho no .... nada.
5. No .... bien que les respondas así a tus padres.
6. La prudencia .... en actuar con mesura.
7. Cuando se enteró, ... que mordía.
8. El ciclo de cine moderno .... muy bien.
9. Tus amigos .... de juerga todos los días.
10. En las distancias cortas los mejores corredores .... negros.
11. Pocos .... los elegidos.
12. Tú dirás lo que quieras, pero las cosas .... siempre así.
13. En nuestro curso .... veinticinco alumnos.
14. .... bueno que te tomaras las cosas con más calma.
15. No se entera de nada: siempre .... en las nubes.

375. Completa el diálogo con *ser* o *estar*.

Don Manuel: Y Fernando, ¿qué hace?
Doña Asunción: En su papelería. Pero no (1) .... contento. ¡El sueldo (2) .... tan pequeño! Y no (3) .... porque (4) .... mi hijo, pero él vale mucho y merece otra cosa. ¡Tiene muchos proyectos! Quiere (5) .... delineante, ingeniero, ¡qué sé yo! Y no hace más que leer y pensar. Siempre (6) .... tumbado en la cama, pensando en sus proyectos. Y escribe cosas también, y poesías. ¡(7) .... más bonitas! Ya le diré que dedique alguna a Elvirita.
Elvira: Déjelo, señora.
Doña Asunción: Te lo mereces, hija. *(A don Manuel.)* No (8) .... porque (9) .... delante, pero ¡qué preciosísima (10) ....

Elvirita! (11) .... una clavelina. El hombre que se la lleve...

Don Manuel: Bueno, bueno. No siga, que me la va a marear. Lo dicho, doña Asunción. Recuerdos a Fernandito. Buenos días.

Elvira: Buenos días.

A. Buero Vallejo: *Historia de una escalera*
(Texto adaptado)

376.   **Investiga la diferencia entre:**

(Consulta una gramática o diccionario, si es preciso.)

1.   Estar ciego   - ser ciego
2.   Estar loco   - ser loco
3.   Estar bueno   - ser bueno
4.   Estar atento   - ser atento
5.   Estar blanco - ser blanco
6.   Estar limpio   - ser limpio
7.   Estar triste   - ser triste
8.   Estar malo   - ser malo
9.   Estar nuevo   - ser nuevo
10.   Estar negro   - ser negro
11.   Estar vivo   - ser vivo
12.   Estar listo   - ser listo
13.   Estar fresco   - ser un fresco

25.

Formación de palabras

- Sufijos
- Prefijos

377. **Forma adjetivos añadiendo una de las siguientes terminaciones a los nombres de la lista.**

> *-al, -aco, -il, -eno, -ense, -ita, -oso, -liento.*

1.	del presidente	....
2.	de la nación	....
3.	de Israel	....
4.	con sudor	....
5.	con sueño	....
6.	con miedo	....
7.	de Cuenca	....
8.	con pudor	....
9.	con olor	....
10.	de Vietnam	....
11.	de rey	....
12.	de Polonia	....
13.	con ambición	....
14.	que miente	....
15.	de polígono	....
16.	de policía	....
17.	de Austria	....
18.	de comarca	....
19.	de Albacete	....
20.	con hipocresía	....

378. Escribe un sustantivo equivalente.

1. El que canta ....
2. El que escribe ....
3. La que escribe ....
4. La que baila ....
5. El que torea ....
6. El que arregla zapatos ....
7. La que pinta ....
8. El que caza ....
9. La que trabaja ....
10. El que estudia ....
11. La que escala ....
12. El que fabrica ....
13. El que transporta ....
14. La que vende ....
15. El que compra ....
16. La que sirve ....
17. La que danza ....
18. El que informa ....
19. La que administra ....
20. El que esculpe ....

379. Escribe, añadiendo los prefijos del recuadro a las listas de palabras de cada apartado.

des-, i(n/m)-, pre-, pos-, co(m/n/r)-, ex-, inter-

379.a. *nombres.*

1.	sinceridad	....	11.	dependencia	....
2.	relación	....	12.	tutor	....
3.	guerra	....	13.	juicio	....
4.	honestidad	....	14.	posición	....
5.	petición	....	15.	potencia	....
6.	alumno	....	16.	capacidad	....
7.	comunicación	....	17.	cambio	....
8.	cortesía	....	18.	acción	....
9.	competencia	....	19.	proporción	....
10.	ministro	....	20.	población	....

379.b. *adjetivos.*

1.	histórico	....	11.	estelar
2.	honesto	....	12.	material
3.	sensible	....	13.	maduro
4.	clásico	....	14.	oceánico
5.	relativo	....	15.	lineado
6.	tenso	....	16.	formado
7.	personal	....	17.	comunicado
8.	poblado	....	18.	sostenible
9.	moderno	....	19.	céntrico
10.	significante	....	20.	confiado

1. histórico ....
2. honesto ....
3. sensible ....
4. clásico ....
5. relativo ....
6. tenso ....
7. personal ....
8. poblado ....
9. moderno ....
10. significante ....

11. estelar ....
12. material ....
13. maduro ....
14. oceánico ....
15. lineado ....
16. formado ....
17. comunicado ....
18. sostenible ....
19. céntrico ....
20. confiado ....

379.c. *verbos.*

1. atar ....
2. cumplir ....
3. sentir ....
4. poner ....
5. operar ....
6. pulsar ....
7. venir ....
8. producir ....
9. p· · ....
10. menur ....

11. montar ....
12. suponer ....
13. parar ....
14. pedir ....
15. traer ....
16. atornillar ....
17. andar ....
18. ajustar ....
19. ceder ....
20. clamar ....

380. **Anota lo que significan cada una de las siguientes palabras, formadas mediante la adición de un sufijo.**

A: *cualidad.*
B: *acción y efecto.*
C: *agente.*

1. cortesía: ...... de cortés
2. llegada: ...... de llegar
3. llorón: ...... que llora
4. espía: ...... que espía
5. vejez: ...... de viejo
6. estudioso: ...... que estudia
7. lealtad: ...... de leal
8. salida: ...... de salir
9. compra: ...... de comprar
10. curandero: ...... que cura

11. hablador: ...... que habla
12. malicia: ...... de malo
13. enseñanza: ...... de enseñar
14. sonido: ...... de sonar
15. respeto: ...... de respetar
16. confesor: ...... que confiesa
17. investidura: ...... de investir
18. tropezón: ...... de tropezar
19. carencia: ...... de carecer
20. blancura: ...... de blanco

381. Subraya los prefijos que añaden el significado de *origen*.

1. austríaco
2. valenciano
3. donostiarra
4. alcaldía
5. ibicenco
6. chileno
7. malagueño
8. europeo
9. morfología
10. francés
11. marroquí
12. mallorquín
13. santanderino
14. notario
15. morisco
16. moscovita
17. mujeriego
18. chipriota
19. hindú
20. barbudo

382. Añadiendo sufijos del recuadro, forma adjetivos a partir de:

> -ble, -ando, -endo, -dero/a, -ible, -izo/a, -torio/a, -or/ora -ero/a

1. desear ....
2. temer ....
3. dividir ....
4. girar ....
5. alborotar ....
6. venerar ....
7. casar ....
8. espantar ....
9. comer ....
10. beber ....
11. leer ....
12. declarar ....
13. sufrir ....
14. asustar ....
15. disponer ....
16. desechar ....
17. amar ....
18. vejar ....
19. presumir ....
20. quebrar ....

383. Escribe todas las palabras que recuerdes en torno a:

1. *espiar:* ....
2. *casa:* ....
3. *vivir:* ....
4. *asiento:* ....
5. *trabajar:* ....
6. *estudiar:* ....
7. *fruta:* ....
8. *carne:* ....
9. *soñar:* ....
10. *colegio:* ....
11. *escribir:* ....

12. *comer:* ....
13. *deporte:* ....
14. *ocio:* ....
15. *España:* ....
16. *invierno:* ....
17. *leer:* ....
18. *música:* ....
19. *familia:* ....
20. *descansar:* ....

384. **Elige tu prefijo preferido. Luego escribe todas las palabras que recuerdes y que empiecen con tal prefijo.**

....
....
....
....
....
....
....

385. **Haz lo mismo con tu sufijo preferido.**

....
....
....
....
....
....
....

386. **Subraya todas las palabras derivadas de otra mediante sufijo o prefijo en el siguiente texto.**

Catorce mil espectadores soviéticos con abrigo, gorro, gruesas botas y bolsa —adminículos imprescindibles para la supervivencia en Moscú— asistieron impasibles y perplejos al primer Festival de Cine Español que se celebra en la Unión Soviética sin censura alguna.

Los soviéticos tienen por costumbre utilizar para las proyecciones de películas extranjeras el sistema de traducción más barato y más directo: bajar el volumen de la banda sonora original y emitir por los altavoces la voz de un traductor simultáneo que lee los diálogos de todos los actores con voz monocorde.

Esa costumbre —que al parecer a los soviéticos les produce menos desconfianza que el doblaje— produjo durante el festival situaciones bastante curiosas y desanimó un tanto a los directores, que volvieron a casa con la impresión de que el público había visto sus películas sólo a medias. «Si yo tuviera una escoba, si yo tuviera una escoba, si yo tuviera una escoba, cuántas cosas barrería», dijo muy serio, en ruso, el traductor de la película *Boom Boom*, empeñado en hacer llegar a sus compatriotas el sentido último de una cancioncilla de los Sirex que suena a lo lejos durante una secuencia.

26.

Acentuación

- b/v, h, g/j, z/c, c/z/k (+ e/i), g/j, gue, gui, güi, güe, i/y, que, x, r/rr, m/n, y/i.
- Signos de puntuación: [, - : - ; - .]

387. Escribe el acento gráfico en la sílaba adecuada.

1.	casa	10.	miercoles	19.	seccion
2.	camion	11.	magnifico	20.	programa
3.	lima	12.	interes	21.	sabado
4.	libro	13.	jardin	22.	zapateria
5.	balcon	14.	invierno	23.	rio
6.	hoja	15.	ingles	24.	todavia
7.	oficina	16.	petroleo	25.	ultimo
8.	piramide	17.	opinion		
9.	pasaporte	18.	matematicas		

388. Escribe el acento gráfico en la sílaba adecuada.

1.	lapiz	10.	daño	19.	virgen
2.	punto	11.	dificil	20.	arbol
3.	util	12.	marmol	21.	ojo
4.	imagen	13.	metro	22.	cesped
5.	canibal	14.	datil	23.	caracter
6.	canto	15.	alfiler	24.	brazo
7.	catorce	16.	reloj	25.	consul
8.	cateter	17.	mudejar		
9.	conquista	18.	culpa		

389. Escribe el acento gráfico donde convenga.

1. diametro	10. lobulo	19. picaro
2. polvora	11. Malaga	20. plastico
3. pajaro	12. maquina	21. preterito
4. brujula	13. metalico	22. rafaga
5. teorico-practico	14. neurotico	23. sonambulo
6. termometro	15. oceano	24. mecanico
7. frenetico	16. parentesis	25. telescopico
8. granulo	17. pelicula	
9. gramatica	18. perdida	

390. Escribe el acento gráfico donde sea necesario.

1. sosten	15. halcon	29. prospero
2. proximo	16. inmovil	30. prorroga
3. tramite	17. lampara	31. purpura
4. tapon	18. lunatico	32. punzon
5. tradicion	19. mayuscula	33. recepcion
6. idoneo	20. mejillon	34. republica
7. maniqui	21. motin	35. situacion
8. orin	22. obligacion	36. sudanes
9. petalo	23. ojala	37. torax
10. portatil	24. organo	38. violin
11. prision	25. palido	39. vision
12. racion	26. pasion	40. volcan
13. monotono	27. perimetro	
14. gales	28. perfeccion	

391. Pon el acento en las sílabas que deban llevarlo.

391.a.

1. licitamente
2. caracteres
3. aquel *(adjetivo demostrativo)*
4. misericordiosamente
5. como *(adverbio interrogativo/exclamativo)*
6. cual *(pronombre relativo)*
7. habilmente
8. este *(pronombre demostrativo)*
9. por que *(interrogativo)*

10. regimenes
11. solo *(adverbio)*
12. solo *(adjetivo)*
13. este *(adjetivo demostrativo)*
14. facilmente
15. inquietamente
16. como *(adverbio de modo)*
17. aquel *(pronombre demostrativo)*
18. cuando *(interrogativo/exclamativo)*
19. especimenes
20. cortesmente
21. porque *(conjunción)*
22. pagole
23. porque *(nombre)*
24. cual *(pronombre interrogativo)*
25. agilmente

391.b.

1. artimaña	10. menosprecio	19. cafe-teatro
2. puntapie	11. contracedula	20. coche-cama
3. curvilinea	12. pararrayos	21. mediodia
4. altavoz	13. decimoseptimo	22. bocacalle
5. aguafuerte	14. cortauñas	23. blanquiazul
6. quitaipon	15. portafolios	24. paracaidas
7. cumpleaños	16. saltamontes	25. cubreobjetos
8. contrafuerte	17. espantapajaros	
9. sinrazon	18. asimismo	

391.c.

1. oir	10. medio	19. bien
2. rio	11. cafeina	20. tambien
3. Raul	12. caida	21. despues
4. higiene	13. carpinteria	22. caceria
5. dia	14. dieciseis	23. cocaina
6. hiedra	15. paracaidas	24. medieval
7. baul	16. grafia	25. miel
8. caido	17. ganaderia	
9. maiz	18. recipiente	

391.d.

1. si *(conjunción)*	4. se *(pronombre)*
2. mas *(adverbio)*	5. el *(artículo)*
3. de *(verbo dar)*	6. mas *(conjunción)*

7. fue *(verbo **ser, ir**)*
8. dio *(verbo **dar**)*
9. que *(conjunción)*
10. tu *(adjetivo)*
11. mi *(pronombre)*
12. te *(pronombre)*
13. el *(pronombre)*
14. que *(pronombre relativo)*
15. o *(conjunción)*
16. si *(pronombre)*
17. fui *(verbo **ser, ir**)*
18. de *(preposición)*
19. tu *(pronombre)*
20. ni *(conjunción)*
21. se *(verbo **ser, saber**)*
22. te *(= infusión)*
23. mi *(adjetivo)*
24. vio *(verbo)*
25. que *(pronombre exclamativo)*

392. **Escribe en cada apartado la letra que falta.**

392.a.   *b/v.*

1. ...olar
2. im...écil
3. tam...ién
4. canta...a
5. hue...o
6. ...uzón
7. ...oz
8. ...om...a
9. llora...a
10. ...ufanda
11. ...erano
12. a...ogado
13. hem...ra
14. ...om...eros
15. ...olígrafo

392.b.   *z/c.*

1. ve...es
2. ...ena
3. ...ine
4. nari...es
5. ...erilla
6. ...iprés
7. ...epo
8. nari...
9. parti...ipar
10. ...igarra
11. ...ere...a
12. ...anahoria
13. ve...ino
14. ...ielo
15. ...apato

392.c.   *c/k/qu(+e,i).*

1. ...asa
2. ...ubo
3. ...ilómetro
4. ...eso
5. ...ios...o
6. ...inientos
7. ...ampo
8. ...árate
9. ...larinete
10. te...ila
11. ...ilo
12. ...itar
13. ...iniela
14. melo...otón
15. es...ribir

392.d.   *g/j, gue, gui, güe, güi.*

1. ci......ña
2. ...irafa
3. ....rra
4. Mi.........l
5. ...erin.........lla
6. ...ersey
7. ....sante
8. lin.........stica
9. ....a
10. ...efe
11. ...eneral
12. ...imnasia
13. ...enio
14. ...irar
15. ...erez

392.e. h.

1. ...ambre	6. ...oreja	11. ...arina
2. ...ombre	7. alco...ol	12. a...orrar
3. ...ermita	8. ...unir	13. ...ilo
4. ...ormiga	9. ...elegante	14. ...uva
5. ...otel	10. ...ombro	15. ...ueso

392.f. r/rr.

1. ......abo	6. se......es	11. di......ector
2. En......ique	7. Is......ael	12. a......astrar
3. tie......a	8. ba......o	13. ......emo
4. ...ico	9. i......itación	14. ha......monía
5. to......o	10. lib......o	15. al......ededo...

392.g. m/n.

1. ho...bre	6. i...cu...be...cia	11. jaz...í...
2. ca...po	7. i...dece...te	12. leva...tar
3. horizo...tal	8. ja...ás	13. ve...cer
4. ho...ra	9. a...plio	14. e...ci...a
5. i...culto	10. alu......o	15. colu...pio

392.h. y/i.

1. mu...	6. esto...	11. expr...m...r
2. colibr...	7. alhel...	12. ...sla
3. so...	8. c...en	13. ...ran...
4. pr...mo	9. t...p...co	14. ha...
5. bue...	10. le...	15. ah...

393.   Escribe los signos de puntuación adecuados (-/,/:/;/´´/¿...?/¡...!)

Texto A:

la coalición izquierda unida ha convocado junto a diversas organizaciones sociales y sindicales una manifestación para el próximo 20 de diciembre en contra de un conflicto armado en el golfo pérsico los manifestantes pedirán también la retirada de las tropas iraquíes de kuwait así como la desmilitarización de la zona y la retirada de las tropas extranjeras iu ya anunció que adoptaría iniciativas de este tipo ante la amenaza de guerra en el golfo pérsico por otro lado el líder de esta coalición julio anguita se entrevistará el próximo día 13 del presente mes con felipe gonzález ambos analizarán la resolución del consejo de seguridad de naciones unidas en la que se autorizaba el uso de la fuerza contra irak si antes del 15 de enero no se retiraba de kuwait la entrevista se produce a propuesta de anguita que remitió una carta a felipe gonzález en la que solicitaba este encuentro para aclarar la postura española en caso de conflicto armado y las consecuencias que esto podría tener para los buques españoles que se encuentran actualmente en aquella zona

Texto B:

casi con seguridad usted puede y además lo necesita en muchas profesiones actuales supone una notable ventaja ser capaz de expresarse fluidamente ante un grupo de personas escuche es que mi caso es distinto con sólo pensar en mi subida a un estrado me tiemblan las piernas y tengo sudores fríos no es usted una excepción es la reacción normal en la mayoría de las personas hasta que aprenden parte de la inseguridad puede derivar de su timidez pero el resto viene del lógico temor de no ser capaz de realizarlo airosamente y ese miedo tan desagradable desaparece con la práctica a los españoles nos inculcan desde la niñez el pánico a hacer el ridículo y nos resulta difícil liberarnos de este complejo en otras culturas no está tan acentuado por ejemplo habrá notado que si en una fiesta jaranera en la que estén mezclados españoles y estadounidenses piden de repente que salga alguien a bailar flamenco es probable que arranquen antes algunos extranjeros que no tienen la menor idea del baile que el primer español que se resistirá y se hará rogar un buen rato

Texto C:

media semana está en esta lucha ya que queriendo ceder para oficiar de maestra ya perseverando en sus primitivos temores e inclinándose a no intervenir para nada... pero con las amigas tenía que representar otros papeles pues era vanidosa fuera de casa y no gustaba nunca de aparecer en situación desairada o ridícula cuidaba mucho de ponerse siempre muy alta para lo cual tenía que exagerar y embellecer cuanto la rodeaba era de esas personas que siempre alaban desmedidamente las cosas propias todo lo suyo era siempre bueno su casa era la mejor de la calle su calle la mejor del barrio y su barrio el mejor de la villa cuando se mudaba de cuarto esta supremacía domiciliaria iba con ella a donde quisiera que fuese si algo desairado o ridículo le ocurría lo guardaba en secreto pero si era cosa lisonjera la publicaba poco menos que con repiques por esto cuando se corrió entre las familias amigas que el sietemesino se quería casar con una tarasca no sabía *la de los pavos* cómo arreglarse para quedar bien dificilillo de componer era aquello y no bastaba todo su talento a convertir en blanco lo negro como otras veces había hecho varias noches estuvo en la tertulia de las de la caña completamente achantada y sin saber por dónde tirar pero desde el día en que vio a fortunata se sacudió la morriña creyendo haber encontrado un punto de apoyo para levantar de nuevo el mundo abatido de su optimismo en qué creeréis que se fundó para volver a tomar aquellos aires de persona superior a todos los sucesos pues en la hermosura de fortunata por mucho que se figuraran de su belleza no tendrían idea de la realidad en fin que había visto mujeres guapas pero como aquella ninguna era una divinidad en toda la extensión de la palabra pasmadas estaban las amigas oyéndola y aprovechando doña lupe ese asombro para acudir con el siguiente ardid estratégico y en cuanto a lo de su mala vida hay mucho que hablar... no es tanto como se ha dicho yo me atrevo a asegurar que es muchísimo menos interrogada sobre la condición moral y de carácter de la divinidad hizo muchas salvedades y distingos eso no lo puedo decir... no he hablado con ella más que una vez me ha parecido humilde de un carácter apocado de ésas que son fáciles de dominar por quien pueda y sepa hacerlo hablando luego de que la mentían en las micaelas todas las presentes elogiaron esta resolución y doña lupe se encastilló más en su vanidad diciendo que fue idea suya y condición que puso para transigir que después de una larga cuarentena religiosa podía ser admitida en la familia pues las cosas no se podían llevar a punta de lanza y eso de tronar con maximiliano y cerrarle la puerta muy pronto se dice pero hacerlo ya es otra cosa

Texto D:

estas cosas de la cocina no paran de interesar recordándonos a todos lo importante que es unir lo útil a lo agradable en las comidas disfrutar del placer de una buena mesa sabrosa y variada y al mismo tiempo hacer algo por la salud (no demasiado) los actos se multiplican y los cronistas del yantar y el trasegar no damos abasto el otro día este cronista participó en un cursillo organizado por la universidad internacional menéndez pelayo dentro del ciclo cuenca 90 con el título **la cocina del tercer milenio** era un curso restringido para profesionales de la hostelería y en él se trataron temas tan variopintos como la vuelta a la cocina tradicional la recuperación de los productos biológicos (que cuentan ya con denominación de origen) procedentes de granjas en las que no entran materias químicas extrañas al ciclo natural de las hortalizas de los animales y su alimentación de la elaboración de sus derivados... se comentaron los productos foráneos que han venido a los menús españoles y todos los que aún están pendientes de ser conocidos y aceptados en españa hubo una interesante mesa redonda sobre la configuración de los restaurantes del futuro una conferencia sobre los cultivos y técnicas supermodernas que se están ya experimentando por esos mundos y como es lógico una mesa redonda sobre el vino y su potencial comercial para la década que ya ha empezado y para la que inaugurará ese famoso nuevo milenio que tenemos a la vuelta de la esquina fue un cursillo intenso y muy vivido por alumnos (de cuenca murcia madrid...) y conferenciantes no sólo durante las clases sino en las largas tertulias que siguieron en cada una de las tres jornadas

CLAVE

1. Oración simple: presente de indicativo
• Ser
• Estar

1. 1. soy. 2. eres. 3. es. 4. es. 5. somos. 6. somos. 7. sois. 8. sois. 9. son. 10. son.

2. 1. es. 2. es. 3. son. 4. es. 5. es. 6. son. 7. es. 8. es. 9. es. 10. es.

3. 1. es. 2. son. 3. es. 4. sois. 5. es. 6. es. 7. eres. 8. soy. 9. es. 10. somos.

4. 1. ella. 2. ellos. 3. yo. 4. vosotros. 5. tú. 6. él. 7. vosotras. 8. yo. 9. tú. 10. él.

* 5. 1. mi casa. 2. un amigo. 3. italianos. 4. mi perro. 5. estudiantes. 6. franceses. 7. tus libros. 8. escritora.

6. 1. estoy. 2. estás. 3. está. 4. está. 5. estamos. 6. estamos. 7. estáis. 8. estáis. 9. están. 10. están.

7. 1. está. 2. están. 3. está. 4. está. 5. está. 6. están. 7. está. 8. está. 9. está. 10. están.

* 8. 1. vosotros. 2. Pelé. 3. mis amigos. 4. yo. 5. nosotros. 6. tú. 7. Juan. 8. ella. 9. nosotros. 10. vosotros.

* 9. 1. enfermo. 2. tu casa. 3. mi amigo. 4. tristes. 5. de Madrid. 6. sentada. 7. japonesas. 8. nuestro profesor.

* 10. 1. Mi amiga está bien. 2. Yo estoy en casa. 3. María es profesora. 4. Ellos son ingleses. 5. Pedro es médico. 6. Yo estoy enfermo. 7. Él es mi amigo. 8. Vosotros estáis en Méjico. 9. Ella es secretaria. 10. Ellos están en Japón.

11. 1. Es italiano. 2. Es español. 3. Son suizos. 4. Eres brasileño. 5. Sois ingleses. 6. Es francés. 7. Somos argentinas. 8. Es sueca. 9. Es argelino. 10. Es japonés.

* 12. 1. Sí, lo soy/soy estudiante de español. 2. Me llamo Pascual. 3. Tengo 26 años. 4. Sí, lo soy/soy director de una empresa. 5. (Yo estoy) bien, gracias. 6. No, soy español. 7. Soy profesor. 8. Soy de Murcia.

13. 1. No, no estamos en España. 2. No, no vives aquí. 3. No, no eres Ramón. 4. No, no soy italiano. 5. No, no está en casa. 6. No, no es Pedro. 7. No, no estáis en Japón. 8. No, no estás enfermo. 9. No, no es médico. 10. No, no están en Francia.

14. 1. No es una joven alta. 2. No eres francés. 3. No es guapa. 4. No vive en Italia. 5. Ésta no es su dirección. 6. No soy estudiante. 7. No sois abogados. 8. No están en la universidad. 9. No eres argentina. 10. No somos estudiantes de español.

15. 1. león. 2. ciudad. 3. escritor/escritora. 4. jardín. 5. catedral. 6. museo. 7. colegio/escuela. 8. reina.

* 16. 1. Alberto Sánchez. 2. en Málaga. 3. casado. 4. 30 años. 5. son Antonio y María. 6. son Luis y Fernando. 7. se llama Felipe/Carmen. 8. es España. 9. es: calle Antonio Machado, nº 4.

2. El artículo (uso y omisión) • definido
• indefinido
• contracto
• Género y número

17. 1. la. 2. el. 3. el. 4. el. 5. la. 6. el. 7. la. 8. el. 9. la. 10. la.

18. 1. un. 2. una. 3. una. 4. un. 5. un. 6. una. 7. un. 8. un. 9. una. 10. un.

19. 1. el. 2. el. 3. la. 4. el. 5. el. 6. una. 7. el. 8. una. 9. un. 10. el. 11. la. 12. el. 13. la.

20. 1. de la. 2. del. 3. de la. 4. del. 5. del. 6. de la. 7. de la. 8. del.

21. 1. de la, de las. 2. del. 3. de los. 4. del. 5. del, de las. 6. del. 7. de la. 8. del. 9. de la. 10. del.

22. 1. un. 2. el. 3. el. 4. una. 5. del. 6. la. 7. el. 8. los. 9. la. 10. el. 11. del. 12. una. 13. unos. 14. el. 15. de la. 16. la. 17. el. 18. la. 19. del.

23. 1. Los ríos están lejos de las ciudades. 2. Los jardines de las casas son preciosos. 3. Las iglesias de los pueblos son muy pequeñas. 4. Los autores de estos libros son muy famosos. 5. Las madres de los abogados son chinas. 6. Los bosques están cerca de las montañas. 7. Estas prendas de vestir no son caras. 8. Estos artículos están hechos de fibras artificiales. 9. Los abrigos de color negro son bonitos. 10. Estas monedas de 5 pesetas son muy antiguas.

24. 1. una ventana, una puerta, un dormitorio, una cocina, un cuarto de baño y un balcón. 2. un libro, un diccionario, un lápiz, una mesa de estudio y un ordenador. 3. una iglesia, un ayuntamiento, un parque, un cine y un teatro. 4. un sofá, una mesa, un televisor y una alfombra. 5. una manzana, una cerveza, un tomate, un plátano y una lechuga. 6. unos pantalones, una camisa, unos zapatos, unos calcetines y un jersey. 7. un pantalón, una chaqueta, un vestido, un abrigo, un jersey y una camisa. 8. un polideportivo, un campo de fútbol, una estación de esquí y una piscina.

25. 1. Mi casa está junto a la esquina. 2. La camisa es de algodón. 3. El precio de la falda es de 2.999 pesetas. 4. Las naranjas son más caras que las patatas. 5. El día 30 es el cumpleaños de Juan. 6. El avión llega al aeropuerto a las ocho. 7. El hospital está a la izquierda. 8. El médico vive en la calle de la Luz. 9. El niño está en la montaña. 10. El nombre de la turista es María.

26. 1. Allí hay (unos) taxis. 2. Estas calles son estrechas. 3. Los cuartos de baño son muy bonitos. 4. Los aviones llegan a las nueve. 5. Estos libros son míos. 6. Aquellos pantalones son azules. 7. Allí están las casas. 8. Los abogados ganan mucho dinero. 9. Los niños juegan en casa. 10. Los pisos están allí.

27. 1. ¿Hay un parque cerca de tu casa?. 2. El tomate está en el frigorífico. 3. ¿Has leído este libro?. 4. La calle está llena de flores. 5. El niño juega al fútbol. 6. Hay un cine en mi ciudad. 7. La camisa es nueva y blanca. 8. El banco está cerrado. 9. Esta revista es tuya. 10. Aquel reloj marca las doce.

28. 1. el. 2. la. 3. la. 4. el. 5. la. 6. el. 7. la. 8. el. 9. la. 10. el.

29. 1. el, el. 2. la, el. 3. el. 4. el. 5. el. 6. el. 7. el. 8. el. 9. el, el. 10. el.

* 30. 1. Es el libro de mi primo. 2. Es la manzana de María. 3. Es el ordenador de mi profesor. 4. Es la motocicleta del policía. 5. Es el coche de tu amigo. 6. Es el pantalón de mi padre. 7. Es la flor del jardín. 8. Es la chaqueta de su madre. 9. Es el reloj de Juan. 10. Es la casa de mis abuelos.

31. 1. una. 2. un. 3. un. 4. un. 5. una. 6. un. 7. un. 8. una. 9. un. 10. un.

32. 1. -. 2. -. 3. -. 4. -. 5. -, -. 6. el/un. 7. el. 8. la. 9. -. 10. la.

33. 1. la puerta, el cine. 2. la película, el motor. 3. la noticia, la mesa. 4. el libro , la casa. 5. la chaqueta, el paciente. 6. la silla, la respuesta. 7. la cama, el periódico. 8. la pregunta, el profesor. 9. el médico, el pantalón. 10. el coche, el dormitorio.

34. (Ejercicio de observación).

35. 1. el. 2. -. 3. un. 4. la. 5. -. 6. -. 7. el, -. 8. -. 9. -. 10. -.

36. 1. Las palabras acabadas en -*eza* son femeninas. 2. Las palabras acabadas en -*aje* son masculinas. 3. Las palabras acabadas en -*or* son masculinas. 4. Las palabras acabadas en -*dad* son femeninas. 5. Las palabras acabadas en -*ción* son femeninas. 6. Las palabras terminadas en -*sión* son femeninas.

37. 1. la. 2. la/-. 3. el. 4. -. 5. -. 6. -. 7. -. 8. el. 9. la. 10. el. 11. la. 12. una. 13. -. 14. -. 15. el. 16. -. 17. la. 18. el. 19. -. 20. las. 21. la.

38. 1. no. 2. sí. 3. no. 4. no. 5. no. 6. no. 7. sí. 8. no. 9. no. 10. sí.

39. 1. -. 2. -, -. 3. el/un. 4. el. 5. -. 6. el. 7. -. 8. la, -, -. 9. -, -. 10. -, -

* 40. 1. mano, casa. 2. sillón, libro. 3. niños, artículos. 4. niñas, sillas. 5. mesa, guitarra. 6. máquinas, alfombras. 7. actor, cantante. 8. carne, pescado.

* 41. 1. Es la casa de tu amigo. 2. Es el avión del ministro. 3. Es el Mercedes del director. 4. Es la motocicleta de Ángel. 5. Es el apartamento de verano. 6. Es el palacio antiguo del príncipe. 7. Es el caballo de la reina. 8. Es la revista de mi madre. 9. Es la bañera del bebé. 10. Es el balón de mi hermano.

---

3. El nombre • Género (masculino y femenino)
• Número (singular y plural)

---

42. 1. M. 2. M. 3. M. 4. M. 5. M. 6. M. 7. F. 8. M. 9. M. 10. M. 11. F. 12. F. 13. M. 14. M. 15. F. 16. F. 17. M. 18. F. 19. M. 20. F. 21. F. 22. F. 23. M. 24. F.

43. a. 1. el novio. 2. el primo. 3. el vecino. 4. el palomo. 5. el zorro. 6. el conejo. 7. el médico. 8. el tío.

b. 1. un león. 2. un colegial. 3. un profesor. 4. un marqués. 5. un rapaz. 6. un doctor. 7. un embajador. 8. un alemán.

c. 1. el abad. 2. el barón. 3. el guarda. 4. el alcalde. 5. el duque.

d. 1. el profeta. 2. el sacerdote. 3. el poeta. 4. el papa.

e. 1. el rey. 2. el héroe.

f. 1. el estudiante. 2. el sastre. 3. el cliente. 4. el presidente. 5. el gobernante.

g. 1. el actor. 2. el emperador.

44. a. 1. la niña. 2. la maestra. 3. la librera. 4. la chica. 5. la amiga. 6. la alumna. 7. la abuela. 8. la mona.

b. 1. la danesa. 2. la profesora. 3. la francesa. 4. la embajadora. 5. la leona. 6. la pintora. 7. la trabajadora. 8. la doctora.

c. 1. la marquesa. 2. la duquesa. 3. la vampiresa. 4. la condesa. 5. la princesa.

d. 1. la sacerdotisa. 2. la papisa. 3. la poetisa. 4. la profetisa.

e. 1. la gobernanta. 2. la presidenta. 3. la sastra. 4. la estudiante/-a.

f. 1. la actriz. 2. la emperatriz.

g. 1. ésta. 2. aquélla. 3. ésa. 4. la mía. 5. la nuestra. 6. la vuestra. 7. la suya. 8. la tuya.

45. 1. no. 2. sí. 3. no. 4. no. 5. sí. 6. no. 7. sí. 8. no. 9. no. 10. no. 11. no. 12. no. 13. no. 14. sí. 15. no.

46. 1. la mujer. 2. la yegua. 3. la comadre. 4. la madrastra. 5. la vaca. 6. la nuera. 7. la oveja. 8. la hembra.

47. **a.** 1. los baños. 2. los cantos. 3. las tribus. 4. las mesas. 5. las sillas. 6. los cuadros. 7. los libros. 8. las tiendas.

b. 1. los cafés. 2. los pies. 3. los canapés. 4. los suflés.

c. 1. los lunes. 2. las crisis. 3. los análisis. 4. los éxtasis. 5. las dosis. 6. los paraguas. 7. las tesis. 8. los viernes.

d. 1. los meses. 2. los países. 3. las reses. 4. las toses. 5. los doses. 6. los mares. 7. las redes. 8. las paredes.

e. 1. unos andaluces. 2. las cruces. 3. las cárceles. 4. los panes. 5. los reyes. 6. los convoyes. 7. los bueyes. 8. los esquíes.

f. 1. los papás. 2. las mamás. 3. los sofás. 4. los dominós.

48. 1. Aquí hay unos trajes de su talla. Puede probarlos. 2. Éstos son mis coches. ¿Quieres las llaves? 3. Los niños juegan al fútbol. 4. Sus libros son algo viejos. 5. Los invitados están bailando. 6. Hay unas camisas. Póntelas. 7. Los ordenadores no funcionan. 8. Estas revistas son muy interesantes. 9. Las ventanas están cerradas. Ábrelas. 10. Aquellas motocicletas son de Juan.

49. 1. El pantalón es más caro que la camisa. 2. El sueco es más rubio que el español. 3. El tomate y la lechuga son muy sanos. 4. Este estudiante es de Irlanda. 5. Aquella camisa es muy bonita. 6. El pez del río Segura está muerto. 7. El japonés es muy trabajador. 8. El niño se sienta en el sofá. 9. La temperatura está bajando. 10. Este problema es muy difícil.

50. 1. las medianoches. 2. las bocacalles. 3. los altavoces. 4. los cumpleaños. 5. las artimañas. 6. los puntapiés. 7. las vanaglorias. 8. los menosprecios.

51. 1. el portaequipajes. 2. la sinrazón. 3. el paraguas. 4. el guardarropas. 5. el quitaipón. 6. el contrafuerte. 7. el carricoche. 8. el sacacorchos.

52. 1. Buenos días. 2. Buenas tardes. 3. Buenas noches. 4. Adiós. Hasta luego. 5. (Muchas) Gracias.

---

4. El adjetivo calificativo

- Género: formación del masculino y femenino
- Número: formación del plural

---

* 53. 1. nuevo. 2. limpia. 3. simpática. 4. estrechas. 5. interesante. 6. verdes. 7. fría. 8. bajas. 9. helada. 10. aburrido.

54. **a.** 1. Mi hermana está enferma. 2. La niña está contenta. 3. La sobrina de Juan es alta. 4. Mi hija es morena. 5. Aquella sueca es rubia. 6. La madre es muy seria. 7. Mi vecina es suiza. 8. Esa señora es europea.

b. 1. Es una joven bastante trabajadora. 2. Josefa es española. 3. No seas burlona. 4. Es una mujer muy habladora. 5.

Es una ciudadana inglesa. 6. No lo puede negar: es andaluza. 7. Stephany es una auténtica escocesa. 8. Esta señora es francesa.

c. 1. Ella es muy feliz. 2. Juana es veloz. 3. Esta chica es muy pueril. 4. Es una compañera ideal. 5. Esta leona es la más feroz. 6 Esta alumna es la mejor estudiante/-a. 7. Juana es muy juvenil. 8. Federica es la peor de la clase.

d. 1. Mi amiga es belga. 2. Juana es muy amable. 3. Mi vecina es muy interesante. 4. Es una niña inteligente. 5. Esta señora es muy agradable. 6. Creo que es valiente. 7. Ella parece hindú. 8. ¿No es israelí esta señora?

e. 1. Luisa es una buena mujer. 2. Antonia es una mala estudiante/a. 3. Micaela es la primera atleta en llegar. 4. Te presento a mi gran amiga Tomasa.

55. a. 1. Es un niño agradecido. 2. El joven es muy guapo. 3. Es un jugador de baloncesto muy alto. 4. Este abogado es gracioso. 5. Aquel niño es muy pesado. 6. El vecino está muy delgado. 7. Mi abuelo es simpático. 8. Su hijo es parecido a usted.

b. 1. Mi amigo es muy trabajador. 2. Tengo un amigo alemán. 3. Este hombre es muy burlón. 4. (Pedro) es bastante holgazán. 5. El tendero es portugués. 6. El niño es parlanchín. 7. Es un profesor inglés. 8. El doctor es andaluz.

c. 1. Es el hombre ideal. 2. Tu padre es realmente feliz. 3. Es un león veloz. 4. (Rafael) es muy pueril. 5. Él es el mejor de la clase. 6. Parece un perro muy feroz. 7. Un hombre fatal. 8. Julio es muy juvenil.

d. 1. Mi profesor es muy inteligente. 2. El vecino de Luisa es valiente. 3. Este señor es belga. 4. ¡Qué amable es tu padre! 5. Tu abuelo fue muy ilustre. 6. Mi hijo es muy sonriente. 7. Tengo un tío hindú. 8. Creo que él es israelí.

e. 1. Juan fue el tercer concursante. 2. Mi abuelo es un buen hombre. 3. Luis es un gran amigo. 4. Es un mal estudiante.

* 56. 1. bonita. 2. alegre. 3. grande. 4. sucio.

5. redondo. 6. amable. 7. simpática. 8. buen. 9. alto. 10. pequeño.

57. 1. francés, francesa. 2. roto, rota. 3. alto, alta. 4. bonita, bonito. 5. pequeña, pequeño. 6. sucio, sucia. 7. barata, barato. 8. fría, frío. 9. cansado, cansada. 10. gracioso, graciosa.

58. 1. gris, gris. 2. comilón, comilona. 3. amable, amable. 4. perezoso, perezosa. 5. gandul, gandula. 6. dormilón, dormilona. 7. peor, peor. 8. delicioso, deliciosa. 9. juvenil, juvenil. 10. vividor, vividora.

59. 1. Los camiones son grises, las casas son grises. 2. Mis vecinos son comilones, mis primas son comilonas. 3. Los porteros son amables, las mujeres son amables. 4. Mis perros son perezosos, las gatas son perezosas. 5. Ellos son gandules, ellas son gandulas. 6. Los gatos son dormilones, las tortugas son dormilonas. 7. Estos trabajos son los peores, estas máquinas son las peores. 8. Los caviares están deliciosos, las tartas están deliciosas. 9. Son unos programas juveniles, son unas revistas juveniles. 10. Mis amigos son unos vividores, mis vecinas son unas vividoras.

60. 1. inteligente, simpática. 2. cantora, comilona. 3. limpia, cortés. 4. holgazana, astuta. 5. rápido, eficaz. 6. vivaz, trabajadora. 7. holandesa, noruega. 8. alegre, gracioso.

61. 1. Los escritores son inteligentes y simpáticos, las escritoras son inteligentes y simpáticas. 2. Mis tíos son cantores y comilones, mis tías son cantoras y comilonas. 3. Los doctores son limpios y corteses, las doctoras son limpias y corteses. 4. Los ladrones son holgazanes y astutos, las ladronas son holgazanas y astutas. 5. Las secretarias son rápidas y eficaces, los secretarios son rápidos y eficaces. 6. Los periodistas son vivaces y trabajadores, las periodistas son vivaces y trabajadoras. 7. Ellos no son holandeses ni noruegos, ellas no son holandesas ni noruegas. 8. Las niñas son alegres y graciosas, los niños son alegres y graciosos.

* 62. 1. El piso es alto. 2. El pueblo es ruidoso. 3. La vaca es brava. 4. La carretera es muy larga. 5. La secretaria es divertida. 6. María es encantadora. 7. La camisa es azul. 8. El jardín es fértil. 9. Hace una mala tarde. 10. Es una gran bailarina.

63. 1. bonitos. 2. guapas. 3. alegres. 4. francesas. 5. valientes. 6. simpáticas. 7. trabajadoras. 8. aburridas. 9. atentas. 10. caras.

64. 1. Hay una casa bonita. También hay un edificio bonito. 2. El famoso es guapo. También la famosa es guapa. 3. Yo soy alegre. Esa niña también es alegre. 4. Mi amigo es francés. La amiga de María también es francesa. 5. Algún hombre es muy valiente. También hay alguna mujer valiente. 6. Mi alumno es simpático. También alguna alumna mía es simpática. 7. El director es trabajador. También la directora es trabajadora. 8. Hay un profesor muy aburrido. Pero también hay una profesora aburrida. 9. El médico es muy atento. También hay una enfermera atenta. 10. Algún coche es muy caro. También hay una motocicleta muy cara.

65. 1. buen. 2. gran. 3. indígena. 4. mal. 5. veloz. 6. inteligente. 7. excelente. 8. viejo. 9. tercera. 10. gran.

66. 1. Son (unos) buenos precios. 2. Son (unos) grandes libros. 3. Son (unos) pueblos indígenas. 4. Son (unos) malos hombres. 5. Son (unos) coches muy veloces. 6. Son (unos) perros inteligentes. 7. Son (unos) restaurantes excelentes. 8. Son (unos) viejos dichos. 9. Viven en la tercera puerta. 10. Son mis grandes amigos.

* 67. 1. ropa - bonita. 2. televisión - amena. 3. noche - fría. 4. tema - interesante. 5. coche - rápido. 6. muñeca - grande. 7. casa - antigua. 8. cielo - azul. 9. libro - caro. 10. payaso - gracioso.

* 68. 1. Es un joven bajo. 2. Es un jardín pequeño. 3. Es un aparato silencioso. 4. Es un día frío. 5. Es una persona holgazana. 6. Es un chico tonto. 7. Es una chaqueta vieja. 8. Es un disco viejo. 9. Es un coche rápido. 10. Es una revista aburrida.

* 69. 1. grande, vieja, alta. 2. ancho, caudaloso, grande. 3. alto, verde, viejo. 4. listo, feo, alto. 5. bonito, arreglado, cuidado. 6. veloz, negro, precioso. 7. ladrador, feroz, grande. 8. fuerte, espumosa, alemana. 9. moderna, rítmica, española. 10. viejo, bonito, caro.

* 70. 1. Mi ropa es azul y verde. 2. Mi casa es muy bonita. 3. Hace un día caluroso. 4. El cielo es azul. 5. Mi coche es rojo: 6. Mi profesor es muy simpático. 7. El paisaje de mi región es muy bonito. 8. Sí, porque tiene muchos parques, jardines y calles anchas y limpias.

* 71. 1. flor - roja. 2. ejercicio - difícil. 3. alumno - estudioso. 4. motor - ruidoso. 5. invierno - frío. 6. queso - suizo. 7. edificio - alto. 8. mosca - molesta. 9. café - caliente. 10. cielo - azul.

* 72. 1. espléndida y brillante. 2. cómoda y acogedora. 3. rápido y muy caro. 4. trabajador y tenaz. 5. triangular y antigua. 6. vivaz y ágil. 7. dramática y entretenida. 8. antiguo y magnífico. 9. bonita y pequeña. 10. agradables y necesarias.

73. 1. buen, mucha. 2. buenos. 3. muchas. 4. feliz. 5. -buena. 6. mala. 7. buenas. 8. mal, buena.

* 74. 1. frío, lluvioso. 2. caluroso, divertido. 3. moreno, alegre. 4. blanca, fría. 5. altos, verdes. 6. seco, caluroso. 7. fresca, alegre. 8. bonitas, olorosas, rojas. 9. alegres, ruidosos. 10. triste, gris.

* 75. 1. artículo: pantalón, colores: negro, precio: 5.000 pesetas. — barato, para: caballeros. 2. artículo: camisa, colores: rojo y verde, precio: 6.000 pesetas. — caro, para: jóvenes. 3. artículo: libro, colores: blanco, precio: 500 pesetas. — barato, para: escolares. 4. artículo: coche, colores: rojo, precio: 2.000.000 pesetas. — caro, para: adultos. 5. artículo: zapatos, colores: marrones, precio: 10.000 pesetas. — caros, para: señoras. 6. artículo: guantes, colores: amarillo y rosa, precio: 200 pesetas. — baratos, para: niñas. 7. artículo: sombrero, colores: verde oscuro, precio: 12.000 pesetas. — caro, para: caballeros. 8. artículo: calcetines, colores: gris, precio: 150 pesetas. — baratos, para: niños.

76. 1. guapa. 2. atractiva. 3. mayor. 4. grandes. 5. importante. 6. gran.

77. 1. jóvenes. 2. pequeño. 3. decorado. 4. poco. 5. interesante. 6. pequeño. 7. pequeños. 8. tranquilos.

78. guapos, atractivos, mayores, grandes, importantes, grandes.

79. 1. guapa - guapos. 2. atractiva - atractivos. 3. mayor - mayores. 4. jóvenes - joven. 5. grandes - grande. 6. pequeño - pequeñas. 7. decorado - decoradas. 8. importante - importantes. 9. poco - po- cas. 10. gran - grandes. 11. interesante - interesantes. 12. pequeño - pequeñas. 13. pequeños - pequeña. 14. tranquilos - tranquila.

---

5. Presente de indicativo
- Verbos en *-ar*
- Verbos en *-er*
- Verbos en *-ir*
- Defectivos. *Hay* + complemento en singular/plural

---

80. **a.** 1. hablo. 2. hablas. 3. habla. 4. habla. 5. hablamos. 6. hablamos. 7. habláis. 8. habláis. 9. hablan. 10. hablan.

b. 1. vendo. 2. vendes. 3. vende. 4. vende. 5. vendemos. 6. vendemos. 7. vendéis. 8. vendéis. 9. venden. 10. venden.

c. 1. vivo. 2. vives. 3. vive. 4. vive. 5. vivimos. 6. vivimos. 7 vivís. 8. vivís. 9. viven. 10. viven.

81. 1. viaja. 2. viven. 3. escucho. 4. mira. 5. estudia. 6. trabajamos. 7. venden. 8. sabes. 9. habla. 10. compráis.

82. 1. Sí, (ellos) llegan a las cinco. 2. Sí, te escucho. 3. Sí, (él) llora. 4. Sí, nos gusta este ejercicio. 5. Sí, me molesta la radio. 6. Sí, (ella) salta. 7. Sí, vivimos en Estocolmo. 8. Sí, vendemos zapatos. 9. Sí, (ellos) gritan en la calle. 10. Sí, bebo cerveza/vino.

83. 1. trabajan. 2. escuchan. 3. hablan. 4. dibuja. 5. comen. 6. guarda. 7. compran. 8. arreglo. 9. vivís. 10. cocina.

* 84. 1. yo. 2. él. 3. ellas. 4. tú. 5. nosotras. 6. ella. 7. ellos. 8. yo. 9. Juan. 10. nosotros. 11. tú. 12. los visitantes. 13. yo. 14. nosotros. 15. tú. 16. María. 17. los estudiantes. 18. vosotras. 19. yo. 20. mi amigo.

85. *(En algunas frases puede variar el sujeto y su correspondiente forma verbal.)* 1. Mira el mapa de la página diez. 2. Escucho las noticias de las diez. 3. Julio dibuja muy bien. 4. La señora borda un vestido. 5. El profesor explica el tema. 6. Yo vivo en el tercer piso. 7. Estos niños gritan en casa. 8. Yo envío esta carta. 9. Vosotros teméis al vecino del quinto. 10. Tú abres el libro por la página quince.

86. 1. hablan. 2. explica. 3. desconfían. 4. estudiamos. 5. vivo. 6. come. 7. paseáis. 8. trabajas. 9. ama. 10. hablan.

87. 1. estudia. 2. trabaja. 3. viven. 4. tienen. 5. asisten. 6. toman. 7. comparten. 8. salen. 9. gusta. 10. cenan. 11. charlan. 12. bailan.

* 88. 1. Ellos estudian mucho. 2. Apenas hablan en clase. 3. Escriben todo lo que dice el profesor. 4. Leen muchos libros. 5. En clase de educación física corren por la pista de atletismo. 6. Les gusta andar y pasear. 7. Siempre escuchan al profesor. 8. Copian todas las lecciones.

89. 1. Los niños pasean por los parques. 2. Ellos trabajan hasta las siete de la tarde. 3. Nosotros comemos a las dos. 4. No leéis deprisa. 5. Vosotros corréis por los patios. 6. Los bebés lloran. 7. Nosotros viajamos en autocares. 8. Ellas beben muy despacio. 9. Vosotros gritáis mucho. 10. Los alumnos estudian mucho.

90. 1. Mi compañera vive en Madrid. 2. Vivo en casa de Pablo. 3. Mi vecina habla como una cotorra. 4. El médico trabaja duro. 5. Él habla por teléfono. 6. No llora nunca. 7. Tú ves demasiada televisión. 8. El mecánico gana mucho dinero. 9. La niña come una manzana. 10. Este alumno estudia en casa.

91. 1. corren. 2. hablo. 3. copiáis. 4. bebe. 5. cantamos. 6. mira. 7. temes. 8. saben. 9. leemos. 10. escribís.

* **92.** 1. Pepe trabaja. 2. nosotros cantamos. 3. Julio viaja. 4. vosotros corréis. 5. la atleta corre. 6. los estudiantes estudian. 7. yo como. 8. tú lees. 9. yo miro. 10. nosotros pedimos. 11. los profesores explican. 12. el abogado sabe. 13. vosotras bebéis. 14. yo escribo. 15. tú hablas.

93. 1. Luis/Ana viaja en tren. Ellos viajan en tren. Vosotras viajáis en tren. 2. Yo como/Juan come/vosotros coméis/nosotros comemos pipas. 3. Vosotras leéis/Él-Ramón lee/ellas leen el periódico. 4. Nosotras escuchamos/Andrés escucha/yo escucho/ella escucha la radio. 5. Tú cierras/Antonio cierra/Nosotras cerramos/ellos cierran la puerta. 6. Yo copio/él copia/vosotras copiáis/ellos copian el tema. 7. Ella vende/nosotros vendemos/tú vendes/ellas venden ropa. 8. José bebe/ella bebe/vosotros bebéis/Josefina bebe cerveza.

* **94.** (Él) es un hombre de treinta años. Es licenciado en Derecho. Habla bien cuatro idiomas. Sabe tomar decisiones. Tiene buena presencia física y viste elegantemente. Le gusta viajar al extranjero.

95. 1. nevar - nieva. 2. llover - llueve. 3. soler - suele. 4. hacer frío - hace frío. 5. helar - hiela. 6. haber - hay.

96. 1. En Argentina nieva en julio. 2. En España llueve mucho en otoño. 3. En Canarias nunca hace frío. 4. Hay hielo en la carretera. 5. En invierno anochece a las seis. 6. A veces graniza en Albacete. 7. Amanece muy temprano. 8. Luis suele leer el periódico. 9. En diciembre hiela. 10. En el comedor hay cinco sillas.

97. 1. hay. 2. hay. 3. hay. 4. hay. 5. hay. 6. hay. 7. hay. 8. hay.

* **98.** 1. mucho frío. 2. muchas camisas baratas. 3. escuchar al profesor. 4. demasiado frío. 5. en Sevilla. 6. en Murcia. 7. dar un paseo. 8. no salgo de paseo. 9. mucho calor. 10. llueve mucho.

99. *Hay:* nieblas, nubes, hielo, estrellas, claros, temperaturas agradables.
Hace: buen tiempo, frío, calor, aire, sol, mal tiempo, cinco grados.
Es: invierno, verano, primavera, otoño.
Está: templado, nublado, cubierto.

* **100.** 1. Hay nieblas. 2. Hay nubes en el cielo. 3. Hay hielo. 4. Hay muchas estrellas. 5. ¡Qué frío!, hace cinco grados. 6. Hay grandes claros en toda la península. 7. En Canarias hay temperaturas muy agradables. 8. Hace muy buen tiempo en el Caribe. 9. Hace tanto frío que no saldré. 10. Hace demasiado calor. 11. Creo que hace mucho aire. 12. Hace demasiado sol para sacar al niño. 13. En invierno hace mal tiempo. 14. Ya es invierno. 15. En julio será verano. 16. En mayo será primavera. 17. Es otoño: ya caen las hojas de los árboles. 18. Está templado. 19. El cielo está nublado. 20. Está el cielo cubierto.

6. Presente de indicativo

Verbos irregulares: — irregularidades consonánticas
— irregularidades en la vocal de la raíz

101. **a.** 1. venzo. 2. vences. 3. vence. 4. vence. 5. vencemos. 6. vencemos. 7. vencéis. 8. vencéis. 9. vencen. 10. vencen.

b. 1. elijo. 2. eliges. 3. elige. 4. elige. 5. elegimos. 6. elegimos. 7. elegís. 8. elegís. 9. eligen. 10. eligen.

c. 1. conozco. 2. conoces. 3. conoce. 4. conoce. 5. conocemos. 6. conocemos. 7. conocéis. 8. conocéis. 9. conocen. 10. conocen.

d. 1. salgo. 2. sales. 3. sale. 4. sale. 5. salimos. 6. salimos. 7. salís. 8. salís. 9. salen. 10. salen.

e. 1. pongo. 2. pones. 3. pone. 4. pone. 5. ponemos. 6. ponemos. 7. ponéis. 8. ponéis. 9. ponen. 10. ponen.

f. 1. tengo. 2. tienes. 3. tiene. 4. tiene. 5. tenemos. 6. tenemos. 7. tenéis. 8. tenéis. 9. tienen. 10. tienen.

g. 1. voy. 2. vas. 3. va. 4. va. 5. vamos. 6. vamos. 7. vais. 8. vais. 9. van. 10. van.

102. 1. cuece. 2. conocen. 3. salgo. 4. protege. 5. consigues. 6. produce. 7. pacen. 8. pongo. 9. vas. 10. traduce.

103. **a.** 1. quiero. 2. quieres. 3. quiere. 4. quiere. 5. queremos. 6. queremos. 7. queréis. 8. queréis. 9. quieren. 10. quieren.

b. 1. puedo. 2. puedes. 3. puede. 4. puede. 5. podemos. 6. podemos. 7. podéis. 8. podéis. 9. pueden. 10. pueden.

c. 1. adquiero. 2 adquieres. 3. adquiere. 4. adquiere. 5. adquirimos. 6. adquirimos. 7. adquirís. 8. adquirís. 9. adquieren. 10. adquieren.

d. 1. juego. 2. juegas. 3. juega. 4. juega. 5. jugamos. 6. jugamos. 7. jugáis. 8. jugáis. 9. juegan. 10. juegan.

e. 1. pido. 2. pides. 3. pide. 4. pide. 5. pedimos. 6. pedimos. 7. pedís. 8. pedís. 9. piden. 10. piden.

104. 1. pudren. 2. juegan. 3. puede. 4. vuelve. 5. suena. 6. suelto. 7. quiere. 8. pide. 9. calienta. 10. cuesta. 11. merienda. 12. pensamos. 13. miente. 14. friega. 15. vuela.

105. 1. llegas. 2. son. 3. empieza. 4. siento. 5. pasa. 6. levantas. 7. despierto. 8. ducho. 9. cojo. 10. vengo. 11. desayunas. 12. almuerzo. 13. haces. 14. salgo. 15. voy. 16. voy. 17. meriendo. 18. acuestas.

106. 1. Los mendigos piden dinero. 2. Ellas quieren a sus maridos. 3. A veces soñamos tonterías. 4. Los atletas vencen en las competiciones. 5. Ellos almuerzan a la una. 6. Casi tropezamos. 7. Vosotros no conocéis a Jaime. 8. Ellos conducen demasiado deprisa. 9. Reconocemos estos cuadros. 10. Ellos van a casa de Juan.

107. **a.** 1. consigo. 2. consigues. 3. consigue. 4. consigue. 5. conseguimos. 6. conseguimos. 7. conseguís. 8. conseguís. 9. consiguen. 10. consiguen.

b. 1. huyo. 2. huyes. 3. huye. 4. huye. 5. huimos. 6. huimos. 7. huís. 8. huís. 9. huyen. 10. huyen.

c. 1. digo. 2. dices. 3. dice. 4. dice. 5. decimos. 6. decimos. 7. decís. 8. decís. 9. dicen. 10. dicen.

c. 1. hago. 2. haces. 3. hace. 4. hace. 5. hacemos. 6. hacemos. 7. hacéis. 8. hacéis. 9. hacen. 10. hacen.

d. 1. sé. 2. sabes. 3. sabe. 4. sabe. 5. sabemos. 6. sabemos. 7. sabéis. 8. sabéis. 9. saben. 10. saben.

108. 1. Este niño tiene hambre. 2. El juez se pone la toga. 3. Tú sueñas con los angelitos. 4. Vosotros decís tonterías. 5. Yo huyo de ti. 6. Su presencia no me complace. 7. El profesor traduce el texto. 8. Él pliega esta silla. 9. El mecánico suelda esta pieza. 10. Yo siempre digo la verdad.

109. 1. Estos niños tienen hambre. 2. Los jueces se ponen las togas. 3. Vosotros soñáis con los angelitos. 4. Tú dices tonterías. 5. Nosotros huimos de vosotros. 6. Su presencia no nos complace. 7. Los profesores traducen los textos. 8. Ellos pliegan estas sillas. 9. Los mecánicos sueldan estas piezas. 10. Nosotros siempre decimos la verdad.

*110. 1. Sí, los árboles tienen hojas. 2. Almorzamos a la una. 3. No, no voy a Madrid mañana. 4. Sí, lo conocen. 5. Sí, jugamos al tenis. 6. No, no nos apetece. 7. Sí, lo niego. 8. No, no quieren más agua.

111. 1. Pido un agua mineral en el bar. 2. Él/ella se previene contra la gripe. 3.

Conozco a sus padres. 4. Esta camisa cuesta diez mil pesetas. 5. Deduzco la posible respuesta. 6. Nace un niño todos los días. 7. Luzco mi traje. 8. Esta fábrica produce gas peligroso. 9. Siempre se lo digo. 10. ¿Hago otra paella?

*112. 1. Tú oyes el ruido. 2. Ellos hacen la comida. 3. Me voy a casa. 4. Él sale a cenar. 5. Ella huye del perro. 6. Nosotros jugamos al fútbol. 7. Ellos reducen los gastos. 8. Yo renuevo mi carnet de identidad. 9. Él se prueba los pantalones. 10. El pájaro vuela muy alto.

113. A: puede. dice. cuesta.
B: prefiero. gusta. me gustan.
C: llamo. tengo. vivo. estudio/trabajo.
D: voy. almuerzo. meriendo. acuesto.
E: encuentro. duele. tengo dolor de/me duele el. tengo.

114. 1. duele. 2. duele. 3. tengo. 4. molesta. 5. vamos. 6. respira. 7. suelta. 8. haces. 9. es. 10. tienes. 11. voy. 12. toma. 13. preocupes. 14. vas. 15. acuestas. 16. guardas. 17. descansas. 18. puedo. 19. quiero. 20. pienses. 21. vale.

7. Los determinantes

Adjetivos • demostrativos
• indefinidos
• numerales y ordinales

115. 1. este. 2. esta. 3. estos. 4. estas. 5. este. 6. este. 7. estas. 8. estos. 9. este. 10. estos. 11. estos. 12. esta. 13. estos. 14. esta. 15. este.

116. 1. ese. 2. ese. 3. esa. 4. esas. 5. esos. 6. ese. 7. esas. 8. esos. 9. ese. 10. esa. 11. ese. 12. esa. 13. esas. 14. esos. 15. ese.

117. 1. aquel/aquellos. 2. aquella. 3. aquellos. 4. aquel. 5. aquella. 6. aquella. 7. aquellas. 8. aquel. 9. aquellos. 10. aquel. 11. aquel. 12. aquellas. 13. aquellas. 14. aquel. 15. aquel.

118. 1. Estas casas son modernas, pero aquéllas son muy nuevas. 2. Esos médicos son jóvenes, pero aquéllos son mejores. 3. Aquellas colinas son muy altas, pero éstas son más bonitas. 4. Estos son blancos, aquéllos son negros. 5. Esas tartas huelen bien. aquéllas son más grandes. 6. Estas gentes son de Toledo, aquéllas son de Vigo. 7. Esas casas son modernas, pero aquéllas son nuevas. 8. Estos pescados son buenos, pero aquéllos son más frescos. 9. Éstos son grandes, pero aquéllos son grandes y bonitos. 10. Esos juegos son más interesantes que aquellos deportes.

119. 1. Ese monumento es muy antiguo. 2. Esta galleta es muy buena. 3. Aquel amigo es muy alegre. 4. Esta fotografía está bien. 5. Ese libro es interesante. 6. Aquel inglés es muy famoso. 7. Este pueblo es de La Mancha. 8. Esa ventana es demasiado ancha. 9. Aquel terreno es de mi familia. 10. Este caramelo no me gusta.

120. 1. aquel. 2. aquella. 3. esa. 4. aquella. 5. aquel. 6. aquella. 7. aquel. 8. aquella. 9. aquellas. 10. aquellos. 11. estos.

121. 1. Aquel parque también es muy grande. 2. Esta película también es preciosa. 3. Aquella barca también es de Juan. 4. Este señor también es mi tío. 5. Aquella niña también lleva una falda corta. 6. Aquel apartamento también está muy bien. 7. Esta motocicleta también es japonesa. 8. Aquel coche también es carísimo. 9. Aquella lámpara también es pequeña. 10. Este armario también es de roble.

122. 1. Éstos son mis hermanos, ésos son mis tíos y aquéllos son mis primos. 2. Ésta es tu camisa, ése es tu pantalón y aquéllos son tus zapatos. 3. Éstos son de ma-

temáticas, ésos son de inglés y aquéllos son de lengua. 4. Éstos son fáciles, ésos son difíciles y aquéllos son muy difíciles. 5. Éstos son de jamón, ésos son de queso y aquéllos son de salchichón. 6. Éstas son tus revistas, ésa es tu ropa y aquéllos son tus libros. 7. Éstas son rosas, ésas son margaritas y aquéllos son claveles. 8. Esto es fruta, eso es carne y aquello es pescado.

123. 1. *Pilar:* ¡Hola, José! ¿Cómo estás?
José: Muy bien. Gracias.
Pilar: Te presento a mis familiares: Ésta es mi tía, éste es mi abuelo y éstos mis tíos.
2. *Antonio:* ¡Hola, Fernando! ¿Cómo estas?
Fernando: Muy bien. Gracias.
Antonio: Te presento a mis hijos: Éste es mi hijo y ésta es mi hija.
3. *Mónica:* ¡Hola, Pascual! ¿Cómo estás?
Pascual: Muy bien. Gracias.
Mónica: Te presento a mis amigos: Éste es Juan, ésta es Ángela y éste es José.
4. *Andrea:* ¡Hola, Valentín! ¿Cómo estás?
Valentín: Muy bien. Gracias.
Andrea: Te presento a mis familiares: Éstos son mis primos, éstos son mis tíos y éstos son mis sobrinos.
5. *José María:* ¡Hola, Cristina! ¿Cómo estás?
Cristina: Muy bien. Gracias.
José María: Te presento a mis familiares: Éstos son mis padres, éstos son mis hermanos y éstos mis vecinos.

124. 1. Éstos son los zapatos de mi hermano. 2. Éstos son los hermanos de mi tía. 3. Éste es el traje de mi padre. 4. Éste es el libro del profesor. 5. Éstos son los coches de la empresa. 6. Ésta es la hija de mi amigo Pedro. 7. Éstas son las zapatillas de mi madre. 8. Ésta es la profesora de español. 9. Éstas son las flores de nuestro jardín. 10. Ésta es la falda de Isabel. 11. Ésta es la piscina del chalet. 12. Éste es el bolígrafo de Juanito. 13. Éstos son los dulces de los niños. 14. Ésta es la bici de María Teresa. 15. Éstos son los cuadros de un gran pintor.

125. 1. Algunos animales salvajes. 2. Ciertos escritores suelen usar un seudónimo. 3. —. 4. —. 5. Algunas respuestas son falsas. 6. Me lo dijeron ciertas personas.

7. Todos los que estudian, aprueban. 8. —. 9. Ponme otras copas. 10. —. 11. No vienen tantos turistas como dicen. 12. Estas vacas dan poca leche.

126. 1. No ha comido nadie. 2. No hay ninguna manzana. 3. No tiene ningún hermano. 4. No está cerrada ninguna ventana. 5. Hoy no ha venido ningún amigo. 6. Isabelita no tiene ningún gato. 7. No tenemos ningún disco. 8. No está mala ninguna galleta. 9. No tengo ninguna falta de ortografía. 10. No pone ningún interés en el trabajo.

127. 1. Tiene poco tiempo. 2. Es poco pesado. 3. Ninguna botella está llena. 4. Ningún juguete está roto. 5. Ningún trabajo es demasiado difícil. 6. Tenemos poca harina. 7. Ninguna alumna/Todas las alumnas ha(n) suspendido. 8. No vino nadie del pueblo. 9. Comió poco pescado. 10. No tiró nada de crema/ninguna crema al suelo. 11. Tiene poco calor. 12. Quita todas las fotos/No quita ninguna foto. 13. Lo hizo con poco esfuerzo. 14. Nada está limpio. 15. Rosa tiene pocos años.

128. 1. siete. 2. cincuenta y siete. 3. mil cuatrocientos noventa y dos. 4. trescientos sesenta y seis. 5. mil novecientos ochenta y cinco. 6. dos mil doscientas cincuenta. 7. doce. 8. trescientos sesenta y cinco. 9. sesenta. 10. cinco mil seiscientas setenta y cinco. 11. quince. 12. tres. 13. cien. 14. seiscientos cuarenta. 15. mil cien.

129. 1. primero. 2. sexta. 3. séptimo. 4. segunda. 5. quinta. 6. tercera. 7. octava. 8. décima. 9. octavo. 10. cuarto.

130. 1. dos de diciembre de mil novecientos cuarenta y tres. 2. diez de mayo de mil novecientos ochenta y siete. 3. treinta y uno de enero de mil setecientos sesenta y cinco. 4. doce de abril de mil ochocientos setenta y seis. 5. once de agosto de mil novecientos setenta y cinco. 6. cinco de noviembre de mil novecientos ochenta y tres. 7. tres de octubre de mil novecientos treinta y dos. 8. ocho de marzo de mil novecientos sesenta y cuatro. 9. veinticuatro de julio de mil novecientos noventa. 10. quince de febrero de mil novecientos cincuenta y cuatro.

131. 1. trescientos. 2. quinientas. 3. seiscientos. 4. seiscientas. 5. doscientos. 6. cuatrocientos. 7. cuatrocientos. 8. setecientos. 9. ochocientas. 10. novecientos.

132. 1. 850 pesetas. 2. 125 pesetas. 3. 1.125 pesetas. 4. 50 pesetas. 5. 85 pesetas. 6. 6.500 pesetas. 7. 2.000 pesetas. 8. 1.250 pesetas. 9. 1.500 pesetas. 10. 3.000 pesetas. 11. 5.750 pesetas.

133. 1. ciento veintidós coma nueve ocho tres/ciento veintidós con novecientas ochenta y tres. 2. sesenta y seis coma ocho cero seis/sesenta y seis con ochocientas seis. 3. diecinueve coma seis tres cuatro/diecinueve con seiscientas treinta y cuatro. 4. setenta y nueve coma uno ocho uno/setenta y nueve con ciento ochenta y una. 5. doscientas nueve coma nueve cero dos/doscientas nueve con novecientas dos. 6. cincuenta y nueve coma uno ocho cero/cincuenta y nueve con ciento ochenta. 7. setenta y dos coma cuatro tres cero/setenta y dos con cuatrocientas treinta. 8. ocho coma nueve cuatro seis/ocho con novecientas cuarenta y seis. 9. diecisiete coma tres siete cuatro/diecisiete con trescientas setenta y cuatro. 10. diecinueve coma dos cinco tres/diecinueve con doscientas cincuenta y tres. 11. setenta y una coma seis ocho cero/setenta y una con seiscientas ochenta.

134. 1. ciento un. 2. mil. 3. cien mil. 4. mil y una. 5. veintiún. 6. mil. 7. cero. 8. cinco millones y medio / cinco coma cinco. 9. un tercio. 10. tres cuartas.

135. 1. uno/una/un. 2. tres. 3. cinco. 4. siete. 5. nueve. 6. once. 7. trece. 8. quince. 9. diecisiete. 10. diecinueve. 11. veintiuno/veintiuna/veintiún. 12. veintitrés. 13. veinticinco. 14. veintisiete. 15. veintinueve. 16. treinta y uno/a/treinta-y-un.

---

8. Los posesivos • Adjetivos
• Pronombres

---

136. **a.** 1. mi televisor. 2. mi coche. 3. mi motocicleta. 4. mi radio. 5. mi armario. 6. mi mesa. 7. mi ventana. 8. mi puerta.

b. 1. tu balón. 2. tu sillón. 3. tu pluma. 4. tu ordenador. 5. tu cuerda. 6. tu chaqueta. 7. tu vestido. 8. tu bolígrafo.

c. 1. su guitarra. 2. su revista. 3. su bicicleta. 4. su silla. 5. su escritorio. 6. su vaso. 7. su pizarra. 8. su caballo.

137. **a.** 1. mis televisores. 2. mis coches. 3. mis motocicletas. 4. mis radios. 5. mis armarios. 6. mis mesas. 7. mis ventanas. 8. mis puertas.

b. 1. tus balones. 2. tus sillones. 3. tus plumas. 4. tus ordenadores. 5. tus cuerdas. 6. tus chaquetas. 7. tus vestidos. 8. tus bolígrafos.

c. 1. sus guitarras. 2. sus revistas. 3. sus bicicletas. 4. sus sillas. 5. sus escritorios. 6. sus vasos. 7. sus pizarras. 8. sus caballos.

138. **a.** 1. El coche es mío. 2. La muñeca es mía. 3. La motocicleta es mía. 4. El libro es mío. 5. El monedero es mío. 6. La comida es mía. 7. El monopatín es mío. 8. El pantalón es mío.

b. 1. El balón es tuyo. 2. El juguete es tuyo. 3. El reloj es tuyo. 4. La pulsera es tuya. 5. La camisa es tuya. 6. La cuchara es tuya. 7. El encendedor es tuyo. 8. El jersey es tuyo.

c. 1. El disco es suyo. 2. La pulsera es suya. 3. La cartera es suya. 4. El teléfono es suyo. 5. El café es suyo. 6. El libro es suyo. 7. La revista es suya. 8. La llave es suya.

139. **a.** 1. Los coches son míos. 2. Las muñecas son mías. 3. Las motocicletas son mías. 4. Los libros son míos. 5. Los monederos son míos. 6. Las comidas son mías. 7. Los monopatines son míos. 8. Los pantalones son míos.

b. 1. Los balones son tuyos. 2. Los juguetes son tuyos. 3. Los relojes son tuyos. 4. Las pulseras son tuyas. 5. Las camisas son tuyas. 6. Las cucharas son tuyas. 7. Los encendedores son tuyos. 8. Los jerseys son tuyos.

c. 1. Los discos son suyos. 2. Las pulseras son suyas. 3. Las carteras son suyas. 4. Los teléfonos son suyos. 5. Los cafés son suyos. 6. Los libros son suyos. 7. Las revistas son suyas. 8. Las llaves son suyas.

140. 1. su. 2. mía. 3. suya. 4. mía. 5. mi. 6. mi. 7. nuestra. 8. nuestro. 9. nuestros. 10. mío. 11. su. 12. su. 13. su. 14. nuestros. 15. mía.

141. 1. nuestras. 2. mi. 3. sus. 4. mis. 5. su. 6. mis. 7. sus. 8. sus. 9. sus. 10. su. 11. mi.

142. 1. Tenemos nuestro traje en casa. 2. Vuestro vestido está en la tintorería. 3. Vuestro amigo vive en Miami. 4. Vuestro perro está solo en casa. 5. Su zapato está descosido. 6. Tenemos nuestro coche en el garaje. 7. Su piso está vacío. 8. Nuestro piso está demasiado sucio. 9. Vuestro bolígrafo está roto. 10. Su guitarra es magnífica. 11. Tienen su calefacción apagada. 12. Tenemos nuestra cartera vacía. 13. Vuestra ropa está en el armario. 14. Su maleta es de piel. 15. Tenemos nuestro apartamento en venta.

143. 1. Tenemos nuestros trajes en casa. 2. Vuestros vestidos están en la tintorería. 3. Vuestros amigos viven en Miami. 4. Vuestros perros están solos en casa. 5. Sus zapatos están descosidos. 6. Tenemos nuestros coches en el garaje. 7. Sus pisos están vacíos. 8. Nuestros pisos están demasiado sucios. 9. Vuestros bolígrafos están rotos. 10. Sus guitarras son magníficas. 11. Tienen sus calefacciones apagadas. 12. Tenemos nuestras carteras vacías. 13. Vuestras ropas están en el armario. 14. Sus maletas son de piel. 15. Tenemos nuestros apartamentos en venta.

144. **a.** 1. El tuyo también es muy alto. 2. Las mías también son muy viejas. 3. Las suyas también son inteligentes. 4. El mío también es un pastor alemán. 5. Las tuyas también están secas. 6. El suyo también está anticuado. 7. Los míos también son ancianos. 8. Las suyas también son suecas. 9. El mío también es japonés. 10. El suyo también es frío. 11. La tuya también es de los sesenta. 12. Los tuyos también son de verano. 13. Las suyas también son redondas. 14. El tuyo también es muy cómodo. 15. La suya también está recien pintada.

b. 1. El vuestro también lo es. 2. La nuestra también lo es. 3. Los suyos también lo son. 4. Los nuestros también lo son. 5. La nuestra también lo es. 6. Los vuestros también lo están. 7. La suya también lo está. 8. Los nuestros también lo son. 9. Los vuestros también lo son. 10. El suyo también lo es. 11. Los nuestros también lo son. 12. El vuestro también lo está. 13. La nuestra también los tiene. 14. La suya también lo es. 15. Los nuestros también lo son.

c. 1. Las de él también lo son. 2. Los de ella también lo son. 3. El de ella también lo es. 4. La de él también lo es. 5. La de él también lo está. 6. Los de ella también lo son. 7. Los de él también lo están. 8. Los de él también lo son. 9. La de él también lo está. 10. La de ella también lo está. 11. La de ella también lo es. 12. La de él también lo es. 13. Los de él también lo son. 14. Los de ella también lo son. 15. Las de ella también lo son.

*145. 1. Sí, tengo tu periódico. 2. No, no conozco a su hermano. 3. Sí, sé su nombre. 4. No, no he visto vuestro coche. 5. Sí, te dejo mi libro. 6. No, no son nuestros. 7. Sí, recibimos tu libro. 8. Sí, esas cazadoras son nuestras. 9. No, no he estado en tu casa. 10. Sí, esos sellos son suyos. 11. Mis primas están en París. 12. Sí, prefiero sus ideas. 13. Sí, sé quiénes son vuestros abuelos. 14. No, no quiero tu bicicleta. 15. Sí, te presto mi corbata.

9. Los pronombres personales

- *A mí me / ti te / él, ella le / ... a nosotros nos / a vosotros os / a ellos les...*
- *Me / te / le / nos / os / les ... gusta...*

146. 1. No, a él/ella no le gusta. 2. No, a nosotros no nos apetece. 3. No, a nosotros no nos gustan. 4. No, a mí no me gusta. 5. No, a ellos no les gusta. 6. No, a nosotros no nos gustan. 7. No, a ella no le gusta. 8. No, a él no le apetece. 9. No, a nosotros no nos gusta. 10. No, a ellos no les gusta.

147. *Nos:* nosotros, nosotras. *Me:* yo. *Te:* tú. *Os:* vosotros, vosotras. *Le:* él, ella. *Les:* ellos, ellas.

148. 1. nosotros/nosotras. 2. mí. 3. él/ella. 4. ellos/ellas. 5. ti. 6. vosotros/vosotras. 7. mí. 8. él/ella. 9. nosotros/nosotras. 10. ellos/ellas.

149. 1. Llegó ella. 2. ¿Está él? 3. Ellos han venido. 4. Vino ella. 5. Llamó él. 6. Él se despertó. 7. Ellos no están. 8. Nosotros estudiamos. 9. Vosotros estáis invitados. 10. ¿Terminó ella?

*150. 1. Sí, la vi ayer. 2. Sí, los llamé hace un momento. 3. Sí, las encontré en Barcelona. 4. Sí, lo arreglé ayer. 5. Sí, las guardó. 6. Sí, las cosió. 7. Sí, las enviaron el jueves. 8. Sí, los compraron todos.

151. 1. le. 2. lo. 3. le. 4. lo. 5. la. 6. le. 7. la. 8. le. 9. la. 10. le.

152. 1. mí, me. 2. ti, te, mi. 3. me. 4. te. 5. me. 6. me. 7. te. 8. me, te. 9. ti, te. 10. me, te.

153. 1. a mí/yo. 2. a ti/tú. 3. a él/él. 4. a nosotros/nosotros. 5. a ellos/ellos. 6. a vosotros/vosotros. 7. a ella/ella. 8. a mí/yo.

154. 1. le. 2. nos. 3. le. 4. les. 5. te. 6. le. 7. me. 8. os. 9. le. 10. te.

155. 1. él. 2. lo. 3. ella. 4. nos. 5. os. 6. le. 7. la. 8. lo. 9. la. 10. la.

156. 1. contigo. 2. conmigo. 3. contigo. 4. conmigo. 5. contigo. 6. contigo. 7. conmigo. 8. contigo.

157. 1. lo. 2. lo. 3. ellas. 4. los. 5. los. 6. le. 7. él. 8. nos. 9. yo. 10. te/os. 11. nosotros.

10. Interrogación Exclamación

- Elementos interrogativos y exclamativos

158. 1. ¿Es Nicolás? 2. ¿Es mi coche? 3. ¿Ven la televisión? 4. ¿Vive aquí? 5. ¿Eres Enrique? 6. ¿Es un libro? 7. ¿Estudia en la biblioteca? 8. ¿Es de aquí? 9. ¿Son italianos? 10. ¿Es mentira?

159. a. 1. ¿Es Jaime francés? 2. ¿Somos nosotros profesores? 3. ¿Vive ella con sus padres? 4. ¿Llora tu hija? 5. ¿Está Andrea contenta? 6. ¿Está el libro sobre la mesa? 7. ¿Está el televisor apagado? 8. ¿Es este diccionario bueno?

b. 1. ¿Javier es un médico excelente? 2. ¿Ellos forman un buen equipo? 3. ¿El transistor funciona bien? 4. ¿Esta iglesia es del siglo pasado? 5. ¿María es una pésima cocinera? 6. ¿José habla bien el alemán? 7. ¿Vosotros coméis en casa? 8. ¿Juana es una chica guapísima?

c. 1. ¿Viene a las siete Alfonso? 2. ¿Están en casa los niños? 3. ¿Vive en el tercero este señor? 4. ¿Está en su habitación el niño? 5. ¿Llamó ayer su padre? 6. ¿Suele comer en un mesón Julia? 7. ¿Está escribiendo en vuestra mesa? 8. ¿Trabaja en un almacén Ángela?

160. 1. ¿Limpia la señora el piso? ¿La señora limpia el piso? 2. ¿Compro yo fruta en el mercado? ¿Yo compro fruta en el mercado? 3. ¿Trabaja tu primo en la estación de RENFE? ¿Tu primo trabaja en la estación de RENFE? 4. ¿Tiene Luisa una bicicleta en casa? ¿Luisa tiene una bicicleta en casa? 5. ¿Conocen ellos a todos los vecinos? ¿Ellos conocen a todos los vecinos? 6. ¿Da tu profesor clase en la universidad? ¿Tu profesor da clase en la universidad? 7. ¿Tengo yo un vestido en el armario? ¿Yo tengo un vestido en el armario? 8. ¿Se sienta su hermano en un sillón? ¿Su hermano se sienta en un sillón? 9. ¿Comieron ellas paella en un restaurante? ¿Ellas comieron paella en un restaurante? 10. ¿Hace Antonio sus ejercicios en casa? ¿Antonio hace sus ejercicios en casa?

161. **a.** 1. Es mi primo. 2. Soy yo. 3. Es Amparo. 4. Es el alumno. 5. Es Francisco. 6. Es Teresa. 7. Es la niña. 8. Es el jefe.

* **b.** 1. Lucía es la enfermera. 2. Juan está mirando. 3. (Ella) es Cristina. 4. Luis está planchando. 5. Los obreros trabajan. 6. El profesor estudia. 7. Rocío es la que canta. 8. El portero abre la puerta.

* **c.** 1. No, yo soy su tío. 2. No, yo soy alemán. 3. No, yo vivo en Barcelona. 4. No, nosotros comemos a las dos. 5. No, fue Alberto quien llamó por teléfono. 6. No, yo trabajo en la oficina. 7. No, yo vivo con mis padres. 8. No, nosotros escuchamos las noticias.

162. 1. ¿Quién llama a la puerta? 2. ¿Quién grita en la calle? 3. ¿Quién mira por la ventana? 4. ¿Quiénes compran libros? 5. ¿Quién vende muebles? 6. ¿Quién tiene un bar? 7. ¿Quién escribe libros? 8. ¿Quién vive aquí? 9. ¿Quién trabaja en San Sebastián? 10. ¿Quién cuida niños?

163. 1. ¿Quiénes viven con nosotros? 2. ¿Quiénes trabajan contigo? 3. ¿Quiénes van al trabajo con Isabel? 4. ¿Quiénes van a cenar con tus padres? 5. ¿Quiénes estudian contigo? 6. ¿Quiénes vienen con sus maridos? 7. ¿Quiénes comerán mañana con tu familia? 8. ¿Quiénes vieron a Carlos con Carmen? 9. ¿Quiénes están en casa con sus primos? 10. ¿Quiénes juegan al fútbol el martes?

164. **a.** 1. ¿A quién veo? 2. ¿A quién visita? 3. ¿A quién traemos? 4. ¿A quién besa? 5. ¿A quién habla? 6. ¿A quién duermo? 7. ¿A quién vestimos? 8. ¿A quién baña?

b. 1. ¿De quién es el coche? 2. ¿De quién es esto? 3. ¿De quién es esta carta? 4. ¿De quién es esa idea? 5. ¿De quién es el piso? 6. ¿De quién es el periódico? 7. ¿De quién es este apartamento? 8. ¿De quién es el libro?

165. **a.** 1. ¿Qué comes al mediodía? 2. ¿Qué estudias todas las tardes? 3. ¿Qué hace todas las mañanas? 4. ¿Qué ven de noche? 5. ¿Qué desayunan? 6. ¿Qué leemos todos los días? 7. ¿Qué arreglan en el taller? 8. ¿Qué escucháis todas las noches?

b. 1. ¿Qué es lo que le gusta comer? 2. ¿Qué es lo que te gusta hacer? 3. ¿Qué es lo que os gusta comprar? 4. ¿Qué es lo que te gusta arreglar? 5. ¿Qué es lo que te gusta lavar? 6. ¿Qué es lo que les gusta leer? 7. ¿Qué es lo que nos gusta hacer? 8. ¿Qué es lo que os gusta hacer?

c. 1. ¿Cuál quiere? 2. ¿Cuál preferís? 3. ¿Cuál quieres? 4. ¿Cuál desean comprar? 5. ¿Cuál quiere? 6. ¿Cuál queréis vender? 7. ¿Cuál prefieres? 8. ¿Cuál quieren?

* **166.** **a.** 1. A mí me gusta comer paella. 2. A mi novia le gusta «Lo que el viento se llevó». 3. A nosotros nos gusta escuchar música clásica. 4. A mí me gusta leer li-

bros de ciencia ficción. 5. A mi padre le gusta pasear. 6. A mí me gusta la natación. 7. A mí me gusta Suecia. 8. A la gente mayor le gusta viajar.

* **b.** 1. Mis abuelos viven en Albacete. 2. Mi pueblo está en León. 3. Estudio en Nueva York. 4. Compro el pan en la tienda de la esquina. 5. Me gustaría vivir en Francia. 6. Trabajo en una oficina. 7. Moscú está en Rusia. 8. En Australia hay canguros.

* **c.** 1. Soy cartero. 2. Trata de un espía. 3. Te acusan de robo. 4. Viajo con el mío. 5. Aspira a presidente. 6. Pienso en mi hija. 7. Gasto el dinero en ropa. 8. Sueño con un viaje alrededor del mundo.

* **d.** 1. Es muy bonita. 2. Se llama Esteban. 3. Se escribe con «h». 4. Es bastante pequeña. 5. Mi apellido es Gómez. 6. Son muy agradables. 7. Es algo viejo. 8. Voy al trabajo en autobús.

* **e.** 1. Gano bastante dinero. 2. Tengo muchos amigos. 3. He viajado a España muchas veces. 4. Un kilo de manzanas cuesta doscientas pesetas. 5. Trabajo ocho horas al día. 6. He leído unos veinte libros este año. 7. 3x4 son doce. 8. Compraré bastantes libros.

167. 1. quién. 2. cómo. 3. quién. 4. dónde. 5. quién. 6. qué. 7. cuándo. 8. cómo. 9. quiénes. 10. quién. 11. dónde. 12. qué. 13. cuánto. 14. cuántos. 15. qué.

168. a. 1. ¡Qué lío! 2. ¡Qué alegría! 3. ¡Qué maravilla! 4. ¡Qué asco! 5. ¡Qué tontería! 6. ¡Qué desgracia! 7. ¡Qué aventura! 8. ¡Qué pena!

b. 1. ¡Cuánto habla! 2. ¡Cuánto trabaja! 3. ¡Cuánta agua bebe! 4. ¡Cuánto café toma! 5. ¡Cuánto me alegro! 6. ¡Cuánto dinero tiene! 7. ¡Cuánto les molesta! 8. ¡Cuánto leéis!

169. 1. ¡Qué casa tan grande! 2. ¡Qué desgracia tan grande! 3. ¡Qué pan más bueno! 4. ¡Cuánto me alegro! 5. ¡Qué perro tan fiero! 6. ¡Cuánto lo siento! 7. ¡Qué piso más caro! 8. ¡Cuánto corre este coche! 9. ¡Qué buena está la comida! 10. ¡Qué calor hace!

* **170.** 1. ¡Cuánta felicidad! 2. ¡Qué bien! 3. ¡Cuánta felicidad! 4. ¡Qué pena! 5. ¡Qué suerte! 6. ¡Qué suerte! 7. ¡Qué pena! 8. ¡Cuántas desgracias! 9. ¡Cuántas desgracias!/¡Qué pena! 10. ¡Qué bien!

* **171.** 1. ¡Qué frío! 2. ¡Qué suerte! 3. ¡Qué fastidio! 4. ¡Qué mala suerte! 5. ¡Qué suerte! 6. ¡Qué desgracia! 7. ¡Qué fastidio! 8. ¡Qué pena! 9. ¡Qué calor! 10. ¡Qué bien!

* **172.** 1. Te regalo este anillo de oro. 2. Has ganado cinco millones en la lotería. 3. Es un Ferrari último modelo. 4. Me debes cincuenta mil pesetas. 5. Toma este regalo. 6. Te invito a mi fiesta. 7. Se cayó y perdió la carrera. 8. Vive con un poco de pan y agua al día. 9. Se ha muerto mi padre. 10. Ahora mismo hay tres guerras en el mundo.

---

11. La negación
- *No...*
- *Nunca, jamás, nada. todavía no, ni... ni, no... ni*
- Negación con formas verbales
- Negación en frases interrogativas
- Consejos, órdenes negativas

---

173. 1. Los niños no comen peras. 2. Juana no escribe una carta. 3. Mi amiga Luisa no vive en Almería. 4. Este coche no es de mi tío. 5. Tú no compras en esta tienda. 6. Ella no lee novelas de terror. 7. La lámpara no está encendida. 8.

Ellos no juegan al fútbol. 9. Vosotros no estudiáis en casa. 10. Miguel no trabaja aquí.

* 174. a. 1. No, mi hermano no está en casa. 2. No, no estamos aquí. 3. No, no están en Madrid. 4. No, no estás bien en la fotografía. 5. No, no estoy descansando. 6. No, el motor no está en marcha. 7. No, Pepita no está en la oficina. 8. No, no estás enfermo.

* b. 1. No, no trabaja en esta oficina. 2. No, no vivo en Bilbao. 3. No, no como en casa. 4. No, no leen el periódico. 5. No, no tomamos un refresco. 6. No, no compro fruta en la tienda. 7. No, no estudia ruso. 8. No, no escuchamos la radio.

* c. 1. No, no hay fruta en el frigorífico. 2. No, no hay nada para comer. 3. No, no hay nadie. 4. No, no hay agua en la casa. 5. No, no hay comida en el plato. 6. No, no hay gatos en el tejado. 7. No, no hay más libros en la biblioteca. 8. No, no hay ningún problema.

175. 1. No conocen bien este hotel. 2. No vivo en esta casa desde hace mucho tiempo. 3. No escribe a sus padres. 4. No leo novelas de ciencia ficción. 5. No ves mucha televisión. 6. No beben mucha agua. 7. No compran siempre la misma revista. 8. No comemos en casa de mis padres. 9. No barre el piso todos los días. 10. No hablan sin parar.

176. 1. El ejercicio todavía no está terminado. 2. La carta todavía no está escrita. 3. La luz todavía no está apagada. 4. La traducción todavía no está hecha. 5. El abrigo todavía no está limpio. 6. El pantalón todavía no está cosido. 7. La casa todavía no está construida. 8. El libro todavía no está vendido. 9. La comida todavía no está lista. 10. Juan todavía no está en casa.

177. 1. Yo no duermo ni descanso. 2. Ellos no trabajan ni estudian. 3. Tú no lees ni aprendes. 4. Nosotros no paseamos ni pensamos. 5. Joaquín no habla ni escribe. 6. Ella no limpia ni ensucia. 7. Mi hija no grita ni patalea. 8. Vosotros no compráis ni vendéis. 9. Yo no canto ni trabajo. 10. Felipe no abre ni cierra la puerta.

178. 1. Por las mañanas ni lee el periódico nacional ni la revista de la semana. 2. Ni desayunamos temprano ni almorzamos sobre las tres. 3. Ni comes ni tomas después café en el bar. 4. Durante la semana ni trabaja ni descansa el fin de semana. 5. Ni escuchamos primero ni hablamos después. 6. Mi abuela ni duerme ni ronca. 7. Esta impresora ni procesa la información ni luego la imprime. 8. El psicólogo ni aconseja ni ayuda. 9. Muchos estudiantes ni madrugan ni estudian. 10. El mecánico ni arregla coches ni los prueba después.

179. 1. Ni come poco ni hace mucho deporte. 2. Ni trabaja mucho ni duerme poco. 3. Ni va poco a clase ni estudia mucho. 4. Ni leen mucho ni salen a la calle. 5. Ni pagáis mucho ni compráis poco. 6. Ni viajamos mucho ni nos olvidamos de todo. 7. Ni grita mucho ni escucha poco. 8. Ni descansa poco ni trabaja mucho. 9. Ni escribe mucho ni lee poco. 10. Ni come mucho ni crece poco.

180. a. 1. Nunca se levanta tarde. 2. Nunca comemos a las dos. 3. Nunca se ríe de los demás. 4. Nunca se enfadan conmigo. 5. Nunca hacéis mucho ejercicio. 6. Nunca se acuesta temprano. 7. Nunca desayuno a las ocho. 8. Nunca juega al baloncesto.

b. 1. Nunca hace una fiesta el día de su cumpleaños. 2. Nunca descansamos los domingos. 3. Nunca van a clase. 4. Nunca escribe a sus amigos de Inglaterra. 5. El coche nunca arranca bien. 6. Nunca llega muy tarde. 7. Nunca pasan pájaros por aquí. 8. Nunca me baño en primavera.

181. 1. Nosotros preferimos no vivir aquí. 2. Él prefiere no leer «El País». 3. Prefiero no tener mucho dinero. 4. A ellos les' gusta no comer en casa. 5. Elena prefiere no jugar al tenis. 6. Mis amigos prefieren no venir aquí. 7. Le gusta no tener que contar cuentos. 8. Carlos prefiere no llamarlos por teléfono. 9. Los monos prefieren no estar en el parque. 10. Me gusta no tener que oler tu perfume.

182. 1. Aquí jamás hace frío. 2. Jamás he venido aquí antes. 3. Rafael jamás ha estado en Suecia. 4. Jamás lo he probado. 5. Jamás he visto a nadie por esta zona. 6. Jamás le han gustado los regalos baratos. 7. Mi amiga jamás juega al tenis. 8. Él jamás viene antes de las ocho. 9. Jamás tiramos comida en buen estado. 10. Este programa jamás les interesa.

183. **a.** 1. María nunca come dulces. 2. Los niños nunca mienten. 3. Nunca puede andar solo. 4. Nunca vemos muchos turistas en invierno. 5. Nunca hacen eso por ti. 6. Nosotros nunca hablamos así. 7. Yo nunca tengo dinero. 8. El ministro nunca dice la verdad.

b. 1. No debes beber nunca agua del grifo. 2. No estoy nunca enfermo. 3. No visitan nunca lugares de interés. 4. Él no va nunca al teatro. 5. Juan no estudia nunca en casa. 6. Este señor no miente nunca. 7. No escuchas nunca lo que te dicen. 8. No vuelve nunca a casa antes de las nueve.

c. 1. Jamás pongas el libro ahí. 2. Jamás te bañes con agua fría. 3. Jamás comas con la boca abierta. 4. Jamás viaja sola. 5. Jamás se reúne con sus amigos. 6. Jamás dice palabrotas. 7. Jamás sale a comer fuera. 8. Jamás guarda silencio.

184. 1. No, no sabe nada más. 2. No, no me queda nada de dinero. 3. No, no compra nada para los niños. 4. No, no veo nada. 5. No, no hemos traído nada para la familia. 6. No, no quiero tomar nada. 7. No, no hemos reservado nada en el restaurante. 8. No, no me apetece nada. 9. No, no oigo nada. 10. No, no tengo nada suelto.

185. 1. No abras el libro. 2. No vayas a tu habitación. 3. No escribas lentamente. 4. No juegues en el jardín. 5. No avises a los bomberos. 6. No vengas aquí. 7. No escuches. 8. No tires eso. 9. No estudies más. 10. No dejes el balón en el suelo.

186. 1. Sí, tengo una talla más pequeña. 2. Sí, me gusta ir contigo. 3. Sí, está en casa al mediodía. 4. Sí, llevo dinero conmigo. 5. Sí, me gusta esquiar. 6. Sí, tengo televisión en casa. 7. Sí, leo novelas. 8. Sí, conocemos este país. 9. Sí, sé dónde se encuentra esa fábrica. 10. Sí, son divertidos.

* 187. 1. No, no me gustan azules. 2. No, no me gustan muy ajustados. 3. No, éstos no me gustan. 4. No, no lo prefiero. 5. No, no nos quedan pantalones de pana.

* 188. 1. No pise la hierba. 2. No fume en la consulta. 3. No hable en la biblioteca. 4. No tire nada al suelo. 5. No cruce la calle sin mirar. 6. No aparque aquí. 7. No se pare en verde. 8. No pase en rojo.

* 189. Es una empresa poco importante, con sede en Madrid, que no desea contratar a cinco personas, de uno u otro sexo, entre 20 y 30 años de edad. El trabajo no será en jornada intensiva, de ocho de la mañana a cinco de la tarde. No se precisa un buen nivel cultural, ni que los candidatos sepan inglés ni relacionarse con la gente. Tampoco es preciso que sepan trabajar en equipo. Los seleccionados no tendrán Seguridad Social ni sus ingresos serán de 100.000 a 150.000 pesetas al mes. Ni la formación, ni los gastos de desplazamiento ni dietas serán pagados por la empresa. Interesados, dirigirse, de lunes a viernes, a calle Orense, 45, Madrid, de 10 a 12 de la mañana.

* 190. 1. No, no hay nadie en casa. 2. No, no hay nada en el frigorífico. 3. No, no tengo mucha prisa. 4. No, Juan no gana bastante dinero. 5. No, no queda poca comida. 6. No, no he estado nunca en Argentina. 7. No, nunca me comporto así. 8. No, no tengo ningún problema. 9. No, no hay poca gente en la calle. 10. No, no duermo mucho.

12. La expresión del futuro

• Formas y usos verbales

191. a. 1. cantaré. 2. cantarás. 3. cantará. 4. cantará. 5. cantaremos. 6. cantaremos. 7. cantaréis. 8. cantaréis. 9. cantarán. 10. cantarán.
1. hablaré. 2. hablarás. 3. hablará. 4. hablará. 5. hablaremos. 6. hablaremos. 7. hablaréis. 8. hablaréis. 9. hablarán. 10. hablarán.

b. 1. correré. 2. correrás. 3. correrá. 4. correrá. 5. correremos. 6. correremos. 7. correréis. 8. correréis. 9. correrán. 10. correrán.
1. deberé. 2. deberás. 3. deberá. 4. deberá. 5. deberemos. 6. deberemos. 7. deberéis. 8. deberéis. 9. deberán: 10. deberán.

c. 1. escribiré. 2. escribirás. 3. escribirá. 4. escribirá. 5. escribiremos. 6. escribiremos. 7. escribiréis. 8. escribiréis. 9. escribirán. 10. escribirán.
1. iré. 2. irás. 3. irá. 4. irá. 5. iremos. 6. iremos. 7. iréis. 8. iréis. 9. irán. 10. irán.

192. 1. llegará. 2. enviaré. 3. visitaremos. 4. ganará. 5. escribiré. 6. comprará. 7. telefoneará. 8. escucharemos. 9. venderán. 10. lavará.

193. 1. Hoy compraré comida para toda la semana. 2. Esta tarde llegará Luis. 3. Francisco asistirá a clase de español. 4. Terminarán el trabajo a las cinco. 5. Esta tarde llevaré el coche de tu padre. 6. Mañana telefoneará Elena desde Londres. 7. Esta noche cenaremos en casa de mis tíos. 8. Para su cumpleaños le regalaré un libro. 9. Por las mañanas desayunaremos con la familia. 10. Esta tarde empezaréis a trabajar.

194. a. 1. podré. 2. podrás. 3. podrá. 4. podrá. 5. podremos. 6. podremos. 7. podréis. 8. podréis. 9. podrán. 10. podrán.

b. 1. pondré. 2. pondrás. 3. pondrá. 4. pondrá. 5. pondremos. 6 pondremos. 7. pondréis. 8. pondréis. 9. pondrán. 10. pondrán.

c. 1. querré. 2. querrás. 3. querrá. 4. querrá. 5. querremos. 6. querremos. 7. querréis. 8. querréis. 9. querrán. 10. querrán.

d. 1. haré. 2. harás. 3. hará. 4. hará. 5. haremos. 6. haremos. 7. haréis. 8. haréis. 9. harán. 10. harán.

195. 1. podré. 2. saldrá. 3. dispondrá. 4. sabrá. 5. habrá. 6. harán. 7. irán. 8. vendrán. 9. mantendrá. 10. tendrá. 11. daré. 12. querrá. 13. huirán. 14. pondremos. 15. sabrá.

196. 1. Tú tomarás las vacaciones en agosto. 2. Juan vendrá mañana. 3. Yo leeré esta revista más tarde. 4. Ellos apagarán la luz. 5. El técnico arreglará mi ordenador. 6. El invierno próximo nevará. 7. Nosotros iremos a Roma en julio. 8. Mañana será día festivo. 9. En verano no habrá clase. 10. Algún día él visitará a sus abuelos.

197. 1. Mi amigo querrá venir a la fiesta. 2. Yo estudiaré Derecho. 3. Trabajaremos muy a gusto en esta empresa. 4. Él saldrá del trabajo a las cinco de la tarde. 5. Siempre tendremos algo que decir. 6. Este equipo podrá ganar la competición. 7. Haremos muchos ejercicios de gimnasia. 8. Moveréis la cabeza para todos los lados. 9. No podremos ganar siempre. 10. Hará falta ayudarle.

198. 1. pasarán. 2. tendrán. 3. cocinarán. 4. lavarán. 5. conocerán. 6. visitarán. 7. harán. 8. podrán. 9. escribirán. 10. contarán. 11. será. 12. podrán.

199. 1. Dirá que no sabrá qué hacer. 2. No sabremos qué comprar. 3. Ella me indicará lo que tendré que hacer. 4. No recordarán lo que nos dijeron. 5. No tendrán que decir nada. 6. Sabréis que no será preciso dárselo todo a él. 7. Luis deberá adelgazar 21 kilos. 8. Hoy iré a comer a un restaurante. 9. Mañana volveré a Madrid. 10. En verano te enseñaré a nadar.

200. Me levantaré a las siete. Haré gimnasia en la alfombra de mi habitación hasta las siete y media. Después me ducharé con agua fría y me secaré el pelo. Desayunaré a las ocho y cuarto aproximadamente, con mi familia. Después me arreglaré y a las ocho y media cogeré el coche para ir a la oficina. Llegaré a la oficina a las nueve menos diez y entonces tomaré un café o leeré un poco el periódico. Saldré del trabajo a las dos. Comeré en la cafetería, pasearé una hora por el parque. Volveré a casa e iré a clase de español hasta las nueve. A continuación iré a casa y cenaré alrededor de las diez: Finalmente, me acostaré hacia las once u once y media.

*201. 1. Mañana irá a visitarte. 2. Esta noche vendrá mi padre. 3. Pasado mañana compraré esa famosa revista. 4. El próximo año terminaré mis estudios. 5. En 1999 viajaré al espacio. 6. La próxima semana arreglaré el jardín. 7. El próximo sábado copiaré el texto. 8. Mañana por la tarde me quedaré en casa. 9. El próximo verano irá a la India. 10. Mañana a las 11 de la noche saldrá la expedición a Marte.

*202. 1. Iré al cine. 2. Visitaré a mis abuelos. 3. Los terminaré dentro de dos años. 4. No, iré a Munich a pasar unos días. 5. Me quedaré en casa. 6. Volverá pasado mañana. 7. Cenaré en aquel bar. 8. Jugaremos al tenis. 9. Lo terminaré la próxima semana. 10. Venderé mi casa y me iré a Brasil.

*203. Habrá nubes y claros en Aragón, Cataluña y Valencia, con riesgo de alguna precipitación en el Pirineo catalán. Aumentará la nubosidad en Galicia, que se irá extendiendo a lo largo del día por el Cantábrico occidental, Extremadura y bajo y medio Duero, con posibilidad de alguna precipitación en Galicia. Habrá intervalos nubosos por el resto del Duero y zonas occidentales de Castilla-La Mancha.

204. 1. Mañana vendrá Jorge. 2. Esta noche saldremos. 3. En invierno nevará. 4. Los estudiantes aprobarán. 5. La bomba estallará. 6. La fiesta empezará. 7. Viviré junto al mar. 8. Escribiremos nuestras memorias. 9. El clima cambiará. 10. Este verano iremos a París.

205. Aumento del éxito profesional: tu jefe te ofrecerá una excelente posibilidad para tu trabajo, pero tu familia no te ayudará y pondrá muchas dificultades. Dejarás que elija tu corazón. Los asuntos económicos tomarán una importancia decisiva. En los estudios tendrás que poner a punto tu eficacia con mucho esfuerzo.

206. 1. Siempre me levantaré a las ocho. 2. Siempre soñarán con una vida nueva. 3. Los niños siempre disfrutarán mucho del viaje. 4. Siempre harás muchas preguntas. 5. Siempre sabréis demasiado sobre este asunto. 6. En primavera siempre hará buen tiempo. 7. Siempre pasaremos un mes en el campo durante el verano. 8. Siempre comerán a la una en punto. 9. En invierno siempre nevará con frecuencia. 10. Siempre querrá contárselo a su amiga íntima.

*207. Empresa importante necesita persona responsable, que conozca varios idiomas y tenga carnet de conducir. El candidato seleccionado tendrá que dirigir la organización de la empresa. Viajará bastante. Se la facilitará un coche de la empresa. Tendrá un buen sueldo y trabajará en un ambiente agradable.

*208. **a.** tendrá que ser activo. tendrá que trabajar mucho. tendrá que preparar clases. tendrá que corregir exámenes.

b. deberá ser inteligente. tendrá que estudiar mucho. tendrá que leer muchas revistas informáticas. tendrá que saber trabajar en equipo.

c. tendrá que ser muy hábil. tendrá que viajar mucho. tendrá que ser muy responsable. tendrá que conducir muy bien.

d. tendrá que saber redactar bien. tendrá que ser muy dinámico. tendrá que viajar mucho. tendrá que dormir pocas horas.

*209. 1. Mañana lloverá en Berlín. 2. El sol

saldrá a las 6,43 horas. 3. La guerra empezará pronto. 4. Las naranjas madurarán en diciembre. 5. Se curará de la enfemedad.

*210. 1. No gritaré. 2. No empujaré a nadie.

3. No me pondré nervioso. 4. No abandonaré a nadie en el suelo. 5. No cerraré las puertas. 6. No saltaré por la ventana. 7. No haré ninguna tontería. 8. Ayudaré a los niños y mujeres.

---

13. El imperfecto de indicativo

• Formas regulares e irregulares
• Usos

---

211. a. 1. trabajaba. 2. trabajabas. 3. trabajaba. 4. trabajaba. 5. trabajábamos. 6. trabajábamos. 7. trabajabais. 8 trabajabais. 9. trabajaban. 10. trabajaban.

b. 1. temía. 2. temías. 3. temía. 4. temía. 5. temíamos. 6. temíamos. 7. temíais. 8. temíais. 9. temían. 10. temían.

c. 1. vivía. 2. vivías. 3. vivía. 4. vivía. 5. vivíamos. 6. vivíamos. 7. vivíais. 8. vivíais. 9. vivían. 10. vivían.

212. 1. hablaba. 2. comíamos. 3. escribía. 4. leías. 5. gritabais. 6. fumaban. 7. bebía. 8. comprábamos. 9. vendía. 10. hacía.

213. 1. Limpiabas el coche con frecuencia. 2. Los padres amaban a sus hijos. 3. Él lavaba los platos. 4. Yo me lavaba la cara con agua. 5. La niña gritaba con desesperación. 6. Nosotros sacábamos los libros de la estantería. 7. Ella buscaba sus cosas. 8. Vosotros cruzabais la calle. 9. Ellos madrugaban mucho. 10. Él llevaba mi dinero. 11. Yo hablaba francés. 12. Juan nadaba muy bien. 13. La niña cantaba. 14. Ellas compraban en esta tienda. 15. Yo apagaba la luz.

214. 1. Juan temía a los fantasmas. 2. Ellos leían el periódico. 3. Tú no sabías la hora. 4. Nosotros vencíamos en el concurso. 5. El sastre cosía un pantalón. 6. Tú corrías demasiado. 7. Ella comía a las dos. 8. Esta señora vendía fruta. 9. Yo escribía a mis amigos. 10. Ellos abrían la ventana. 11. Él salía con sus amigos. 12. Mi hermana leía mucho.

13. Yo vivía en el segundo piso. 14. Tú abrías el maletero. 15. Él partía un trozo de pan.

215. 1. No, no sabía la respuesta. 2. No, no abría la puerta. 3. No, no comíamos en casa. 4. No, no conocían a Alberto. 5. No, no escribía a sus padres. 6. No, no tenía dinero. 7. No, no cocinaba yo mismo. 8. No, no compraban pan. 9. No, no desconocía este sistema. 10. No, no temíamos una desgracia. 11. No, no conducía de noche. 12. No, no salía a cenar con sus amigos.

216. a. 1. No quería ir contigo al cine. 2. Él siempre mentía. 3. Me sentía mal. 4. No tenía miedo de nada. 5. Me ayudaba a limpiar el piso. 6. Normalmente cerraba la ventana por la noche. 7. Él nunca merendaba. 8. La película empezaba tarde. 9. Acostumbrabas a caminar deprisa. 10. Calentaba demasiado el café.

b. 1. No podía más. 2. El jefe se acostaba tarde. 3. Contabas hasta tres y ¡ya estaba! 4. El pájaro volaba alto. 5. Este equipo sonaba bien. 6. Soñaba con ella. 7. Isabel almorzaba con el director. 8. No recordaba la pregunta. 9. Tu comportamiento me avergonzaba. 10. Él volvía a casa tarde.

c. 1. Yo siempre decía la verdad. 2. Él jugaba al tenis. 3. Luis plegaba la silla. 4. No pedía más. 5. Nunca mentía. 6. Tú medías la mesa. 7. Pensaba en los problemas que tenía. 8. Él calentaba la comida. 9. La culpable confesaba ante el juez. 10. Sólo manifestaba mi punto de vista.

d. 1. El profesor traducía unos textos. 2. No conocía este libro. 3. Laura salía con mi primo. 4. No hacía nada bien. 5. No decías la verdad. 6. El novio se ponía un traje negro. 7. La manzana se caía del árbol. 8. No sabía más. 9. Ellos eran mis amigos. 10. Vosotros ibais a Madrid.

217. 1. era. 2. había. 3. lucía. 4. decíamos. 5. despertaban. 6. partía. 7. cenabas. 8. reía. 9. caía. 10. sacábamos.

218. 1. leía. 2. era. 3. era. 4. convertía. 5. estaba. 6. leía. 7. sentía. 8. levantaba. 9. iba. 10. estaba. 11. estaba.

219. 1. A las cinco de la mañana llovía mucho. 2. Ayer me decía esto. 3. El sábado (yo) sacaba agua del pozo. 4. Antes (él) madrugaba mucho. 5. (Yo) almorzaba en el colegio. 6. El año pasado (tú) me defendías. 7. Antes (yo) siempre perdía cosas. 8. De niño (él) jugaba al baloncesto. 9. Esta tarde nevaba. 10. Ayer (tú) te reías de mí.

220. 1. El año pasado tampoco viajabas. 2. El sábado pasado tampoco venía. 3. El mes pasado tampoco estudiaba. 4. La semana pasada tampoco leíamos. 5. El viernes pasado tampoco íbamos al cine. 6. El año pasado tampoco nos visitaba el abuelo. 7. El mes pasado tampoco te veía en la universidad. 8. El verano pasado tampoco jugaba al tenis. 9. La semana pasada tampoco me sentía bien. 10. El lunes pasado tampoco te podía atender. 11. El año pasado tampoco nos veíamos nunca. 12. El mes pasado tampoco me dolía la cabeza. 13. Los últimos meses tampoco hacía ejercicio. 14. El miércoles pasado tampoco llovía en el país. 15. La semana pasada tampoco jugábamos al fútbol.

*221. 1. Bailaba durante horas y horas. 2. Iba al fútbol todos los domingos. 3. Comía fuera con mis amigos. 4. Hacía muchas fotos con frecuencia. 5. Paseaba mucho. 6. Jugaba al tenis con mi vecino. 7. Viajaba bastante por España. 8. Leía novelas cortas. 9. Pintaba en mi tiempo libre. 10. Hacía turismo siempre que podía.

*222. 1. Veía muchas películas. Sólo veo una película al mes. 2. Charlaba mucho con los amigos. Sólo charlo con los amigos de vez en cuando. 3. Iba al cine todos los fines de semana. Sólo voy al cine una vez al mes. 4. Veía la TV durante horas. Sólo veo la TV una hora al día. 5. Pintaba muchos cuadros. Sólo pinto para mis amigos. 6. Vivía en el campo todo el año. Sólo vivo en el campo en verano. 7. Oía música clásica después de cenar. Sólo oigo música clásica una vez a la semana. 8. Jugaba al ping-pong todos los días. Sólo juego al ping-pong en vacaciones. 9. Viajaba mucho todo el año. Sólo viajo una vez al año. 10. Paseaba por el parque todas las mañanas. Sólo paseo por el parque algunas mañanas.

223. 1. conocer. 2. elegir. 3. preferir. 4. decir. 5. descansar. 6. soñar. 7. volar. 8. saber. 9. desconocer. 10. temer. 11. querer. 12. negar.

224. 1. había. 2. estaban. 3. era. 4. habían. 5. estaba. 6. estaban. 7. habías. 8. eran. 9. estaba. 10. era. 11. había. 12. había.

225. 1. llevaban. 2. eran. 3. estaba. 4. había. 5. llevaban. 6. decía. 7. eran. 8. era. 9. sentían. 10. quedaba. 11. entraba. 12. apuntaba. 13. levantaban. 14. ponían. 15. sacaba. 16. dejaba. 17. apuntaba. 18. iba. 19. hacía. 20. empezaba. 21. estaban.
1.ª conjugación: llevar, estar, quedar, entrar, apuntar, levantar, sacar, dejar, empezar.
2.ª conjugación: haber, poner, hacer,
3.ª conjugación: decir, sentir.

226. 1. Ama. 2. Respetad. 3. Compra. 4. Escucha/escuchad. 5. Baja/bajad. 6. Tira/tirad. 7. Mira/mirad. 8. Olvidad. 9. Camina/caminad. 10. Hablad.

227. 1. lee. 2. escribid. 3. encended. 4. sube. 5. partid. 6. abre. 7. omite. 8. dividid. 9. come. 10. haced. 11. vence. 12. dejad. 13. creed. 14. meted. 15. coge.

228. a. 1. Juega. 2. Piensa. 3. Cuenta. 4. Friega. 5. Suelta. 6. Confiesa. 7. Niega. 8. Despierta.

b. 1. Conduce. 2. Introduce. 3. Sal. 4. Pon. 5. Huye. 6. Di. 7. Haz. 8. Ven. 9. Ve. 10. Traduce.

229. 1. Gritad todos. 2. Tirad la ropa. 3. Saltad. 4. Bebed más agua. 5. Huid al campo. 6. Id al concierto. 7. Despertad a los hijos. 8. Romped la caja. 9. Soltad la cuerda. 10. Comed paella. 11. Corred. 12. Vended los libros. 13. Esconded a Luis. 14. Comprad un coche. 15. Terminad el trabajo.

230. 1. Haz. haced. 2. Come. comed. 3. Siéntate. sentaos. 4. Ven. venid. 5. Corre. corred. 6. Escribe. escribid. 7. Llama. llamad. 8. Compra. comprad. 9. Tráete. traéos. 10. Limpia. limpiad. 11. Quita. quitad. 12. Levántate. levantaos.

231. a. 1. Madruga más. 2. Ve a casa. 3. Ven antes. 4. Límpialo todo. 5. Habla francés. 6. Trabaja más duro. 7. Quita el polvo. 8. Escribe mejor. 9. Conduce más despacio. 10. Descansa.

b. 1. Leed más. 2. Limpiad mejor. 3. Traducid mejor. 4. Hablad menos. 5. Dejad eso. 6. Rellenad el impreso. 7. Hacedlo. 8. Ayudad a los amigos. 9. Fumad menos. 10. Dormid 8 horas.

232. a. 1. Siéntate un momento. 2. Vete a la cama. 3. Ponte el vestido blanco. 4. Despiértate a las siete. 5. Cómete una manzana. 6. Mantente en forma. 7. Relájate por la tarde. 8. Quédate en casa. 9. Báñate en la piscina. 10. Sitúate bien.

b. 1. Comeos toda la comida. 2. Haceos un café. 3. Poneos los bañadores. 4. Arreglaos bien. 5. Cortaos el pelo. 6. Moveos deprisa. 7. Miraos en el espejo. 8. Atreveos a hacerlo. 9. Dormí(r)os en la sala. 10. Quedaos en Murcia.

233. 1. Vete al médico. 2. Tómate una aspirina. 3. Corre. 4. Lleva un paraguas. 5. Coge el autobús. 6. Vete a la playa. 7. Vete por la escalera. 8. Baja el volumen. 9. Llama a los bomberos. 10. Llama por teléfono. 11. Ponte un abrigo. 12. Come algo.

234. 1. Juanito, toma estas pastillas. 2. Arreglad el coche. 3. Bajad el volumen de la radio. 4. María, apaga las luces del comedor. 5. Pepe, estudia para el examen. 6. Dejad los libros en casa. 7. Limpiad las habitaciones. 8. Cuida al niño. 9. Fregad los platos. 10. Viste a los niños.

* 235. 1. ¡Haz deporte! 2. ¡Entrena más! 3. ¡Ponla! 4. ¡Practica con un balón! 5. ¡Come menos! 6. ¡Estudia más! 7. ¡Ahorra más dinero! 8. ¡Vete con los amigos/as! 9. ¡Toma el sol! 10. ¡Visítala! 11. ¡Ponte un abrigo! 12. ¡Baila y ríete mucho!

* 236. 1. Pela dos patatas. 2. Corta las patatas en rodajas. 3. Corta una cebolla mediana. 4. Echa un poco de aceite en una sartén. 5. Ponlo todo en la sartén. 6. Fríelo. 7. Da la vuelta a la tortilla. 8. Da otra vuelta a la tortilla. 9. Ponla en un plato.

237. a. 1. Debes darme tus notas de clase. 2. Debes tener más cuidado al conducir. 3. Debes estudiar más. 4. Debes recoger tu ropa. 5. Debes arreglar esa habitación. 6. Debes comer más despacio. 7. Debes descansar después de comer. 8. Debes ir a casa enseguida. 9. Debes hacer ejercicio. 10. Debes escuchar siempre los consejos que te dan.

b. 1. Tenéis que practicar más en casa. 2. Tenéis que callar. 3. Tenéis que tener más cuidado. 4. Tenéis que dejar el trabajo por ahora. 5. Tenéis que abrir el libro. 6. Tenéis que guardar silencio. 7. Tenéis que correr más rápido. 8. Tenéis que tomar la medicina. 9. Tenéis que gritar más fuerte. 10. Tenéis que dormir una hora más.

c. 1. Has de seguirme. 2. Has de escucharme. 3. Has de llevarme. 4. Has de asesorarme. 5. Has de aconsejarme. 6. Has de obligarme. 7. Has de tomarme. 8. Has de abandonarme. 9. Has de besarme. 10. Has de abrazarme.

238. 1. Ayúdale. 2. Síguele. 3. Dale el helado. 4. Dile algo. 5. Invítale a un café.

6. Regálale algo. 7. Despídele. 8. Sugiérele algo. 9. Tradúcele el texto. 10. Dale agua. 11. Cómprale un reloj. 12. Acompáñale.

239. 1. ten cuidado. 2. coge una chaqueta. 3. compra arroz. 4. ten dinero. 5. lee el informe. 6. aprende inglés. 7. estudia. 8. toma el sol. 9. llévate un abrigo. 10. cierra los ojos. 11. piénsalo bien. 12. comprueba las respuestas.

240. 1. ha de/tiene que estudiar mucho. 2. ha de/tiene que ponerse un bañador. 3. ha de/tiene que acostarse temprano. 4. ha de/tiene que tener mucha luz. 5. ha de/tiene que estar cansada. 6. ha de/tiene que tomar mucha leche. 7. ha de/tiene que hacer ejercicio. 8. ha de/tiene que usar un gel de baño especial. 9. ha de/tiene que hacer una copia de la llave. 10. ha de/tiene que tener más paciencia. 11. ha de/tiene que trabajar mucho. 12. ha de/tiene que llevar paraguas.

---

15. Pretérito perfecto y pretérito indefinido

- Formas regulares e irregulares
- Contrastes de uso

---

241. 1. he. 2. has. 3. ha. 4. ha. 5. hemos. 6. hemos. 7. habéis. 8. habéis. 9. han. 10. han. 11. he. 12. has. 13. ha. 14. ha. 15. hemos. 16. hemos. 17. habéis. 18. habéis. 19. han. 20. han. 21. he. 22. has. 23. ha. 24. ha. 25. hemos. 26. hemos. 27. habéis. 28. habéis. 29. han. 30. han.

242. a. 1. ha regalado. 2. ha comprado. 3. han jugado. 4. ha mirado. 5. hemos estudiado. 6. he copiado. 7. habéis sentado. 8. ha celebrado. 9. ha robado. 10. Habéis sellado.

b. 1. ha perdido. 2. he vendido. 3. han encendido. 4. ha temido. 5. hemos leído. 6. has movido. 7. ha ofendido. 8. han recogido. 9. han defendido. 10. he ofrecido.

c. 1. han salido. 2. he partido. 3. ha repartido. 4. ha lucido. 5. ha sentido. 6. he herido. 7. hemos subido. 8. ha cubierto. 9. han sufrido. 10. habéis sugerido.

243. 1. he aprendido. 2. ha visitado. 3. han mostrado. 4. han arreglado. 5. he viajado. 6. han comido. 7. han enseñado. 8. ha reparado. 9. ha reñido. 10. habéis recogido. 11. Has salido. 12. ha suspendido. 13. he leído. 14. han invertido. 15. habéis observado.

244. 1. Tus hermanos han estado aquí. 2. El director me ha contratado. 3. La bomba ha estallado en la calle. 4. Mis primos han venido a casa. 5. El avión ha sobrevolado la ciudad. 6. Nosotros hemos visitado Miami. 7. Mis consejos no le han ayudado nada. 8. Mi mujer se ha gastado todo el dinero. 9. La niña se ha manchado el pantalón. 10. El helicóptero se ha estrellado contra una roca. 11. Ellos se han reído de ti. 12. El encargado ha apagado todas las luces. 13. Tu perro me ha asustado. 14. La noticia le ha sorprendido. 15. Ellos han lavado el camión.

245. 1. No, ya he ido de paseo. 2. No, ya he ido a Madrid. 3. No, ya he ido de vacaciones. 4. No, ya he ido de juerga. 5. No, ya he ido a la universidad. 6. No, ya he ido a casa de Emilia. 7. No, ya he ido de excursión. 8. No, ya he ido al bar. 9. No, ya he ido de visita. 10. No, ya he ido al trabajo.

246. 1. he visto. 2. has sido. 3. ha muerto. 4. ha sabido. 5. han tenido. 6. hemos acertado. 7. has entendido. 8. has dormido. 9. has conducido. 10. habéis usado.

247. 1. ha leído. 2. ha freído. 3. han roto. 4. hemos visto. 5. has ido. 6. ha caído. 7. ha escrito. 8. ha opuesto. 9. he puesto. 10. habéis hecho.

248. 1. No, no he jugado nunca contigo. 2. No, no me he fiado nunca de ellos. 3. No, no he creído nunca en lo que te han dicho. 4. No, no me he reído nunca de tus amigos. 5. No, no he ido nunca al cine con el grupo. 6. No, no me he acordado nunca de ti. 7. No, no me he quedado nunca solo en casa. 8. No, no he confiado nunca en ese señor. 9. No, no me he burlado nunca de ti. 10. No, no me he divertido nunca en esas fiestas.

249. **a.** 1. hablé. 2. hablaste. 3. habló. 4. habló. 5. hablamos. 6. hablamos. 7. hablasteis. 8. hablasteis. 9. hablaron. 10. hablaron.

b. 1. perdí. 2. perdiste. 3. perdió. 4. perdió. 5. perdimos. 6. perdimos. 7. perdisteis. 8. perdisteis. 9. perdieron. 10. perdieron.

c. 1. elegí. 2. elegiste. 3. eligió. 4. eligió. 5. elegimos. 6. elegimos. 7. elegisteis. 8. elegisteis. 9. eligieron. 10. eligieron.

250. **a.** 1. obligué. 2. expliqué. 3. juzgué. 4. hinqué. 5. largué. 6. Volqué. 7. Ligué. 8. aparqué. 9. enfoqué. 10. Arranqué.

b. 1. protegió. 2. alcanzaste. 3. recogió. 4. vencí. 5. llegué. 6. elegí. 7. reconocieron. 8. estremeció. 9. surgió. 10. mecí.

c. 1. leyeron. 2. royó. 3. cayó. 4. proveyó. 5. creyeron. 6. oí. 7. rehuyó. 8. huyeron.

d. 1. pidió. 2. se pudrieron. 3. conseguí. 4. eligieron. 5. sirvió. 6. nos vestimos. 7. se derritió. 8. corrigió. 9. midió. 10. persiguió.

e. 1. supo. 2. salí. 3. fueron. 4. huyeron. 5. se puso. 6. cupieron. 7. supo. 8. Fuisteis. 9. hubo. 10. dijo.

251. *Ser:* 1. fui. 2. fuiste. 3. fue. 4. fue. 5. fuimos. 6. fuimos. 7. fuisteis. 8. fuisteis. 9. fueron. 10. fueron.
Ir: 1. fui. 2. fuiste. 3. fue. 4. fue. 5. fuimos. 6. fuimos. 7. fuisteis. 8. fuisteis. 9. fueron. 10. fueron.

252. 1. La bibliotecaria puso los libros en estanterías. 2. El empleado trabajó cinco días por semana. 3. Los niños se protegieron del frío. 4. No conocí nada igual. 5. Le gustó jugar al ajedrez. 6. Siempre se puso ese vestido tan bonito. 7. Juan nos contó una bonita historia. 8. (Hoy) me sentí algo cansado. 9. Ellos dijeron la verdad. 10. El ejército huyó del enemigo. 11. Fuiste al estadio de fútbol para divertirte. 12. Cela fue un escritor muy conocido. 13. El médico previno a sus pacientes. 14. Estas manzanas costaron más de lo normal. 15. Mi abuela fregó los platos sucios.

253. 1. El escalador soltó la cuerda. 2. Yo llegué tarde a la película. 3. Él se puso su traje nuevo. 4. Tú la reconociste enseguida. 5. Él tradujo la carta. 6. Nosotros trajimos el equipaje. 7. Ellos fueron a Madrid en coche. 8. Este chico mintió. 9. Él apostó una vez mil pesetas. 10. El cocinero calentó la tortilla.

254. 1. ha llovido. 2. estuvimos. 3. di. 4. fui. 5. ha nevado. 6. salió. 7. heló. 8. quiso. 9. he despertado. 10. sintió.

255. 1. P. 2. D. 3. P. 4. D. 5. P. 6. D. 7. P. 8. D. 9. D. 10. P.

256. **a.** 1. leía. 2. era. 3. sintió. 4. levantó. 5. encendió. 6. hacía. 7. oía. 8. iban. 9. sonó. 10. Era. 11. dijo. 12. contestó. 13. hemos acertado.

b. 1. se oyó. 2. se convirtió. 3. cayeron. 4. creía. 5. veía. 6. se quedaron. 7. empezó. 8. estalló. 9. fueron. 10. han reunido. 11. han conseguido. 12. se ha comprobado. 13. se había producido. 14. han podido.

*257. 1. ¿Has visto alguna vez a esta mujer? 2. ¿Quién te ha escrito una carta? 3. ¿A quién le has enviado unas revistas? 4. ¿Qué han escondido los niños? 5. ¿Qué has visto? 6. ¿Dónde habéis ido juntas? 7. ¿Qué se te ha caído? 8. ¿De dónde se han escapado los presos? 9. ¿Has renovado tu carnet de identidad? 10. ¿Quién ha deducido la respuesta? 11. ¿Quién se ha despertado otra vez? 12. ¿A qué has jugado? 13. ¿Dónde ha nacido tu vecina? 14. ¿Qué ha corregido el profesor? 15. ¿Qué se ha enfriado?

*258. 1. ¿Cuándo salió de vacaciones? 2. ¿Qué repetimos? 3. ¿En quién confió el jefe? 4. ¿Quiénes leyeron estos libros? 5. ¿Qué se pudrió el año pasado? 6. ¿Quién perdió la final del campeonato? 7. ¿De qué se disfrazó tu hermano? 8. ¿Dónde deslució su traje? 9. ¿Sentimos pena por lo sucedido? 10. ¿Qué conseguimos al final?

*259. 1. subieron. 2. le contesté. 3. nos quedamos en casa. 4. no me creyeron. 5. logró lo que quería. 6. echaron a correr. 7. no lo encontró. 8. se la comunicamos. 9. se la di. 10. me acosté.

*260. Hace unos años fue lanzado el primer satélite artificial europeo. Se inició así un camino muy deseado por Europa, especialmente por Francia y Alemania. Con este lanzamiento, los Estados Unidos ya no eran los únicos en poseer la capacidad e infraestructura para lanzar satélites al espacio. Se rompió así en occidente el monopolio de la industria espacial.

---

16. Verbos pronominales • Formas y usos

---

261. **a.** 1. me. 2. te. 3. se. 4. se. 5. nos. 6. nos. 7. os. 8. os. 9. se. 10. se.

b. 11. me. 12. te. 13. se. 14. se. 15. nos. 16. nos. 17. os. 18. os. 19. se. 20. se.

c. 21. me. 22. te. 23. se. 24. se. 25. nos. 26. nos. 27. os. 28. os. 29. se. 30. se.

262. 1. se viste. 2. me lavo. 3. nos afeitamos. 4. te secas. 5. se compra. 6. se pone. 7. nos miramos. 8. se pelean. 9. me desvisto. 10. se arreglan.

263. 1. se irá. 2. me ... lavaré. 3. se relajará. 4. se taparán. 5. se enfriará. 6. se comerá. 7. se comprará. 8. se publicará. 9. nos ducharemos con agua fría. 10. se darán.

264. 1. No, ya se ha bañado. 2. No, ya se han ido a casa. 3. No, ya me lo has preparado. 4. No, ya nos habéis ayudado. 5. No, ya se ha acostado. 6. No, ya me has acompañado a dar un paseo. 7. No, ya os habéis quedado conmigo en casa. 8. No, ya se ha peinado. 9. No, ya me he preparado una comida fría. 10. No, ya no se ha quejado del trato recibido.

265. 1. nos. 2. se. 3. me. 4. se. 5. me. 6. se. 7. les. 8. te. 9. me. 10. se. 11. te. 12. se. 13. se. 14. nos. 15. se.

266. 1. Se busca secretaria. 2. Se alquilan coches. 3. Se arreglan relojes. 4. Se hacen paellas. 5. Se compra oro. 6. Se pasan trabajos a máquina. 7. Se habla inglés. 8. Se presta dinero. 9. Se instalan antenas. 10. Se recogen objetos perdidos.

*267. 1. Todos se han ido esta noche a la fiesta. 2. Yo me ducho antes del desayuno. 3. Ellos se asustan de los fantasmas. 4. María se acuesta a las doce. 5. Tú te leíste todos estos libros. 6. Él se compró un coche nuevo. 7. Nosotros nos levantamos muy temprano. 8. Ella se echa la siesta. 9. Yo me limpio los dientes dos veces al día. 10. Rafael se tomará las vacaciones en verano.

268. **Presente de indicativo:** 1. nos tomamos. 2. se pasean. 3. os asomáis. 4. se conocen. 5. te vistes. 6. se esconde.
Imperfecto de indicativo: 1. me asustaban. 2. se lavaba. 3. Nos sentíamos. 4. os divertíais. 5. se molestaba. 6. te preocupabas.
Pretérito perfecto: 1. Se ha mordido. 2. Me he golpeado. 3. se han calado. 4. se ha roto. 5. te has enfadado. 6. se han divertido.

269. 1. A mí me gusta el cine. 2. A nosotros nos molestan los ruidos. 3. A ellas les apasiona la playa. 4. A ella le cuentan un cuento. 5. A vosotras os venden un coche usado. 6. A ti te apetece una pizza. 7. A él le encanta este lugar. 8. A ellos les escandalizan esas fotografías. 9. A ellos les agrada la música clásica. 10. A vosotros os busca la policía.

270. 1. se casaron. 2. nos defendimos. 3. se alegraron. 4. se quedaron. 5. se fueron. 6. se contentó. 7. se lo pensó. 8. se separaron. 9. se broncearon. 10. se suspendieron.

*271. Juan y Susan se escribieron durante más de dos meses, hasta que decidieron encontrarse en Torremolinos y conocerse mejor. Se divirtieron muchísimo en estas vacaciones que pasaron juntos. Desde entonces se quieren mucho. Pero al finalizar las vacaciones tuvieron que separarse, ya que cada uno tenía que volver a su país y a su trabajo. Han prometido volverse a encontrar el año que viene, en el mismo lugar, para verse y pasarlo bien juntos.

---

17. Formas del • Participio
• Gerundio

272. 1. disgustado. 2. aturdida. 3. asadas. 4. educados. 5. registrada. 6. detenidos. 7. enfadado/a. 8. acostumbrado/a. 9. cansado. 10. encogido. 11. cocido. 12. tumbada. 13. detenidos. 14. reñido. 15. gritado. oído.

273. 1. ha. 2. ha. 3. han. 4. es. 5. han. 6. es. 7. es. 8. habéis. 9. he. 10. ha. 11. han. 12. es. 13. has. 14. ha. 15. Es.

*274. 1. No, no me he hecho daño. 2. Sí, la he visitado. 3. Sí, lo he decidido. 4. Sí, se ha marchado a las 6,30. 5. No, no les he escrito todavía. 6. No, no lo estamos. 7. Sí, he comprado algo de carne. 8. No, todavía no hemos ido a Cuenca. 9. Sí, creo que las han conservado. 10. Sí, he ido esta mañana.

275. 1. Sí, lo he leído esta mañana. 2. Sí, las he freído esta mañana. 3. Sí, los hemos roto hace un momento. 4. Sí, la alcancé en el último examen. 5. Sí, le he escrito esta mañana. 6. Sí, lo he conseguido. 7. Sí, le he obligado a venir. 8. Sí, la he hecho esta mañana. 9. Sí, he jugado con ellos esta tarde. 10. Sí, he ido a Londres esta mañana.

276. 1. ha pedido. 2. ha sido. 3. ha querido. 4. ha acertado. 5. he sentido. 6. ha dicho. 7. ha actuado. 8. han nacido. 9. ha salido. 10. he recibido. 11. ha puesto. 12. he caído. 13. ha habido. 14. ha ido. 15. hemos sabido.

277. 1. Luis está durmiendo. 2. Los niños están jugando. 3. Tu padre está traba-

jando. 4. Mis amigos están merendando. 5. María está viendo la TV. 6. Los invitados se están saludando. 7. Tu marido está leyendo. 8. Juan y Marta están paseando. 9. Tu hija está comiendo. 10. Los vecinos están veraneando.

278. 1. leyendo. 2. sintiendo. 3. pidiendo. 4. pudriendo. 5. siguiendo. 6. corrigiendo. 7. repitiendo. 8. derritiendo. 9. cayendo. 10. siendo. 11. muriendo. 12. contando. 13. traduciendo. 14. costando. 15. adquiriendo.

279. 1. No, estoy terminándolas. 2. No, están acabando de copiarla. 3. No, están acabando de hacerlos. 4. No, está terminando ya de comer. 5. No, estoy acabando de escribirla. 6. No, estamos acabando de escucharla. 7. No, está acabando de venderla toda. 8. No, estoy acabando de solucionarlo. 9. No, están terminando de construirla. 10. No, está acabando de fotocopiarlos. 11. No, estamos acabando de repararlo. 12. No, estoy terminando de coserla.

280. 1. No, ya han comido en el restaurante. 2. No, ya ha jugado al tenis. 3. No, ya han visto la televisión. 4. No, ya han descansado. 5. No, ya han trabajado en la oficina. 6. No, ya ha leído el periódico. 7. No, ya han hecho la comida. 8. No, ya ha terminado los deberes. 9. No, ya hemos estudiado. 10. No, ya he tomado café. 11. No, ya ha paseado por el jardín. 12. No, los camareros ya han puesto la mesa.

281. 1. detenidos. 2. detenido. 3. acusados. 4. matado. 5. domiciliado. 6. sorprendidos. 7. apuntando. 8. portando. 9. abatida. 10. avisada. 11. siendo.

18. Preposiciones

- Que indican relación de movimiento *(a, hasta, hacia, para, de, desde, por)*.
- Que no indican relación de movimiento *(ante, sobre, con, en, entre, según, sin)*.

282. 1. de. 2. a. de. 3. A. 4. de. 5. de. 6. A. 7. De. 8. a. de. 9. de. 10. a.

283. 1. por. 2. Para. 3. por. 4. Por. 5. para. 6. por. 7. por. 8. para. 9. para. 10. por.

284. 1. desde. 2. De. 3. Desde. 4. de. 5. de. 6. De. 7. desde. 8. de. 9. de. 10. desde.

285. 1. hasta. 2. hacia. 3. Hacia. 4. Hasta. 5. Hasta. 6. hacia. 7. hasta. 8. hacia. 9. hasta. 10. hasta.

286. 1. de. para/a. 2. de. a. 3. por. 4. a. 5. a. a. 6. para. 7. por. 8. para. 9. a. a/por. 10. a. 11. De. 12. de. 13. de. 14. De. 15. de.

287. 1. en. 2. entre. 3. Entre. 4. En/entre. 5. en. 6. Entre. 7. En. 8. en. 9. entre. 10. en.

288. 1. con. 2. sobre. 3. Sobre. 4. con. 5. sobre. 6. con. 7. con. 8. Con. 9. Con. 10. con.

289. 1. sin. 2. Según. 3. sin. 4. sin. 5. según. 6. sin. 7. Según. 8. Según. 9. Sin. 10. sin.

*290. 1. Vivo en Asturias. 2. Esto es para escribir. 3. Esta carretera pasa por Sevilla. 4. Trabajamos en Lorca. 5. Luchamos por nuestro jefe. 6. A Hamburgo se va por esa autopista. 7. Esto lo he comprado en una tienda de mi barrio. 8. Acostumbro a ir de vacaciones a la playa. 9. Para poder hacer mis cosas mejor. 10. Hay que pasar por esta escalera. 11. Hago esto para estar en forma. 12. Nuestros amigos viven en León. 13. Van a visitar a un amigo. 14. Lo envían a Cádiz. 15. Para ganar más dinero.

*291. 1. Vimos a Paco. 2. Soy de Austria. 3. Me dedico a la construcción. 4. Estoy aquí desde las nueve. 5. Lo he conseguido de mis padres. 6. Han secuestrado al hijo del empresario. 7. Asciende a dos millones. 8. Vivo de mi trabajo. 9. Estamos casados desde 1976. 10. Juego al ajedrez. 11. Dependo de mis padres. 12. Lo tengo desde este verano.

292. a. 1. Pon el vaso en/encima de/sobre la mesa. 2. El gato está en el rincón. 3. Coloca la ropa en el armario. 4. (Tú) vas en coche. 5. (Él) vive en casa de Juan. 6. Coloca los platos en el lavavajillas. 7. Mis zapatos están debajo de la cama. 8. Los juguetes se venden en la tienda. 9. (Él) viene a las cinco y media. 10. El pollo se hace en el horno. 11. (Ellos) construyen un puente sobre el río. 12. El niño se esconde debajo de la cama. 13. (Ellos) están en el aula. 14. (Yo) estudio en la universidad. 15. Los obreros cargan la mercancía en el barco.

b. 1. (Ellos) entran por la puerta. 2. (Él) trabaja para la empresa. 3. Luisa se dirige a (su) casa. 4. Mi primo es de Valencia. 5. Los trabajadores telefonean a/desde la fábrica. 6. (Vosotros) entráis por la puerta trasera. 7. (Él) dedica una canción a su novia. 8. Juan es hijo de un empresario. 9. (Nosotros) venimos de Suecia. 10. (Yo) conozco a vuestros padres. 11. Me golpeó por la espalda. 12. El bebé anda a gatas. 13. (Ella) se disfraza de princesa. 14. (Yo) lo veo por la ventana. 15. (Nosotros) compramos un regalo para tu tía.

293. 1. a. 2. Por. 3. a. 4. en. 5. Para. 6. En. 7. en. 8. por. 9. En. 10. en.

294. 1. Por. 2. Desde. 3. En. 4. en. de. 5.

por. 6. Desde. 7. en. 8. por. 9. en. 10. por.

295. 1. en/encima de/sobre. 2. delante del. 3. sobre. 4. en. 5. encima. 6. Debajo de. 7. sobre/encima del. 8. debajo de. 9. detrás de. 10. sobre.

296. 1. de. 2. con. 3. de. 4. al. 5. en. 6. a. 7. a. 8. por. 9. al. 10. por. 11. desde. 12. de. 13. de. 14. a. 15. a.

297. 1. en. 2. con. 3. en. 4. en. 5. por. 6. a. 7. en. 8. a. 9. de. 10. por/de. 11. de. 12. al. 13. en. 14. por. 15. de.

298. 1. Con dinero se pueden hacer muchas cosas. 2. Salió de la habitación. 3. El gato está encima de la silla. 4. Aparqué delante de un camión. 5. El cenicero está debajo de la mesa. 6. Sin este libro no aprenderás a conducir. 7. Actúa sin responsabilidad. 8. Hace dos días que tenemos agua. 9. Seguro que están fuera de casa. 10. Limpió el horno por fuera.

299. 1. de. 2. de. 3. por. 4. de. 5. de. 6. con. 7. en. 8. en. 9. de. 10. de.

300. a. 1. ante. 2. del. 3. de. 4. de. 5. de. 6. en. 7. de. 8. hasta. 9. a. 10. con. 11. del.

b. 1. Con. 2. del. 3. de. 4. A. 5. de. 6. de. 7. de. 8. En. 9. del. 10. por. 11. a. 12. a. 13. en. 14. a. 15. de. 16. para. 17. del.

*301. 1. a llover. 2. a su sitio. 3. con mucho cariño. 4. al campamento. 5. por encima de nosotros. 6. a Málaga. 7. en el armario. 8. para hacer zapatos. 9. por muchos caminos. 10. desde las cuatro. 11. a Singapur. 12. a las cinco y media.

19. Comparación • Del adjetivo
• Del adverbio

302. a. 1. más ...... que. 2. más ...... que. 3. más ...... que. 4. más ...... que. 5. más ...... que. 6. más ...... que.

b. 1. menos ...... que. 2. menos ...... que. 3. menos ...... que. 4. menos ...... que. 5. menos ...... que. 6. menos ...... que.

c. 1. menos ...... de. 2. menos ......
de. 3. menos ...... de. 4. menos ......
de. 5. menos ...... de. 6. menos ......
de.

d. 1. tan ...... como. 2. tan ...... como.
3. tan ...... como. 4. tan ...... como. 5.
tan ...... como. 6. tanto ...... como.

e. 1. el más. 2. el más. 3. el más. 4. la
más. 5. los más. 6. el ...... más. 7. la
más. 8. el más. 9. el más. 10. la ......
más.

* **303.** 1. más fiel ...... el gato. 2. más grande
...... la mía. 3. menos lluviosa ......
Alemania. 4. más caro ...... el tuyo. 5.
más bonito ...... aquél. 6. más larga
...... la suya. 7. más útil ...... el lápiz.
8. más pequeña ...... aquélla. 9. más
peligrosa ...... la lluvia (que cayó). 10.
más rápido ...... ningún otro.

* **304.** 1. «Lo que el viento se llevó» es más
larga que «E.T.». 2. «Love Story» es más
romántica que «La Misión». 3. «Carmen» es más musical que «Tarzán de
los monos». 4. «La Guerra de las Galaxias» es más fantástica que «Memorias
de África». 5. «El Nombre de la Rosa»
es más intrigante que «Átame». 6. «Tarzán de los monos» es más infantil que
«Carmen». 7. «La Misión» es más seria
que «Tarzán de los monos». 8. «Memorias de África» es más sentimental que
«La Guerra de las Galaxias». 9. «E.T.»
es más bonita que «Lo que el viento se
llevó». 10. «Átame» es más atrevida
que «Love Story».

305. a. 1. Esta niña es más inteligente que
aquélla. 2. Este coche es más rápido
que aquél. 3. Esta cocina es más moderna que aquélla. 4. Este edificio es
más antiguo que aquél. 5. Este reloj es
más bonito que aquél. 6. Este animal es
más cariñoso que aquél. 7. Esta película es más conocida que aquélla. 8.
Esta silla es más confortable que aquélla.

* **b.** 1. Sí, pero es el mejor. 2. Sí, pero es
el más bonito. 3. Sí, pero son las más
eficaces. 4. Sí, pero es la más caliente.
5. Sí, pero son los mejores. 6. Sí, pero
es el más fiable. 7. Sí, pero son las más
confortables. 8. Sí, pero son brillantes.

c. 1. Sí, es tan caro como el mío. 2. Sí,
es tan grande como la mía. 3. Sí, son
tan baratos como los míos. 4. Sí, son
tan nuevas como las mías. 5. Sí, son tan
estupendos como los míos. 6. Sí, es tan
travieso como el mío. 7. Sí, son tan típicas como la mía. 8. Sí, es tan serio
como el mío.

306. a. 1. El Mont Blanc es la montaña más
alta de Europa. 2. El Rolls Royce es el
coche más caro de todos. 3. Madrid es
la ciudad más grande de España. 4. El
Polo Norte es la región más fría de la
Tierra. 5. La ballena es el mamífero más
grande. 6. Rusia es el país más grande
del mundo. 7. Australia es el continente
más pequeño de la Tierra. 8. El inglés
es el idioma más hablado del mundo.
9. El Danubio es el río más largo de
Europa. 10. Japón es el país más industrializado de Asia.

b. 1. Sí, es la chica más simpática. 2.
Sí, es la vista más maravillosa. 3. Sí, es
la playa más bonita. 4. Sí, es el postre
más delicioso. 5. Sí, es el avión más seguro. 6. Sí, es el restaurante más barato.
7. Sí, es la pulsera más cara. 8. Sí, es el
payaso más gracioso. 9. Sí, es la piscina
más grande. 10. Sí, es la tarta más deliciosa.

* **307.** 1. más que el año pasado. 2. temprano
que ayer. 3. que en las últimas clases.
4. que no vale la pena trabajar. 5. más
...... has de estudiar más. 6. bueno
para ganar. 7. mejor ir en avión que en
tren. 8. más caro que en coche, ... es
más rápido.

308. 1. mejor. 2. mayor. 3. menor. 4. peor.
5. inferior. 6. mejor. 7. peores. 8. mejor.

309. a. 1. malísimo/a. 2. carísimo/a. 3. gor-
dísimo/a. 4. saladísimo/a. 5. baratí-
simo/a. 6. cortísimo/a. 7. dulcísimo/a.
8. graciocísimo/a. 9. listísimo/a. 10. ra-
pidísimo/a. 11. buenísimo/a. 12. altí-
simo/a. 13. delgadísimo/a. 14. bají-
simo/a. 15. comodísimo/a. 16.
llenísimo/a. 17. pequeñísimo/a. 18. mo-
dernísimo/a. 19. guapísimo/a. 20. finí-
simo/a.

b. 1. fortísimo/a. 2. larguísimo/a. 3. su-
císimo/a. 4. flaquísimo/a. 5. integrí-
simo/a. integérrimo/a. 6. blanquísimo/a.

7. calentísimo/a. 8. misérrimo/a. 9. tenacísimo/a. 10. amplísimo/a. 11. certísimo/a. ciertísimo/a. 12. tenuísimo/a. 13. dificilísimo/a. 14. novísimo/a. nuevísimo/a. 15. antiquísimo/a. 16. sequísimo/a. 17. amiguísimo/a. 18. fidelísimo/a. 19. noblísimo/a. nobilísimo/a. 20. aspérrimo/a. asperísimo.

310. 1. guapísima. 2. rapidísimo. 3. larguísimos. 4. dificilísimo. 5. altísimos. 6. listísima. 7. finísima. 8. gordísimo. 9. delgadísimo. 10. amabilísima. 11. fuertísimo/fortísimo. 12. peligrosísima. 13. dificilísimo. 14. arriesgadísimo. 15. divertidísima.

*311. 1. tarde. 2. cerca. 3. temprano. 4. deprisa. 5. despacio. 6. rápido. 7. lento. 8. ágil. 9. feliz. 10. lejos.

312. 1. No, los pantalones le están grandísimos. 2. No, tenía una cintura estrechísima. 3. No, el teléfono suena fortísimo. 4. No, la conferencia fue aburridísima. 5. No, la Puerta de Alcalá es famosísima. 6. No, el estudio de la gramática es utilísimo. 7. No, lleva la camisa sucísima. 8. No, estaba contentísimo de haber aprobado. 9. No, sus maletas estaban llenísimas. 10. No, todos eran amabilísimos en aquella familia.

*313. 1. La nieve es más fría que la lluvia. 2. Un avión es más rápido que un barco. 3. Un bolígrafo es más ligero que una pluma. 4. Una casa es más cómoda que un piso. 5. Las cerillas son más baratas que los encendedores. 6. Una lámpara es más luminosa que una vela. 7. Unas botas son más caras que unos zapatos. 8. Un abrigo es más largo que una chaqueta. 9. La piscina es menos divertida que la playa. 10. Una bicicleta es más lenta que una motocicleta.

20. Conectores de oraciones: el adverbio

- De causa
- De tiempo
- De finalidad
- De consecuencia
- De condición
- De concesión

*314. 1. Es pobre porque no trabaja. 2. Ponte la chaqueta, pues hace frío. 3. Date prisa porque llegamos tarde. 4. Come despacio, puesto que estás delicado del estómago. 5. Acostó al niño porque estaba dormido. 6. Dime la verdad, pues/ya que sino me engañarán. 7. Lávate la cara, pues la tienes sucia. 8. No abren porque lo tienen prohibido. 9. Espéralo, ya que/puesto que no ha terminado. 10. Enciende la luz porque no se ve.

*315. a. 1. Porque si no llego tarde. 2. Porque me gusta mucho el cine. 3. Porque me ha abandonado mi novia. 4. Porque tengo mucho trabajo. 5. Porque me mareo.

* b. 1. puesto que estoy enfermo. 2. puesto que pronto bajarán de precio. 3. puesto que estás totalmente mojada. 4. puesto que ya le han dado el alta. 5. puesto que es una decisión importante.

* c. 1. ya que no se lo merecen. 2. ya que hace buen día. 3. ya que eres el mayor. 4. ya que se refiere a ellas. 5. ya que estamos de vacaciones.

* d. 1. pues no le hagas caso. 2. pues hace frío. 3. pues le gustará más. 4. pues tendremos que andar mucho. 5. pues hay trabajo para dos.

316. 1. Estaremos en casa cuando vosotros lleguéis. 2. Se levantó cuando se lo ordené. 3. Lo saluda siempre que lo encuentra por la calle. 4. Desayuno mientras que escucho las noticias. 5. Mi padre se puso enfermo cuando volvimos de vacaciones. 6. Estábamos durmiendo cuando nevaba. 7. Hablabas con la amiga cuando te robaron el bolso. 8. Leía el periódico mientras que mi mujer veía la televisión. 9. Estará preparado antes que vengan a recogerlo. 10. Antes que venga ya me habré ido.

* **317.** 1. llegue. 2. vengan a recogernos. 3. me quedaré aquí. 4. lo ve. 5. se lo dijeran. 6. sonó el teléfono. 7. sus padres charlaban animadamente. 8. me ve. 9. llegaron los invitados. 10. se diera cuenta.

318. 1. mientras que. 2. cuando. 3. siempre que. 4. siempre que/cuando. 5. cuando. 6. antes que. 7. mientras que/cuando. 8. cuando. 9. siempre que. 10. siempre que.

* **319.** 1. Escucho la radio. 2. Viene a verme. 3. Les dieron el aviso. 4. Jugaba al fútbol. 5. Canta. 6. Le tapó la boca. 7. Me asusté. 8. Me quedé durmiendo. 9. Rompiste el cuadro. 10. Estoy profundamente dormido.

320. 1. para que/a fin de que. 2. para que/a fin de que. 3. para que/a fin de que. 4. para que/a fin de que. 5. para que/a fin de que. 6. para que/a fin de que. 7. para que/a fin de que. 8. para que/a fin de que.

* **321.** 1. impresionara en la fiesta. 2. la recibiera el director. 3. se escuchara mejor el discurso. 4. no pueda entrar nadie. 5. puedas luego actuar con libertad. 6. no se sintiera tan solo. 7. se quedaran a dormir. 8. le perdonase su comportamiento conmigo.

322. 1. tan ...... que. 2. de modo/manera que. 3. tan ...... que. 4. de manera que. 5. de modo que. 6. tan ...... que. 7. tanto ...... que. 8. tan ...... que.

* **323.** 1. Lo hizo de manera que. 2. Quedé tan sorprendido que. 3. Corrió tan rápido

que. 4. Habló de tal manera que. 5. El ruido fue tan grande que. 6. Explicó la lección de manera que. 7. Tomó tanto el sol que. 8. Era tan absurdo lo que decía que.

324. 1. Si. 2. si. 3. Si. 4. Si. 5. Si. 6. Si.

* **325.** **a.** 1. tráeme alguna cosa. 2. me lo harías. 3. creo que no harían lo mismo. 4. espero que me contestes. 5. estarías más instruido. 6. no te quejarías ahora. 7. vamos a empezar. 8. estaríamos más descansados mañana. 9. no tendrías que ir al trabajo andando. 10. podrían participar en los beneficios.

* **b.** 1. lo tienes. 2. le dices eso. 3. tuviera más dinero. 4. vienes. 5. te das prisa. 6. hubiera querido. 7. me hubiera hecho caso. 8. fuera otro. 9. vienes. 10. tienes varias fotos repetidas.

* **326.** 1. aunque. 2. A pesar de que. 3. Aunque. 4. por más que. 5. A pesar de que. 6. aunque. 7. Por más que. 8. Por más ...... que. 9. aunque. 10. Aunque. 11. A pesar de que. 12. Aunque. 13. aunque. 14. Aunque. 15. a pesar de que.

* **327.** 1. no me hace caso. 2. no lo recibiré. 3. no me atrevo a decírselo. 4. me resulta difícil no creerlo. 5. no le ayudaré. 6. es así. 7. tiene sus defectos. 8. no lo quiero. 9. no te puedo creer. 10. me debes los intereses.

* **328.** 1. aunque me pagasen el doble en otro sitio. 2. a pesar de que es mi mejor amigo. 3. aunque no puedo. 4. a pesar de que ganan suficiente dinero. 5. aunque no te lo mereces. 6. a pesar de que ellos lo intenten. 7. aunque nadie les responde. 8. a pesar de que lo intenta por todos los medios. 9. aunque guardo buen recuerdo de la visita anterior. 10. aunque conoce a muchas chicas.

329. 1. Aunque/a pesar de que. 2. Porque. 3. para. 4. si. 5. si. 6. aunque. 7. Si.

330. 1. oigas. 2. encuentres. 3. sales. 4. abundan. 5. sufren. 6. pregunta. 7. saben.

* **331.** **a.** 1. les ayude. 2. no es cierto. 3. no venga nadie. 4. le hagan favores. 5. hagas eso. 6. estuvo en la reunión. 7. estemos escuchando. 8. debemos actuar.

* **b.** 1. fuéramos a verla. 2. no sucediera. 3. prestásemos más atención. 4. les ayudaran. 5. fuéramos al cine. 6. la situación de su hijo fuera tan peligrosa. 7. el paciente se quejase de la herida. 8. le tratasen bien en el hospital.

* **c.** 1. hiciéramos todos los ejercicios. 2. guardasen silencio. 3. nadie entrase sin su permiso. 4. nadie hable. 5. cerraran las puertas. 6. llegue la ayuda con urgencia. 7. nadie le alcanzase. 8. hubiera más unión entre los partidos políticos.

* **d.** 1. se portara mejor. 2. vosotros fuisteis quienes nos salvasteis. 3. yo fuese profesor. 4. presentasen su propio plan de acción. 5. no habría subida de sueldo. 6. era yo quien debía de solucionarlo. 7. declarase toda la verdad. 8. pronto decidirían sobre el tema.

* **e.** 1. retire sus tropas. 2. diga algo nuevo. 3. declaremos en contra. 4. gane su equipo. 5. hayas tomado esa decisión. 6. fue culpa tuya. 7. asistan a la fiesta. 8. queríamos ayudarle.

332. 1. me escriba. 2. tomara. 3. regreséis. 4. aumentase. 5. vengan. 6. fueran. 7. toque. 8. paguen. 9. hubiese. 10. fuéramos.

333. 1. sabía. 2. Solicité. 3. necesitan. 4. Dijo/Dice. 5. Deseo. 6. aconsejé. 7. pide. 8. dudo. 9. ordenó. 10. quisieron.

334. 1-e. 2-f. 3-h. 4-i. 5-g. 6-b. 7-d. 8-j. 9-c. 10-a.

* **335.** 1. A ellos les encantaría que llegara el sábado. 2. Ha notificado que venderá su casa. 3. Dijo que pasearía por el parque. 4. Han admitido que se equivocaron en la decisión. 5. Repetí que iría al extranjero. 6. Habéis decidido que estaréis en casa de Juan. 7. A él le gustaría que fuéramos al extranjero. 8. Dijo que nos prestaría ese libro. 9. Ha notificado que todo estaría en orden. 10. Dijo que llegarían el sábado.

336. 1. No garantiza que aguante mucho tiempo. 2. No creo que pueda ayudarte. 3. No consideran que sus ganancias ronden los dos millones. 4. No señala que mañana vaya a hacer mal tiempo. 5. No supongo que diga lo que sé. 6. No informa que vaya a salir tarde. 7. No dice que haya más vacaciones para todos. 8. No afirma que desde aquí veamos la ciudad. 9. No tiene previsto que esta semana venga el primer ministro. 10. No anuncia que el avión aterrice en breve.

337. 1. A. 2. B. 3. B. 4. B. 5. A. 6. B. 7. A. 8. A. 9. B. 10. A. 11. B. 12. A. 13. B. 14. A. 15. A.

* **338.** 1. no le hagan caso. 2. se apoye más al gobierno. 3. me hagas un informe. 4. lo guardes en secreto. 5. no habrá más exámenes. 6. se peguen carteles en las paredes. 7. le regalen muchos juguetes. 8. subirán los precios. 9. se tengan en cuenta nuestras peticiones. 10. sus condiciones laborales sean las mismas que las de los hombres. 11. los problemas se solucionen dialogando. 12. ésta es sólo una prueba.

* **339.** 1. el autor del crimen había sido ella. 2. no fuese allí. 3. no sería oportuno. 4. no era necesario acudir a la cita. 5. no había cambiado. 6. era cierto lo que te dije. 7. no sabíamos nada. 8. no me parecían bien sus declaraciones. 9. no había libertad de expresión. 10. no había salida posible. 11. se podía llevar a cabo el proyecto. 12. habían actuado precipitadamente.

340. 1. vayan. 2. tomen. 3. adelgace. 4. llueva. 5. haga. 6. escuches. 7. estén. 8. se solucione. 9. haga. 10. tenga. 11. se haya. 12. asistan.

341. 1. Decía que no era verdad. 2. Sabía que tenías toda la razón. 3. Creías que debía ir. 4. Pensaba que Juan vivía en Valencia. 5. Estimábamos que eras culpable. 6. Sabías que lo había averiguado todo. 7. Creía que ya no le apetecía venir. 8. Admitían que no tenían dinero. 9. Opinaba que era muy tarde. 10. Sugería que debíamos dejarlo.

342. 1. Dijeron/habían dicho que la historia era/había sido falsa. 2. Comentaron/habían comentado que hubo/habría/habido muchos peligros. 3. Pregonaron/habían pregonado que no había sido culpa suya. 4. Aceptaron/habían aceptado que habían estado en deuda. 5. Negaron/habían negado que habían ido a Madrid. 6. Dijeron/habían dicho que

el trabajo había sido difícil. 7. Consideraron/habían considerado que habían tenido razón. 8. Gritó/había gritado que, por fin, era libre. 9. Murmuraron/habían murmurado que no habían estado de acuerdo. 10. Admitió/había admitido que había tenido dos mujeres.

* 343. 1. sepan. 2. vive. 3. pueda ser. 4. debemos. 5. deberías. 6. digas. 7. hable. 8. venga. 9. lo logre. 10. es tarde. 11. lo hagas. 12. lo resuelva. 13. sea así. 14. lo intentemos. 15. vayas otra vez.

* 344. 1. Dice. 2. Confesó. 3. Dice. 4. Explicó. 5. Dicen. 6. Creo. 7. Supongo. 8. Creo. 9. Afirma. 10. Creo. 11. Supongo. 12. Me preguntó.

345. 1. dijo. 2. estaban. 3. informó. 4. se encontraba. 5. Aconsejo. 6. condujera. 7. recomendó. 8. llamara/llamase.

---

22. El relativo

- *Que, quien, el/la/los/las que; el cual/la cual, los cuales/las cuales*
- Oraciones de relativo

---

346. 1. que. 2. que. 3. quien. 4. quien. 5. Quien. 6. que. 7. que. 8. que. 9. que. 10. quien. 11. que. 12. que.

347. 1. que tiene la portada verde. 2. que está en el garaje. 3. que vive en aquella casa. 4. que vienen a España. 5. que (tú) lees. 6. que vendió tu tío. 7. que es de piel. 8. que está abierta. 9. que (tú) cerraste. 10. que él está pintando.

348. 1. a quien. 2. que. 3. con quien. 4. que. 5. que. 6. que. 7. de que. 8. que. 9. a quien. 10. al que.

349. 1. El autobús que pasa a las cinco está siempre lleno. 2. El partido que empieza a las dos es muy bueno. 3. Esa revista que está encima de la mesa es inglesa. 4. La mesa de mi despacho, que es de caoba, es cara. 5. El ladrón

que robó el banco está en prisión. 6. La radio que tú compraste la tengo yo. 7. La señora que limpia tu casa está enferma. 8. El guarda que te denunció vive en aquella casa. 9. La entrada que has perdido es para el teatro. 10. La carta que te ha enviado era para disculparse.

350. 1. Llegó la señorita de la que me hablaste. 2. Los alumnos de los que me quejé han venido. 3. La harina de la que se hace el pan es blanquísima. 4. El edificio del que hablamos ayer está casi destruido. 5. El curso del que hablan bien se imparte en verano. 6. El libro del que copiaste ya no está en la biblioteca. 7. El país del que venimos es muy frío. 8. Estos programas de los que le comentaste algo son muy interesantes. 9. Ha venido el señor del que me hablaste ayer. 10. Recibí la carta de la que te hablé mucho.

351. 1. a la cual. 2. del cual. 3. a la cual. 4. al cual. 5. a la cual. 6. al cual. 7. en los cuales. 8. a las cuales. 9. a la cual. 10. al cual.

352. 1. que. 2. que. 3. que. 4. quien/el cual. 5. que/quien. 6. que. 7. que.

353. 1. Compró el ordenador con el que escribió el libro. 2. Vendió la casa en la que vivió durante treinta años. 3. Escribí un diario en el que cuento mi vida. 4. Tengo un despacho en el que trabajo. 5. Rompimos la carta en la que había un mensaje. 6. Viste el autocar con el que fuimos a Madrid. 7. Leí el periódico en el que se habla del accidente. 8. Aprende las reglas con las que mejorarás tu español. 9. He aquí el palo con el que la amenazaste. 10. Éste es el fin para el que trabaja.

354. 1. que. 2. que. 3. que. 4. con que/los que. 5. con quien. 6. en que. 7. que. 8. a quien. 9. que. 10. de (la) que. 11. que. 12. quien. 13. que. 14. que. 15. con que.

*355. 1. Un astronauta es un hombre que viaja por el espacio. 2. Una ingeniero es una mujer que hace proyectos importantes. 3. Un taxista es un hombre que transporta a personas. 4. Una profesora es una mujer que enseña. 5. Un médico es alguien que cura a la gente. 6. Un mecánico es un hombre que arregla coches. 7. Un futbolista es un hombre que juega al fútbol. 8. Una escritora es una mujer que escribe libros. 9. Una periodista es una mujer que trabaja para un periódico. 10. Un traductor es un hombre que traduce textos.

356. 1. Son los que yo compraría. 2. Es la que yo aprenderé. 3. Es el que yo pediré. 4. Es la que yo anotaré. 5. Son los que yo aprobaré. 6. Es el que yo leí. 7. Es el que yo visité. 8. Es la que yo propuse. 9. Es la que yo escuché. 10. Son las que yo encargué.

357. 1. lo que. 2. que. 3. lo que. 4. lo que. 5. que. 6. lo que. 7. que. 8. que. 9. lo que. 10. que. 11. Lo que. 12. que.

358. 1. quien/la que. 2. quien/el que. 3. quien/el que. 4. quienes/los que. 5. quienes/los que. 6. quien/el que. 7. quienes/los que. 8. quien/la que. 9. quienes/las que. 10. quien/el que.

359. 1. que. 2. que. 3. quien. 4. que. 5. que. 6. quien. 7. que.

360. 1. que. 2. que. 3. que. 4. que. 5. que.

23. Oración pasiva • Oraciones pasivas con *se*

361. 1. soy. 2. eres. 3. es. 4. es. 5. somos. 6. somos. 7. sois. 8. sois. 9. son. 10. son.

362. **a.** 1. El testigo es interrogado por el juez. 2. Juan es llamado por su padre. 3. Los libros son comprados por los alumnos. 4. Mi padre fue visto por María. 5. Su hermanito es acariciado por la niña. 6. La señora es peinada por el peluquero. 7. El niño es lavado por la madre. 8. El cajero fue golpeado por el ladrón. 9. La novia es besada por el novio. 10. La lección es explicada por el profesor.

b. 1. Un programa infantil fue emitido a las diez por TVE. 2. Veinte obreros fueron despedidos por la empresa. 3. Dos buenos artículos fueron publicados por esta revista. 4. Partidos de fútbol son retransmitidos por RNE. 5. Cuatro modelos de coches son fabricados por SEAT. 6. Grandes pérdidas fueron producidas por las heladas. 7. Miles de kilos son sostenidos por este pilar. 8. Miguel es mencionado en este mensaje. 9. Todo lo sucedido fue contado por el periodista. 10. Un agradable olor es emitido por estas flores.

c. 1. El futuro había sido predicho por la gitana. 2. La paella ha sido hecha por mi mujer. 3. El bocadillo es comido por los niños. 4. Un libro ha sido comprado por mi amigo. 5. Los platos sucios son fregados por Luisa. 6. El televisor fue arreglado por el técnico. 7. Todas las luces fueron apagadas por Juan. 8. Toda la basura fue tirada ayer. 9. El agua es bebida por el niño. 10. El periódico es doblado por Juan.

363. 1. Las nubes habían ocultado al sol. 2. Su propietario vendió esta casa. 3. Un ladrón golpeó al señor Gómez. 4. Los turistas visitaron el museo. 5. El camarero rompió los platos. 6. Los alumnos habían hecho los deberes. 7. El fuego ha destruido la casa. 8. La cocinera ha preparado la cena. 9. El mecánico reparó los coches. 10. Un famoso personaje había escrito el libro.

364. 1. Se tomarán todas las medidas necesarias. 2. No se aceptaron nuestras propuestas. 3. Se han analizado todos los pros y los contras. 4. Se contemplan con cierto escepticismo los últimos acontecimientos. 5. Se ha decretado un día de luto nacional. 6. Se ha preparado la cena. 7. No se ha previsto nuestra llegada. 8. Ya se han solucionado todos los problemas. 9. Se han corregido todos los exámenes. 10. Hoy se han presentado los candidatos.

* 365. 1. fue reparado. 2. han sido probadas. 3. fue anunciada. 4. ha sido fabricado. 5. ha sido/fue admirado. 6. Fueron conquistadas. 7. son analizados. 8. fueron invitados. 9. son corregidos. 10. fue construida.

* 366. 1. es alabado. 2. son educados. 3. fue destruida. 4. ha sido publicado. 5. es repoblada. 6. fue solucionado. 7. fue comprada. 8. fue arreglada. 9. fue seguido. 10. ha sido preparada.

* 367. 1. Serán leídas en público todas las cartas. 2. En un futuro próximo será dominada la técnica espacial por los especialistas. 3. Se sabrá (será conocida) toda la verdad sobre este suceso. 4. Algún día serán resueltos todos los problemas económicos. 5. Este edificio se terminará de construir pasado mañana. 6. Serán halladas nuevas fórmulas para prolongar la vida. 7. Serán firmados próximamente varios tratados de paz. 8. En los próximos días se sabrá la verdad (será conocida la verdad).

368. 1. sí. 2. no. 3. sí. 4. no. 5. sí. 6. no. 7. no. 8. sí. 9. no. 10. sí. 11. sí. 12. no.

---

24. Usos de
- Haber
- Ser
- Estar

---

369. 1. Ser. ser. 2. es. 3. es. 4. Eres. 5. es. 6. es. 7. es. 8. Son. 9. Es. 10. es. 11. es. 12. Soy/eres/es/somos/sois/son.

370. 1. Estamos. 2. Estamos. 3. Está. 4. está. 5. está. 6. está. 7. está. 8. Está. 9. está. 10. estoy/estás/está/estamos/estáis/están. 11. está. 12. está.

371. 1. Hay. 2. son. 3. son. 4. han. 5. hay. 6. es. 7. Es. 8. han. 9. es. 10. Érase. 11. Hay. 12. Es. 13. Hay. es. 14. hay. 15. es.

372. 1. hay. 2. Están. 3. somos. 4. Hay. 5. Soy/estoy. 6. sois. 7. hay. 8. es. 9. es.

373. 10. está. 11. está. 12. es. 13. han. 14. es/está. 15. está.

373. 1. Son. 2. Es. 3. estoy. 4. Es. 5. está. 6. Es. 7. estoy. 8. es.

374. 1. está. 2. ser. 3. son. 4. es. 5. está. 6. está. 7. estaba. 8. está. 9. están. 10. son. 11. son. 12. son. 13. son. 14. Es. 15. está.

375. 1. está. 2. es. 3. es. 4. sea. 5. ser. 6. está. 7. Son. 8. es. 9. esté. 10. está. 11. Es.

376. Consulta una gramática o diccionario.

25. Formación de palabras • Sufijos
• Prefijos

---

377. 1. presidencial. 2. nacional. 3. israelita. 4. sudoroso. 5. soñoliento. 6. miedoso. 7. conquense. 8. pudoroso. 9. oloroso. 10. vietnamita. 11. real. 12. polaco. 13. ambicioso. 14. mentiroso. 15. poligonal. 16. policíaco. 17. austríaco. 18. comarcal. 19. albacetense. 20. hipócrita.

378. 1. cantor/cantante. 2. escritor. 3. escritora. 4. bailarina. 5. torero. 6. zapatero. 7. pintora. 8. cazador. 9. trabajadora. 10. estudiante. 11. escaladora. 12. fabricante. 13. transportista. 14. vendedora. 15. comprador. 16. sirvienta. 17. danzarina. 18. informador. 19. administradora. 20. escultor.

379. **a.** 1. insinceridad. 2. interrelación. 3. pre/posguerra. 4. deshonestidad. 5. competición. 6. exalumno. 7. intercomunicación. 8. descortesía. 9. incompetencia. 10. exministro. 11. in/interdependencia. 12. extutor. 13. prejuicio. 14. composición. 15. incompetencia. 16. incapacidad. 17. intercambio. 18. interacción. 19. desproporción. 20. despoblación.

b. 1. prehistórico. 2. deshonesto. 3. insensible. 4. pos(t)clásico. 5. correlativo. 6. extenso. 7. impersonal. 8. despoblado. 9. po(s)moderno. 10. insignificante. 11. interestelar. 12. inmaterial. 13. inmaduro. 14. interoceánico. 15. interlineado. 16. informado. 17. intercomunicado. 18. insostenible. 19. excéntrico. 20. desconfiado.

c. 1. desatar. 2. incumplir. 3. presentir. 4. posponer. 5. cooperar. 6. compulsar. 7. prevenir. 8. coproducir. 9. impulsar. 10. desmentir. 11. desmontar. 12. presuponer. 13. preparar. 14. impedir. 15. contraer. 16. desatornillar. 17. desandar. 18. desajustar. 19. conceder. 20. exclamar.

380. 1. A. 2. B. 3. C. 4. C. 5. A. 6. C. 7. A. 8. B. 9. B. 10. C. 11. C. 12. A. 13. B. 14. B. 15. B. 16. C. 17. B. 18. B. 19. B. 20. A.

381. 1. -aco. 2. -ano. 3. -arra. 4. —. 5. -enco. 6. -eno. 7. -eño. 8. -eo. 9. —. 10. -és. 11. -í. 12. -ín. 13. -ino. 14. —. 15. -isco. 16. -ita. 17. —. 18. -ota. 19. -ú. 20. —.

382. 1. deseable. 2. temible. 3. dividendo. 4. giratorio. 5. alborotadizo. 6. venerable. 7. casadero. 8. espantadizo. 9. comestible. 10. bebible. 11. leíble. 12. declaratorio. 13. sufrible. 14. asustadizo. 15. disponible. 16. desechable. 17. amable. 18. vejatorio. 19. presumible. 20. quebradizo.

* 383. 1. espía. espionaje. 2. casona, casita. 3. vivienda, vividor, viviente. 4. asentarse, asentaderas, asentable. 5. trabajador/ra, trabajoso, trabajo. 6. estudiante, estudioso, estudio. 7. afrutado, fructuoso, frutícola, fructificar. 8. carnívoro, carnicero, carnoso. 9. sueño, somnoliento, soñador/ra, sonámbulo. 10. colegial/la, colegiado. 11. escribiente, escritorio, escribano. 12. comestible, comedero, comida. 13. deportivo, deportivista. 14. ocioso. 15. español/la, españolizar. 16. invernal, invernadero. 17. legible, leyenda, lector/ra. 18. musical, músico. 19. familiar, familiarizar, familiarmente. 20. descanso, descansado, descansadamente.

* 384. **re-:** revolución. revuelta. resolver. revolver. revoltoso. revivir. reseñar. reconsiderar. reproducir. reestablecer.

* 385. **-ía:** alcaldía. rebeldía. valentía. filología. filosofía. biología. carpintería. albañilería. marinería. alferecía.

386. 1. espectadores. 2. soviéticos. 3. adminículos. 4. imprescindibles. 5. supervivencia. 6. impasibles. 7. Español. 8. Unión. 9. Soviética. 10. censura. 11. soviéticos. 12. proyecciones. 13. extranjeras. 14. traducción. 15. directo.

16. sonora. 17. original. 18. emitir. 19. altavoces. 20. traductor. 21. simultáneo. 22. diálogos. 23. actores. 24. monocorde. 25. soviéticos. 26. descon-

fianza. 27. doblaje. 28. situaciones. 29. desanimó. 30. directores. 31. impresión. 32. traductor. 33. compatriotas. 34. cancioncilla.

---

26. Acentuación

- b/v, h, g/j, z/c, c/z/k (+ e/i), g/j, gue, gui, güi, güe, i/y, que, x, r/rr, m/n, y/i
- Signos de puntuación [, - : - ; - .]

---

387. 1. casa. 2. camión. 3. lima. 4. libro. 5. balcón. 6. hoja. 7. oficina. 8. pirámide. 9. pasaporte. 10. miércoles. 11. magnífico. 12. interés. 13. jardín. 14. invierno. 15. inglés. 16. petróleo. 17. opinión. 18. matemáticas. 19. sección. 20. programa. 21. sábado. 22. zapatería. 23. río. 24. todavía. 25. último.

388. 1. lápiz. 2. punto. 3. útil. 4. imagen. 5. caníbal. 6. canto. 7. catorce. 8. catéter. 9. conquista. 10. daño. 11. difícil. 12. mármol. 13. metro. 14. dátil. 15. alfiler. 16. reloj. 17. mudéjar. 18. culpa. 19. virgen. 20. árbol. 21. ojo. 22. césped. 23. carácter. 24. brazo. 25. cónsul.

389. 1. diámetro. 2. pólvora. 3. pájaro. 4. brújula. 5. teórico-práctico. 6. termómetro. 7. frenético. 8. gránulo. 9. gramática. 10. lóbulo. 11. Málaga. 12. máquina. 13. metálico. 14. neurótico. 15. océano. 16. paréntesis. 17. película. 18. pérdida. 19. pícaro. 20. plástico. 21. pretérito. 22. ráfaga. 23. sonámbulo. 24. mecánico. 25. telescópico.

390. 1. sostén. 2. próximo. 3. trámite. 4. tapón. 5. tradición. 6. idóneo. 7. maniquí. 8. orín. 9. pétalo. 10. portátil. 11. prisión. 12. ración. 13. monótono. 14. galés. 15. halcón. 16. inmóvil. 17. lámpara. 18. lunático. 19. mayúscula. 20. mejillón. 21. motín. 22. obligación. 23. ojalá. 24. órgano. 25. pálido. 26. pasión. 27. perímetro. 28. perfección. 29. próspero. 30. prórroga. 31. púrpura. 32. punzón. 33. recepción. 34. república. 35. situación. 36. sudanés. 37. tórax. 38. violín. 39. visión. 40. volcán.

391. a. 1. lícitamente. 2. caracteres. 3. aquel. 4. misericordiosamente. 5. cómo. 6. cuál. 7. hábilmente. 8. éste. 9. por qué. 10. regímenes. 11. sólo. 12. solo. 13. este. 14. fácilmente. 15. inquietamente. 16. como. 17. aquél. 18. cuándo. 19. especímenes. 20. cortésmente. 21. porque. 22. pagóle. 23. porqué. 24. cuál. 25. ágilmente.

b. 1. artimaña. 2. puntapié. 3. curvilínea. 4. altavoz. 5. aguafuerte. 6. quitaipón. 7. cumpleaños. 8. contrafuerte. 9. sinrazón. 10. menosprecio. 11. contracédula. 12. pararrayos. 13. decimoséptimo. 14. cortauñas. 15. portafolios. 16. saltamontes. 17. espantapájaros. 18. asimismo. 19. café-teatro. 20. cochecama. 21. mediodía. 22. bocacalle. 23. blanquiazul. 24. paracaídas. 25. cubreobjetos.

c. 1. oír. 2. río. 3. Raúl. 4. higiene. 5. día. 6. hiedra. 7. baúl. 8. caído. 9. maíz. 10. medio. 11. cafeína. 12. caída. 13. carpintería. 14. dieciséis. 15. paracaídas. 16. grafía. 17. ganadería. 18. recipiente. 19. bien. 20. también. 21. después. 22. cacería. 23. cocaína. 24. medieval. 25. miel.

d. 1. si. 2. más. 3. dé. 4. se. 5. el. 6. mas. 7. fue. 8. dio. 9. que. 10. tu. 11. mí. 12. te. 13. él. 14. que. 15. o. 16. sí. 17. fui. 18. de. 19. tú. 20. ni. 21. sé. 22. té. 23. mi. 24. vio. 25. qué.

392. a. 1. volar. 2. imbécil. 3. también. 4. cantaba. 5. huevo. 6. buzón. 7. voz. 8. bomba. 9. lloraba. 10. bufanda. 11. verano. 12. abogado. 13. hembra. 14. bomberos. 15. bolígrafo.

b. 1. veces. 2. cena. 3. cine. 4. narices. 5. cerilla. 6. ciprés. 7. cepo. 8. nariz. 9. participar. 10. cigarra. 11. cereza. 12. zanahoria. 13. vecino. 14. cielo. 15. zapato.

c. 1. casa. 2. cubo. 3. kilómetro. 4. queso. 5. kiosko. 6. quinientos. 7. campo. 8. kárate. 9. clarinete. 10. tequila. 11. kilo. 12. quitar. 13. quiniela. 14. melocotón. 15. escribir.

d. 1. cigüeña. 2. jirafa. 3. guerra. 4. Miguel. 5. jeringuilla. 6. jersey. 7. guisante. 8. lingüística. 9. guía. 10. jefe. 11. general. 12. gimnasia. 13. genio. 14. girar. 15. jerez.

e. 1. hambre. 2. hombre. 3. ermita. 4. hormiga. 5. hotel. 6. oreja. 7. alcohol. 8. unir. 9. elegante. 10. hombro. 11. harina. 12. ahorrar. 13. hilo. 14. uva. 15. hueso.

f. 1. rabo. 2. Enrique. 3. tierra. 4. rico. 5. toro. 6. seres. 7. Israel. 8. barro. 9. irritación. 10. libro. 11. director. 12. arrastrar. 13. remo. 14. harmonía. 15. alrededor.

g. 1. hombre. 2. campo. 3. horizontal. 4. honra. 5. inculto. 6. incumbencia. 7. indecente. 8. jamás. 9. amplio. 10. alumno. 11. jazmín. 12. levantar. 13. vencer. 14. encima. 15. columpio.

h. 1. muy. 2. colibrí. 3. soy. 4. primo. 5. buey. 6. estoy. 7. alhelí. 8. cien. 9. típico. 10. ley. 11. exprimir. 12. isla. 13. iraní. 14. hay. 15. ahí.

393. *Texto A:* La coalición Izquierda Unida ha convocado, junto a diversas organizaciones sociales y sindicales, una manifestación para el próximo 20 de diciembre en contra de un conflicto armado en el Golfo Pérsico. Los manifestantes pedirán también la retirada de las tropas iraquíes de Kuwait, así como la desmilitarización de la zona y la retirada de las tropas extranjeras.
IU ya anunció que adoptaría iniciativas de este tipo ante la amenaza de guerra en el Golfo Pérsico. Por otro lado, el líder de esta coalición, Julio Anguita, se entrevistará el próximo día 13 del presente mes con Felipe González. Ambos analizarán la resolución del Consejo de Seguridad de Naciones Unidas en la que se autorizaba el uso de la fuerza contra Irak, si antes del 15 de enero no se retiraba de Kuwait.
La entrevista se produce a propuesta de Anguita, que remitió una carta a Felipe González en la que solicitaba este encuentro para aclarar la postura española en caso de conflicto armado y las consecuencias que esto podría tener para los buques españoles que se encuentran actualmente en aquella zona.

Texto B: Casi con seguridad usted puede y, además, lo necesita. En muchas profesiones actuales supone una notable ventaja ser capaz de expresarse fluidamente ante un grupo de personas.
—Escuche, es que mi caso es distinto; con sólo pensar en mi subida a un estrado me tiemblan las piernas y tengo sudores fríos.
No es usted una excepción: es la reacción normal en la mayoría de las personas, hasta que aprenden. Parte de la inseguridad puede derivar de su timidez, pero el resto viene del lógico temor de no ser capaz de realizarlo airosamente, y ese miedo tan desagradable desaparece con la práctica.
A los españoles nos inculcan desde la niñez el pánico a hacer el ridículo y nos resulta difícil liberarnos de este complejo. En otras culturas no está tan acentuado. Por ejemplo, habrá notado que si en una fiesta jaranera, en la que estén mezclados españoles y estadounidenses, piden de repente que salga alguien a bailar flamenco, es probable que arranquen antes algunos extranjeros, que no tienen la menor idea del baile, que el primer español, que se resistirá y se hará rogar un buen rato.

Texto C: Media semana está en esta lucha, ya queriendo ceder para oficiar de maestra, ya perseverando en sus primitivos temores e inclinándose a no intervenir para nada... Pero con las amigas tenía que representar otros papeles, pues era vanidosa fuera de casa y no gustaba nunca de aparecer en situación desairada o ridícula. Cuidaba mucho de ponerse siempre muy alta, para lo cual tenía que exagerar y embellecer cuanto la rodeaba; era de esas personas que siempre alaban desmedidamente las cosas propias. Todo lo suyo era siempre bueno: su casa era la mejor de la calle; su calle, la mejor del barrio, y su barrio, el mejor de la villa. Cuando se mudaba de cuarto, esta supremacía domiciliaria iba con ella a donde quisiera que fuese. Si algo desairado o ridículo le ocurría, lo guardaba en secreto; pero si era cosa lisonjera, la publicaba poco menos que con repiques. Por esto, cuando se corrió entre las familias amigas que el sietemesino se quería casar con una tarasca, no sabía *la de los Pavos* cómo arreglarse para quedar bien. Dificilillo de componer era aquello, y no bastaba todo su talento a convertir en blanco lo negro, como otras veces había hecho.

Varias noches estuvo en la tertulia de las de la Caña completamente achantada y sin saber por dónde tirar. Pero desde el día en que vio a Fortunata, se sacudió la morriña, creyendo haber encontrado un punto de apoyo para levantar de nuevo el mundo abatido de su optimismo. ¿En qué creeréis que se fundó para volver a tomar aquellos aires de persona superior a todos los sucesos? Pues en la hermosura de Fortunata. Por mucho que se figuraran de su belleza, no tendrían idea de la realidad. En fin, que había visto mujeres guapas, pero como aquélla, ninguna. Era una divinidad en toda la extensión de la palabra.

Pasmadas estaban las amigas oyéndola, y aprovechando doña Lupe ese asombro para acudir con el siguiente ardid estratégico:

—Y en cuanto a lo de su mala vida, hay mucho que hablar... No es tanto como se ha dicho. Yo me atrevo a asegurar que es muchísimo menos.

Interrogada sobre la condición moral y de carácter de la divinidad, hizo muchas salvedades y distingos:

—Eso no lo puedo decir... No he hablado con ella más que una vez. Me ha parecido humilde, de un carácter apocado, de ésas que son fáciles de dominar por quien pueda y sepa hacerlo.

Hablando luego de que la metían en las Micaelas, todas las presentes elogiaron esta resolución, y doña Lupe se encastilló más en su vanidad diciendo que fue idea suya y condición que puso para transigir: que después de una larga cuarentena religiosa podía ser admitida en la familia, pues las cosas no se podían llevar a punta de lanza, y eso de tronar con Maximiliano y cerrarle la puerta, muy pronto se dice; pero hacerlo ya es otra cosa.

Texto D: Estas cosas de la cocina no paran de interesar, recordándonos a todos lo importante que es unir lo útil a lo agradable en las comidas: disfrutar del placer de una buena mesa, sabrosa y variada, y, al mismo tiempo, hacer algo por la salud (no demasiado). Los actos se multiplican y los cronistas del yantar y el trasegar no damos abasto.

El otro día, este cronista participó en un cursillo organizado por la Universidad Internacional Menéndez Pelayo, dentro del ciclo Cuenca 90, con el título *La cocina del tercer milenio*. Era un curso restringido para profesionales de la hostelería y en él se trataron temas tan variopintos como la vuelta a la cocina tradicional, la recuperación de los productos biológicos (que cuentan ya con denominación de origen) procedentes de granjas en las que no entran materias químicas extrañas al ciclo natural de las hortalizas, de los animales y su alimentación, de la elaboración de sus derivados...

Se comentaron los productos foráneos que han venido a los menús españoles, y todos los que aún están pendientes de ser conocidos y aceptados en España. Hubo una interesante mesa redonda sobre la configuración de los restaurantes del futuro, una conferencia sobre los cultivos y técnicas supermodernas que se están ya experimentando por esos mundos y, como es lógico, una mesa redonda sobre el vino y su potencial comercial para la década que ya ha empezado y para la que inaugurará ese famoso nuevo milenio que tenemos a la vuelta de la esquina.

Fue un cursillo intenso y muy vivido por alumnos (de Cuenca, Murcia, Madrid...) y conferenciantes, no sólo durante las clases, sino en las largas tertulias que siguieron en cada una de las tres jornadas.

ÍNDICE

INTRODUCCIÓN 5

A.   ORACIÓN SIMPLE

1. **Oración simple:** presente de indicativo 7
    Ser. Estar.

2. **El artículo** (uso y omisión) 12
    Definido, indefinido, contracto. Género y número.

3. **El nombre** 20
    Género (masculino y femenino). Número (singular y plural).

4. **El adjetivo calificativo** 26
    Género: formación del masculino y femenino. Número: formación del plural.

5. **Presente de indicativo** 37
    Verbos en -ar, en -er, en -ir. Defectivos. Hay + complemento en singular/plural.

6. **Presente de indicativo** 45
    Verbos irregulares: irregularidades consonánticas, irregularidades en vocal de
        raíz.

7. **Los determinantes** 53
    Demostrativos. Indefinidos. Numerales y ordinales.

8. **Los posesivos** 62
    Adjetivos. Pronombres.

9. **Los pronombres personales** 69
   A mí me / ti te / él, ella le / ... a nosotros nos / a vosotros os / a ellos les...
   Me / te / le / nos / os / les... gusta...

10. **Interrogación. Exclamación** 73
    Elementos interrogativos y exclamativos.

11. **La negación** 83
    No. Nunca, jamás, nada. Todavía no, ni... ni, no... ni. Negación con formas
    verbales. Negación en frases interrogativas. Consejos, órdenes negativas.

12. **La expresión del futuro** 91
    Formas y usos verbales.

13. **El imperfecto de indicativo** 99
    Formas regulares e irregulares. Usos.

14. **Imperativo: formas regulares e irregulares** 106
    Expresión de obligación: *Tener que..., deber..., haber de...*

15. **Pretérito perfecto y pretérito indefinido** 116
    Formas regulares e irregulares. Contraste de uso.

16. **Verbos pronominales** 125
    Formas y uso.

17. **Formas del participio y gerundio** 130

18. **Preposiciones** 135
    Que indican relación de movimiento (*a, hasta, hacia, para, de, desde, por*).
    Que no indican relación de movimiento (*ante, sobre, con, en, entre, se-
    gún, sin*).

19. **Comparación** 143
    Del adjetivo. Del adverbio.

B.   LA ORACIÓN COMPUESTA

20. **Conectores de oraciones: el adverbio** 150
    De causa, de tiempo, de finalidad, de consecuencia, de condición, de conce-
    sión.

21. **Oraciones completivas con *que*** 157
    Estilo indirecto. Uso del subjuntivo.

22. **El relativo** 165
    Que, quien, el/la/los/las que; el/la cual, los/las cuales. Oraciones de relativo.

23. **Oración pasiva** 172
   Oraciones pasivas con *se.*

24. **Usos de haber, ser y estar** 177

C.   LÉXICO

25. **Formación de palabras** 181
   Sufijos. Prefijos.

D.   ORTOGRAFÍA

26. **Acentuación** 187
   B/v, h, g/j, z/c, c/z/k (+ e/i), g/j, gue, gui, güi, güe, i/y, que, x, r/rr, m/n, y/i.
   Signos de puntuación: [, - : - ; - .]

CLAVE

Clave 196